创新的阶梯
——跨越"中等技术陷阱"

The Ladder of Innovation:
Escaping the "Middle-Technology Trap"

程文银 著

中国社会科学出版社

图书在版编目（CIP）数据

创新的阶梯：跨越"中等技术陷阱"/程文银著.
北京：中国社会科学出版社，2024.8. --（中国社会科学博士后文库）. -- ISBN 978-7-5227-3768-3

Ⅰ．F124.3

中国国家版本馆 CIP 数据核字第 202414BM93 号

出 版 人	赵剑英
责任编辑	党旺旺
责任校对	李　锦
责任印制	李寡寡

出　　版	中国社会科学出版社
社　　址	北京鼓楼西大街甲 158 号
邮　　编	100720
网　　址	http://www.csspw.cn
发 行 部	010-84083685
门 市 部	010-84029450
经　　销	新华书店及其他书店
印　　刷	北京君升印刷有限公司
装　　订	廊坊市广阳区广增装订厂
版　　次	2024 年 8 月第 1 版
印　　次	2024 年 8 月第 1 次印刷
开　　本	710×1000　1/16
印　　张	19
字　　数	323 千字
定　　价	108.00 元

凡购买中国社会科学出版社图书，如有质量问题请与本社营销中心联系调换
电话：010-84083683
版权所有　侵权必究

第十一批《中国社会科学博士后文库》编委会及编辑部成员名单

（一）编委会

主　任：赵　芮

副主任：柯文俊　胡　滨　沈水生

秘书长：王　霄

成　员（按姓氏笔划排序）：

卜宪群　丁国旗　王立胜　王利民　王　茵
史　丹　冯仲平　邢广程　刘　健　刘玉宏
孙壮志　李正华　李向阳　李雪松　李新烽
杨世伟　杨伯江　杨艳秋　何德旭　辛向阳
张　翼　张永生　张宇燕　张伯江　张政文
张冠梓　张晓晶　陈光金　陈星灿　金民卿
郑筱筠　赵天晓　赵剑英　胡正荣　都　阳
莫纪宏　柴　瑜　倪　峰　程　巍　樊建新
魏后凯

（二）编辑部

主　任：李洪雷

副主任：赫　更　葛吉艳　王若阳

成　员（按姓氏笔划排序）：

杨　振　宋　娜　陈　莎　胡　奇　侯聪睿
贾　佳　柴　颖　焦永明　黎　元

《中国社会科学博士后文库》
出版说明

  为繁荣发展中国哲学社会科学博士后事业，2012年，中国社会科学院和全国博士后管理委员会共同设立《中国社会科学博士后文库》（以下简称《文库》），旨在集中推出选题立意高、成果质量好、真正反映当前我国哲学社会科学领域博士后研究最高水准的创新成果。

  《文库》坚持创新导向，每年面向全国征集和评选代表哲学社会科学领域博士后最高学术水平的学术著作。凡入选《文库》成果，由中国社会科学院和全国博士后管理委员会全额资助出版；入选者同时获得全国博士后管理委员会颁发的"优秀博士后学术成果"证书。

  作为高端学术平台，《文库》将坚持发挥优秀博士后科研成果和优秀博士后人才的引领示范作用，鼓励和支持广大博士后推出更多精品力作。

《中国社会科学博士后文库》编委会

序　知识时代与创新强国

　　知识资源是 21 世纪最重要的战略资源，决定国家未来发展的方向。人类发展的本质是知识能力的积累，决定个人未来发展的方向。国家发展与个人命运都离不开知识的力量。从 2008 年发布的《国家知识产权战略纲要》到 2021 年的《知识产权强国建设纲要（2021—2035 年）》，对知识产权的保护已经成为我国建设世界科技强国的定盘星。经济长期发展的源泉是创新，创新的源泉是知识。尽管对前者的研究已非常成体系，但对后者则依旧存在许多研究空间，尤其是结合中国实践总结出一套理论体系更是缺乏，程文银博士对此做出了非常有益的尝试和探索。

　　从技术知识到技术创新，至少有三个过程：知识学习、知识传播与知识传承。技术知识的学习包括从本国或本地获取知识（即"自主开发"）和利用外国或外地知识（即"技术引进"）。技术知识的传播则是充分发挥已获取知识的空间外溢效应，让更多群体受益。技术知识的传承则是充分发挥知识的时间传递效应，让更多后代受益。在这三个过程当中，技术知识的学习是第一且最重要的一环，而且是后两个过程的基础。程文银博士围绕技术知识的学习提出了创新阶梯模型，即"一体"（技术学习能力和意愿）和"两翼"（自主开发与技术引进）在创新发展三阶段（仿制、创造性模仿、自主创新）的演化，从宏观、中观、微观三个层面揭示了我国创新演化的机制与动力，揭示了中等技术陷阱的破局之策，具有重大理论和现实意义。

知识的学习。就创新发展而言,"技术学习能力和意愿"与"自主开发和技术引进"是技术创新发展的"一体两翼"①,已经成为基本共识。然而,随着创新发展的阶段性演化,自主开发和技术引进之间应发生怎样的互动演化?不同形式的自主开发和不同形式的技术引进又分别如何演化?这依旧是个未解之谜。对技术知识学习方式的处理稍有不慎,便很可能阻碍创新的发展,从微观层面的"核电六君子上书"到宏观层面的"亚洲四小虎",都是一个个鲜活的教训。程文银博士对这些历史经验和教训进行了系统总结。就个人成长而言,我一直提倡学生要上好"两所大学":学术型大学和社会大学。毛泽东同志曾在1964年讲过:"文科要把整个社会作为自己的工厂。师生应该接触农民和城市工人,接触工业和农业。不然,学生毕业,用处不大。"② 我积极鼓励并支持他不仅要干中学,也要加强与国内外同行的学术交流,他通过努力与美国哥伦比亚大学、日本亚洲经济研究所、美国布鲁金斯学会等研究机构建立了良好的合作关系;不仅要接受专业化训练,还要积极外出进行社会调研、实地考察,例如,他独立承担《驻马店市"十四五"战略性新兴产业与未来产业发展规划(2021—2025)》的撰写,深入实地调研,与当地的政府、企业进行深入沟通,向社会学习。我希望学生通过这些学习过程,成为未来在全球竞争背景下更有竞争力的"中国通"。

知识的传播。我始终强调学者要学术研究与政策研究两条腿走路,在发挥学术影响力的同时,也要发挥决策影响力,在关键的时候、为关键的人物提供关键性的信息和知识,促进知识在学术界和决策层的传播分享。知识是典型的公共产品,除了在专业领域传播,还要进一步发挥社会影响力和国际影响力。程文银博

---

① 这里借鉴了中国共产党在过渡时期总路线"一体两翼"的比喻。其中,"一体"是指"一化",即社会主义工业化,"两翼"是指"三改"。
② 《建国以来毛泽东文稿》第十一册,中央文献出版社1996年版,第149—150页。

士较好地做到了这一点。他刻苦上进，将大部分时间投入到知识学习、知识积累与知识创新，围绕技术创新这一重大主题开展了持续系统的研究。在学术发表上表现优异，从多维度对技术创新发展进行了深入研究，不断提升了学术创新力。在政策研究方面也成果颇丰，多篇内参获中央及地方政府批示，较好地提升了决策影响力；在《人民日报》《瞭望》《中国社会科学报》等中央级主流媒体撰文多篇，较好地发挥了社会影响力。目前在日本亚洲经济研究所工作，与OECD、WTO、亚洲开发银行、世界银行等国际机构密切合作，期待他日后发挥更大的国际影响力。其在博士后期间也荣获"水木学者"称号，该项目是清华大学专门为吸引全球优秀青年学者来清华大学开展研究工作，支持青年学者学术生涯发展，培育各领域拔尖人才的计划，将为其日后"站得更高、看得更远、想得更深、看得更准"奠定扎实基础。

  知识的传承。清华大学国情研究院经过二十多年的发展逐渐形成了"资深教授—教授—青年教师—博士生—硕士生"的完整研究梯队。自2016年以来，程文银博士便与研究院师生进行了大量合作，形成了许多团队合作成果。与此同时，他在博士阶段担任我的课程助教时便指导本科生进行专题讨论和研究；进入博士后研究阶段，便开始协助指导硕士研究生和博士研究生多名。例如，他指导的一名硕士研究生荣获清华大学校优秀硕士论文。研究院已经形成了一个"传、帮、带"的人才培养模式，程文银是这一模式的很好践行者、诠释者。在知识传承过程中，我始终坚持与学生为友，是学习之友、知识之友、成长之友。程文银进入清华大学读博之初，便与我探讨博士期间研究方向的问题，我结合其已有研究成果和研究兴趣，建议科技创新这一重要研究方向。在随后的研究过程中，我也不断与其分享相关方面的前沿研究知识，并鼓励其参与相关课题。经过一段时间积累，程文银开始进行独立知识创新，撰写期刊论文和博士学位论文，给自己留下了认识中国、研究中国的"白纸黑字"。诚如《管子·权修》所言："一年之计，莫如树谷；十年之计，莫如树木；终身之计，莫如树人。一树一获者，谷也；一树十获者，木也；一树百获者，人也。"我希望为国家培养更多的优秀人才。

知识为民、知识报国、知识为人类。这是学习、传播、传承知识的终极目标，也是国情研究院的宗旨。我始终强调学生要在黄金时代作出黄金贡献。青年一代正处在一个黄金时代（强国时代），在黄金年龄（青年时期），进入黄金大学，进行黄金（知识）投资，需要对自己提出一个问题，能否在未来对中国作出黄金贡献？做到青年无悔、中年无悔、老年无悔、终身无悔！这本书的出版是程文银实现从"读他人之书"到"写自己之书"的跨越，形成一套系统的理论模型；期待他日后能形成更为完整的理论体系甚至原创教材体系，实现从"写自己之书"到"教自己之书"的第二次跨越。2020年我国已进入创新型国家行列，正向着2050年全面建成世界科技创新强国迈进。期待程文银博士能在未来三十年或更长的时间在科技创新领域继续深入耕耘，记录中国乃至世界创新发展的点滴，成为国家未来的"瞭望者"、国家战略的"谋划者"、国家智库的"担当者"、国家治理的"监督者"。

胡鞍钢

2023年12月15日于北京清华园

摘 要

技术进步是收入增长的源泉，中国已步入上中等收入国家行列，跨越"中等收入陷阱"的关键突破口在于跨越"中等技术陷阱"。那么，如何跨越中等技术发展阶段的陷阱？波涛滚滚源自海底暗流，技术创新的阶段式发展源于技术学习机制的互动演化。因此，需要对技术创新背后的技术学习机制及其动力进行深入剖析；对技术创新演化逻辑进行理论总结，并基于新的理论对中国创新发展所处阶段及其困境进行科学诊断。

本书基于技术学习理论、演化经济学理论、发展阶段理论等经典理论，构建创新阶梯模型，揭示了制度（标准化与非标准化制度）与技术在创新发展各阶段的演化及其背后的机制。本书提炼出"自主性引进"这一核心机制，即动态自主开发基础上的动态技术引进，一方面自主开发是技术引进的基础，另一方面自主开发相对于技术引进、无形技术相对有形技术引进的相对重要性均呈现"U"形动态变化趋势。基于该模型进一步提出中等技术陷阱的分析框架。

基于理论模型，从宏观（国家）、中观（国家技术开发区）、微观（中国核电技术）三个层面进行实证检验，并对中等技术陷阱进行经验分析。核心结论如下：（1）技术创新演化包含"仿制—创造性模仿—自主创新"三个**阶段**。中国的部分技术已进入自主创新，但整体上依旧处于创造性模仿阶段，面临着中等技术陷阱的重大挑战。技术创新的演化可以通过循序渐进，也可以通过换道超车来实现，对后发国家而言，抓住机遇、提前布局，实现换道超车不失为一种良策。（2）自主开发与技术引进是技术学习的两种**机制**。二者在创新发展三阶段不断进行互动演化，共同推动技术学习能力不断上升到新台阶。尽管中国的技术演化整体上遵循着自主开发与技术引进的并进，但二者的互动演化相对滞后。就当前而言，中国在高质量的自主开发（尤其是基础研究和高层次人才培养）和无形技术引进（尤其是高技能人才的引进、留住和运用）方面的努力还需要大力加强。（3）技术学习能力与技术学习意愿是推动创新发展的**动力**。首先，自主性引进推动技术学习能力不断提升。违背自主性引进原则给中国创新发展带来过一些重要失误，也给非洲、俄罗斯、"亚洲四小虎"等国家或地区带来了严重教训。其次，制度建设（包括标准化和非标准化制度）是影响技术学习意愿的重要因素。中国市场制度建设的方向亟须从鼓励创造性模仿向鼓励自主创新转变，这包括公平竞争规则、风险投资市场建设等一系列的制度安排；宏观规划目标中应包含落实自主创新的具体量化指标，中央与地方政府之间的政策协调亟须加强。

基于上述理论建构和实证分析，得出若干重要政策启示。（1）自主开发并不一定能够提升创新质量或促进自主创新，这取决于自主开发的目标是否从提升吸收能力转向提升创造能力，创造能力是否从数量转向质量创造能力。亟须提升人才培养质量、加强基础研究、产学研深度合作等，这远比扩大研发投入和高等教育规模更重要、更紧迫。（2）转向自主创新并不意味着技术引进不重要，实际上，无形技术的引进日益重要，应重视高端技术人才、技术资料等的引进，这比引进技术设备、技术原料等有形技术更为重要。（3）促进创新发展的政策不仅限于市场机制或直接干预政策，还可以通过宏观规划这一间接干预方式，但宏观规划作用的恰当发挥要求量化考核指标随着技术学习能力的提升从数量调整为质量。（4）积极构建技术学习型社会，创造有利于各类创新主体竞相进行技术学习的社会环境，学习不限于国民教育，还包括各类科学与技术交流等；创新主体不限于生产者，还包括用户创新、创客创新等；创新方式应鼓励开放式创新，不能关起门来搞创新。（5）发挥好新型举国体制的作用，尤其是完善激励自主创新的市场制度，以及推动规划落实和中央与地方之间的政策协调，为自主性引进提供有力支撑。总之，要基于创新阶梯模型，立足新发展阶段，贯彻新发展理念，构建新发展格局，推动中国成功跨越中等技术陷阱。

关键词：技术创新；自主开发；技术引进；中等技术陷阱；自主性引进

Abstract

Technological advancement is a fundamental driver of income growth. China has entered the ranks of upper-middle-income countries, and the key to avoid the "middle-income trap" is overcoming the middle technology trap. How, then, can we escape the trap associated with middle-stage technological development? The underlying currents that create ocean waves are akin to the evolutionary interplay of technological learning mechanisms that drive phased technological innovation. Hence, it is essential to conduct an in-depth analysis of the technological learning mechanisms underlying innovation, theoretically summarize the evolutionary logic of technological innovation, and scientifically diagnose the challenges and dilemmas faced by China's innovation at its current stage based on our novel theory.

Drawing on seminal theories such as technological learning, evolutionary economics, and development stage theories, this book introduces an "Innovation Ladder Model" to delineate the co-evolution of institutions (both standardized and non-standardized) and technological developments at various innovation phases, along with their intrinsic mechanics. Central to this discussion is "Autonomous Introduction", a concept advocating for a dynamic balance between autonomous development and technology introduction. The concept suggests that: (1) Independent development lays the foundation for technology introduction; (2) a U-shaped dynamic in the relative significance of autonomous development and technology introduction, as well as between intangible and tangible technology assimilation. From this model, we also derive a framework to analyze the middle technology trap.

The model is empirically tested at the macro (national), meso (regional technology zones), and micro (specifically, Chinese nuclear technology) levels to understand the middle technology trap. We arrive at several important conclusions: (1) We delineate a three-stage evolutionary path of technological innovation: "imitation, imitative innovation, and independent innovation." While some sectors in China have surpassed the middle technology trap, the country predominantly grapples with it during the imitative innovation stage, facing significant challenges of middle technology trap. The trajectory of technological innovation can follow a gradual progression or a radical leap-frogging strategy, with the latter especially pertinent for latecomer nations aiming to capitalize on fleeting opportunities and strategic foresight. (2) Autonomous development and technology introduction are dual facets of technological learning, dynamically interacting and maturing through three phases of innovation. Together, they elevate technological capability to new echelons. Despite China's commitment to both strategies, the synergy and evolution between them require enhancement. Presently, there is a critical need for China to bolster its efforts in high-caliber autonomous development—particularly in fundamental research and advanced talent cultivation—and in the introduction of intangible technologies, notably in attracting, retaining, and leveraging highly skilled professionals. (3) The capability for and commitment to technological learning are pivotal in spurring innovation development. Firstly, a strategy of autonomous introduction consistently amplifies technological learning, whereas deviation from this principle has historically led to substantial setbacks in China's innovation trajectory and has served as a cautionary tale for other regions, including Africa, Russia, and the "Asian Tigers" (Indonesia, the Philippines, Malaysia, Thailand). Secondly, the establishment of robust institutions—both standardized and non-standardized—is crucial in fostering a willingness to pursue technological learning. There's an exigent need for China to pivot its market system from promoting mere imitative innovation to stimulating independent innovation. This shift requires a comprehensive suite of institutional reforms, including fair competition principle and the development of a vibrant venture capital ecosystem. Additionally, macro-level planning should incorporate specific, measurable targets for independent innovation, and the policy harmonization between central and local governments should be strengthened.

Drawing from our theoretical framework and empirical analysis, we've deduced several critical policy implications: (1) Autonomous development doesn't inherently guarantee improved technology quality or foster independent innovation. Success hinges on shifting the focus of autonomous development from merely increasing absorptive capacity to enhancing creative capability, as well as transitioning from quantitative to qualitative creation capacity. There's an immediate need to elevate talent training quality, bolster fundamental research, and intensify academia—industry collaboration, which are priorities that eclipse the mere expansion of R&D investment and higher education. (2) Embracing independent innovation doesn't diminish the importance of technology introduction. Rather, the integration of intangible technologies is becoming increasingly crucial. Emphasis should be placed on recruiting and retaining top-tier technical talent and acquiring cutting-edge technical knowledge, which hold more significance than tangible technology acquisitions like equipment and raw materials. (3) Policies fostering innovation aren't confined to market mechanisms or direct interventions. They can also encompass indirect strategies such as macro planning, which necessitates a shift in performance metrics from quantitative to qualitative measures in step with evolving technological learning capabilities. (4) A proactive approach should be taken to cultivate a technology learning society, fostering an ecosystem where diverse innovative actors—beyond just producers, including users and hobbyist innovators—can thrive in technological learning; where learning is not limited to education, but includes a broad spectrum of scientific exchange; where innovation should encourage an open approach, not be confined within closed doors. (5) The implementation of a new national system is vital, particularly in enhancing the market system that supports independent innovation, rather than imitation, as well as in refining the execution of plans and coordination of policies between central and local governments. These measures are instrumental in reinforcing the foundations for autonomous introduction. In a word, leveraging the innovation ladder model, embracing a New Development Phase, adhering to a New Development Philosophy, and fostering a New Development Pattern are imperative for China to effectively circumvent the middle technology trap.

Key words: Technological Innovation; Autonomous Development; Technology Importation; Middle Technology Trap; Autonomous Importation

目　录

第一章　创新新征程:新阶段、新理念、新格局 …………… (1)

　　第一节　增长奇迹与新发展阶段 ……………………………… (1)
　　第二节　创新繁荣与新发展理念 ……………………………… (5)
　　第三节　技术保护与新发展格局 ……………………………… (17)
　　第四节　研究问题与篇章结构 ………………………………… (26)
　　第五节　本章小结 ……………………………………………… (28)

第二章　理论建构:创新阶梯模型与中等技术陷阱 …………… (30)

　　第一节　阶段:创新发展的三个阶段 …………………………… (30)
　　第二节　动力:技术学习能力与意愿 …………………………… (34)
　　第三节　创新阶梯模型的理论命题与分析框架 ……………… (44)
　　第四节　"中等技术陷阱":概念、测度与特征 ………………… (45)
　　第五节　本章小结 ……………………………………………… (53)

第三章　宏观分析:中国式创新现代化的演化逻辑 …………… (54)

　　第一节　问题提出 ……………………………………………… (54)
　　第二节　自立自强原则与自主性引进 ………………………… (56)
　　第三节　中国式创新现代化的理论框架 ……………………… (57)
　　第四节　中国式创新现代化的实证分析:技术—
　　　　　　产业—制度 ………………………………………………… (61)
　　第五节　小结:中等技术陷阱的破局之策 …………………… (73)

第四章　中观实证:国家技术开发区之创新繁荣与泡沫 ……………………………………………… (78)

第一节　研究对象:国家技术开发区 ………………… (78)
第二节　研究设计 ……………………………………… (87)
第三节　静态分析:国家技术开发区对创新的影响 … (94)
第四节　动态效应分析 ………………………………… (123)
第五节　异质性分析 …………………………………… (127)
第六节　技术学习机制及其演化 ……………………… (135)
第七节　小结:突破中等技术陷阱的启示 …………… (145)

第五章　微观案例:中国核电技术的演化逻辑 ………… (148)

第一节　研究对象:中国核电技术 …………………… (148)
第二节　核电案例设计 ………………………………… (153)
第三节　阶段:中国核电技术的三个阶段 …………… (156)
第四节　机制:两种技术学习机制的互动演化 ……… (162)
第五节　动力:技术学习能力与意愿 ………………… (165)
第六节　小结:中国核电跨越中等技术陷阱的启示 … (173)

第六章　中等技术陷阱再探析:技术、产业与制度 …… (175)

第一节　中等技术陷阱的技术视角:专利质量 ……… (175)
第二节　中等技术陷阱的产业视角:高价值专利产业 … (193)
第三节　中等技术陷阱的制度视角:专利资助政策 … (208)

第七章　赶超的阶梯:从创新大国到创新强国 ………… (226)

第一节　结论与启示 …………………………………… (226)
第二节　研究贡献 ……………………………………… (228)
第三节　理论建构的科学性再辨析 …………………… (231)
第四节　面向2050年的中国创新 ……………………… (233)

附　录 ……………………………………………………… (235)

附录一　研究数据与资料 ……………………………… (235)

附录二　数据匹配 …………………………………………（246）

参考文献 ……………………………………………………（250）

索　引 ………………………………………………………（270）

后　记 ………………………………………………………（272）

Contents

Chapter 1　A New Journey of Innovation: New Stage,
　　　　　　New Philosophy, New Pattern ………………… (1)

Section I　Growth Miracle and New Development Stage ………… (1)
Section II　Innovation Prosperity and New Development
　　　　　　Philosophy …………………………………………… (5)
Section III　Technology Protection and the New
　　　　　　Development Pattern ……………………………… (17)
Section IV　Research Questions and Book Structure …………… (26)
Section V　Summary of the Chapter ………………………………… (28)

Chapter 2　Theoretical Construction: The Innovation
　　　　　　Ladder Model and Middle Technology Trap ………… (30)

Section I　Stage: The Three Stages of Innovation
　　　　　　Development ………………………………………… (30)
Section II　Engine: Technological Learning Capability
　　　　　　and Willingness ……………………………………… (34)
Section III　Theoretical Propositions and Analytical
　　　　　　Framework of the Innovation Ladder Model ………… (44)
Section IV　Middle Technology Trap: Concept, Measures,
　　　　　　and Features ………………………………………… (45)
Section V　Summary of this Chapter ……………………………… (53)

Chapter 3　Macro-level Analysis: The Evolutionary Logic of Chinese-Style Innovation Modernization ………… (54)

Section I　Posing the Research Questions ……………………… (54)
Section II　The Principle of Self-Reliance and Autonomous Introduction ……………………………………… (56)
Section III　Theoretical Framework of Chinese-Style Innovation Modernization …………………………………… (57)
Section IV　Empirical Analysis of Chinese-Style Innovation Modernization: Technology—Industry— Institution ……………………………………………… (61)
Section V　Summary: Strategies to Enscape the Middle-Income Technology Trap ……………………………… (73)

Chapter 4　Meso-level Empirical Analysis: The Innovation Miracle and Mirage from the Establishment of National Technology Development Zones (NTDZs) ………………………………………… (78)

Section I　Research Object: NTDZs ……………………………… (78)
Section II　Research Design ………………………………………… (87)
Section III　Static Analysis: The Impact of NTDZs on Innovation ……………………………………… (94)
Section IV　Dynamic Effects Analysis …………………………… (123)
Section V　Heterogeneity Analysis ………………………………… (127)
Section VI　Mechanisms and Their Evolution …………………… (135)
Section VII　Summary of the Chapter and Policy Implications for Middle Technology Trap ……………………… (145)

Chapter 5　Micro-level Case Study: Evolutionary Logics of Nuclear Power Technology in China ………… (148)

Section I　Research Object: Chinese Nuclear Power Technology ……………………………………………… (148)
Section II　Case Design of Nuclear Power ……………………… (153)

Section III	Phase:Three Phases of Chinese Nuclear Power Technology	(156)
Section IV	Mechanisms:Interactive Evolution of Two Types of Technological Learning Mechanisms	(162)
Section V	Engines:Technological Learning Capability and Willingness	(165)
Section VI	Summary:Policy Implications on How China's Nuclear Power Technology Enscape the Middle Technology Trap	(173)

Chapter 6	Re-examine the Middle-Income Technology Trap:Technology, Industry, and Institution	(175)
Section I	The Technological Perspective of the Middle-Income Technology Trap:Patent Quality	(175)
Section II	Industrial Perspective of the Middle-Income Technology Trap:High-Value Patent Industries	(193)
Section III	Institutional Perspective of the Middle-Income Technology Trap:Patent Subsidy Policies	(208)

Chapter 7	The Ladder of Catching Up:From a Innovation Giant to a Innovation Power	(226)
Section I	Main Conclusions and Policy Implications	(226)
Section II	Contributions	(228)
Section III	Further Discussion on the Scientific Nature of the Theoretical Construction	(231)
Section IV	China's Innovation for 2050	(233)

Appendix		(235)
Appendix I	Research Data and Documents	(235)
Appendix II	Data Matching	(246)

References ……………………………………………（250）
Index ……………………………………………………（270）
Epilogue ………………………………………………（272）

第一章 创新新征程：新阶段、新理念、新格局

技术进步是收入增长的源泉，中国已步入上中等收入国家行列，跨越"中等收入陷阱"的关键突破口在于跨越"中等技术陷阱"。

新的征程上，我们必须……立足新发展阶段，完整、准确、全面贯彻新发展理念，构建新发展格局，推动高质量发展，推进科技自立自强。

——2021年7月1日习近平总书记在庆祝中国共产党成立100周年大会上的讲话

第一节 增长奇迹与新发展阶段

一 中国经济增长奇迹

1978—2007年，中国经历了连续30年的高速增长（GDP年均增速高达10.03%），世所罕见。世界银行数据显示，1978年，中国人均GDP（劳动生产率）仅为156.40（现价）美元，还不及（撒哈拉以南）非洲（496.07美元）的1/3。随着改革开放的推进，中国经济快速发展。根据世界银行的标准，1997年，中国首次从"低收入国家行列"进入"中等收入国家行列"，2011年，首次进入上中等收入国家行列。2019年，中国人均GDP首次突破1万美元，连续四十年年均增速高达9.6%，创造了世界经济增长奇迹。

图1-1展示了近30年来中国与发达国家经济增速情况。近30年来，中国经历了三次经济危机：第一次是1997年亚洲金融危机，第二次是2008年国际金融危机，第三次是2019年年底发生的新冠疫情。为应对这些危机，中国政府出台了经济救助计划，帮助中国经济很好地实现了复苏。1998—2001年和2009—2012年，中国对世界GDP增长的贡献分别高达16.52%和37.83%。中国经济增速明显高于德国、日本、美国等发达国家，即便在2008年国际金融危机期间也是如此。受2008年国际金融危机影响，德国、日本、美国纷纷出现负增长，中国经济则仍有较高的经济增速。在2019年新冠疫情的肆虐下，德国、日本、美国再次出现负增长，而中国依旧保持正增长。简言之，中国经济不仅增速快，而且韧性足。

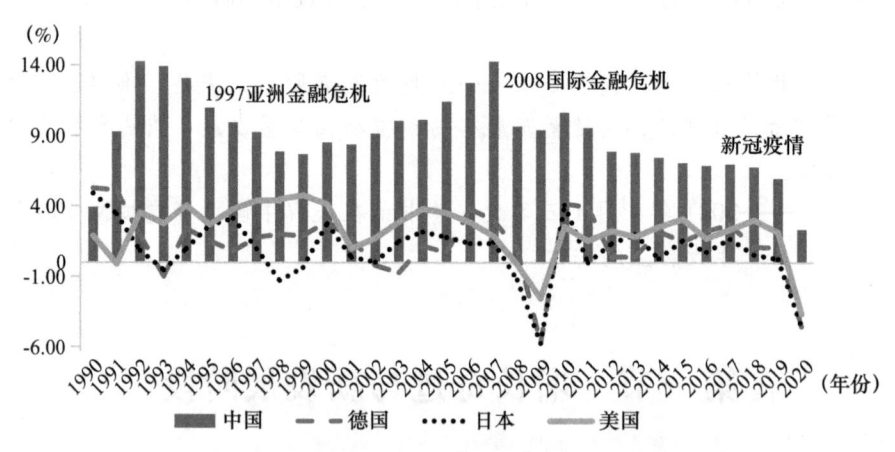

图1-1 中国及德国、日本、美国的国内生产总值（GDP）增速（1990—2020年）

资料来源：世界银行。

二 要素驱动还是创新驱动？

2008年国际金融危机后，经济增速换挡，中国GDP增速不断下滑，下滑持续时间之久超过改革开放以来的任何时期，到2019年下降至6.1%（详见图1-1）。2015年，以习近平同志为核心的党中央审时度势作出了"中国经济发展进入新常态"的重大战略判断。基于索洛模型，可以从劳动、资本和技术进步三个方面来认识新常态。

首先，人口红利式微。由图1-2可知，改革开放以来，中国劳动年龄人口不断增加，人口抚养比不断下降，为中国经济发展带来了人口红利。然而，2010年之后，人口抚养比开始上升，中国劳动年龄人口绝对数增速明显放缓并在2013年后转向下降。此外，近年来，中国农村富余劳动力向城镇的转移潜力已经式微。中国工资也已高于大部分非OECD国家，甚至是印度的3倍。[①] 简言之，劳动要素是改革开放以来推动中国经济快速增长的重要驱动力，然而，2010年之后，中国依靠廉价劳动力的人口红利正逐渐消失，廉价劳动力很难再成为中国的比较优势。

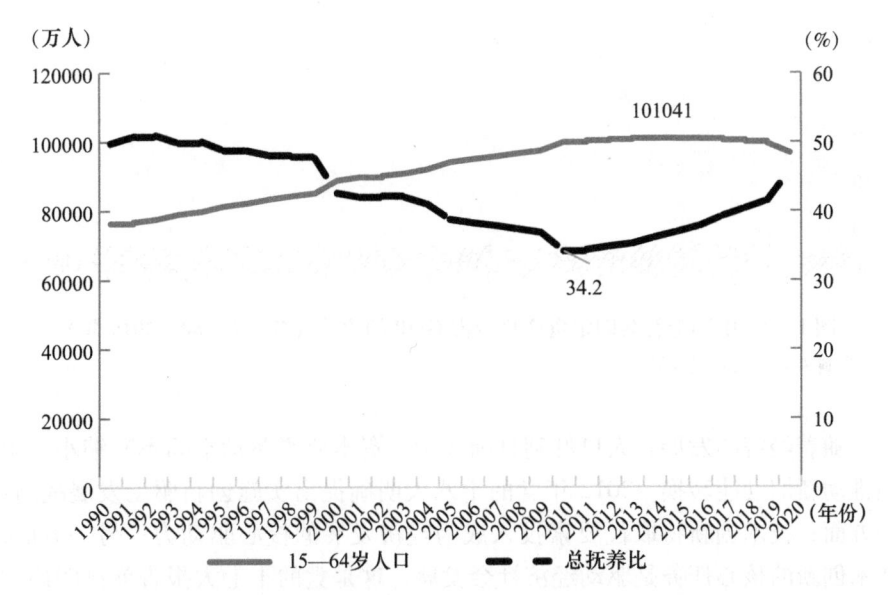

图1-2 中国劳动年龄人口（15—64岁）和总抚养比变化（1990—2020年）

资料来源：国家统计局。

其次，资本要素驱动空间缩小。改革开放以来，中国经济增长主要依靠投资驱动。图1-3显示，中国全社会固定资产投资占GDP的比重从

[①] Wei, S. J., Xie, Z., Zhang, X., "From 'Made in China' to 'Innovated in China': Necessity, prospect, and challenges", *Journal of Economic Perspectives*, Vol. 31, No. 1, 2017.

1980年的19.86%跃升至2015年的81.58%。中国投资对GDP的贡献在2001年中国加入世界贸易组织（WTO）之后加速上升。2015年之后，这一比重有所下降，但依旧较高。简言之，资本要素成为改革开放以来推动中国经济快速增长的又一重要驱动力，但全社会固定资产投资占GDP的比重过高，投资空间不断缩小，亟须从资本驱动转向创新驱动。

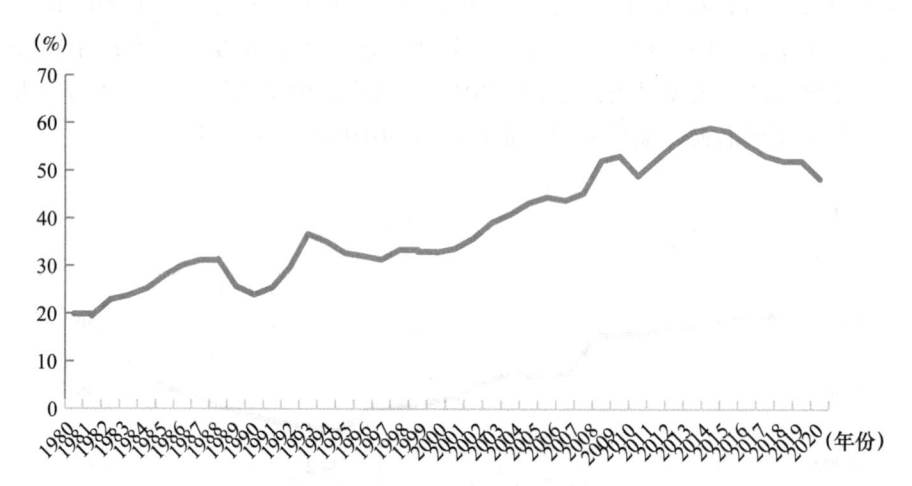

图1-3 中国全社会固定资产投资占GDP的比重（%）（1980—2019年）
资料来源：国家统计局。

随着经济的发展，人口红利日渐式微，资本要素驱动空间不断缩小，亟须推动新旧动能转换。2012年党的十八大明确提出实施创新驱动发展战略：一方面，技术创新将取代要素投入成为经济发展的核心驱动力；另一方面，技术创新的核心任务是驱动经济社会发展，这是党的十七大报告就已明确的重要定位。技术创新着力解决制约经济社会发展的关键问题，高新技术产业要发挥对传统产业的带动作用，数字技术要与制造业和服务业融合发展。

三　高质量发展与新发展阶段

上述分析可知，2008年国际金融危机之后中国产出和投入等重要指标都发生了较为明显的转折性变化：产出增速明显放缓，劳动和资本等要素投入的驱动力明显减弱。2014年中央经济工作会议首次系统阐述经济新常态，指出中国经济从高速增长转向中高速增长。2017年，党的十九大首次提出高质量发展的新表述，指出中国经济由高速增长阶段转向高质量发展阶段，并首次提出"提高全要素生产率"的要求。

2020年党的十九届五中全会提出，"十四五"时期是中国进入新发展阶段的开始，已完成第一个百年奋斗目标，全面建成小康社会，脱贫攻坚战取得全面胜利，正向着第二个百年奋斗目标进军，全面建设社会主义现代化国家，新发展阶段是中华民族伟大复兴进入不可逆转的历史进程、实现大跨越的阶段。

认识、适应并引领新常态已成为中国当前及未来一个时期经济发展的大逻辑。要立足新发展阶段，推动经济发展从要素驱动为主向创新驱动为主转变，推动经济从高速度增长向高质量发展转变，实现中国经济从中等收入迈向高收入，从世界经济大国迈向世界经济强国的历史性转变。

第二节 创新繁荣与新发展理念

近年来，中国创新的繁荣发展已引发世界广泛关注。Atkinson 和 Foote[1]通过对36个创新指标（专利、研发、教育等方面）的考察发现，中国的这些指标都在缩小与美国的差距，其中部分领域甚至领先美国。随着中国政府提出科技强国目标，中国的创新发展更是备受关注。2006年发布的《国家中长期科学和技术发展规划纲要（2006—2020年）》提出到21世纪中叶成为世界科技强国。中国于2015年发布的《中国制造2025》提出到2050年进入世界制造强国前列，提出要在新一代信息技术产业等十大科技领域取得突破，其中五个领域属于装备制造。

评估创新发展的指标很多，很难提出一个综合性的指数来对中国相对于其他国家的创新发展进行评价。本节主要对专利进行深入研究，同时也就其他几个重要创新相关指标进行讨论，并基于这些指标进行国际

---

[1] Atkinson, R. D., Foote, C., "Is China catching up to the United States in innovation?" *Information Technology and Innovation Foundation Report*, April, 2019.

比较。

一 中国创新跨越式发展

中国的专利包括发明专利、实用新型专利和外观设计专利。中国自1985年开始接受专利申请。除了在中国专利局申请的专利，还可以通过《专利合作条约》（Patent Cooperation Treaty）申请国际专利，以下简称PCT，中国于1994年正式加入该条约。

不同类型专利的质量存在差异。一般而言，专利质量从高到低依次是：发明专利、实用新型专利和外观设计专利。[1] 发明专利授权的质量高于发明专利申请的质量。由于PCT申请的费用更高，审查程序更为严格，一般认为，PCT质量高于国内专利。此外，高技术PCT则比一般产业的PCT质量更高。为此，本章依次从专利申请量、发明专利授权量、PCT申请量、高技术产业PCT申请量四个方面，在专利质量上层层递进地分析中国的创新发展。

（一）中国专利申请量和授权量的增长

图1-4和图1-5显示，中国的三种专利（发明专利、实用新型专利和外观设计专利）的申请量和授权量均飞速增长。2012年之后，质量相对较低的外观设计专利的申请量和授权量保持平稳水平，但质量相对较高的发明专利和实用新型专利的申请量和授权量则继续攀升。发明专利和实用新型专利的申请量和授权量均在2000年快速增长，并在2008年后出现加速增长。

从国际比较看，中国发明专利申请量占世界总量的比重也呈现类似的阶段性变化[2]。这一比重从1985年的0.93%稳步上升至2000年的3.77%，随后从2008年的15.02%跃升至2018年的45.69%。中国发明专利授权量占世界总量的比重也呈现类似的阶段性变化。这一比重从1985

---

[1] 至少可以从两个方面来判断：第一，反映专利质量最常用的指标是专利被引量。本章专利数据库显示，1991—2018年，发明授权、未授权发明公开、实用新型、外观设计专利具有被引信息的专利占比分别为51.28%（约160万件）、18.81%（约110万件）、23.44%（约193万件）、0.02%（1020件），可见，实用新型和外观设计专利极少有被引，绝大部分被引都是发明专利。第二，根据2018年《高新技术企业认定管理工作指引》，高新技术企业认定中，发明专利按Ⅰ类评价，实用新型和外观设计专利按Ⅱ类评价。

[2] 由于美国和欧洲没有实用新型专利，在进行国际比较时，笔者使用发明专利。

年的 0.01% 稳步上升至 2000 年的 2.52%，随后从 2008 年的 11.99% 跃升至 2020 年的 33.30%。中国发明专利申请量和授权量相对于美国的变化也呈现类似的阶段性变化。

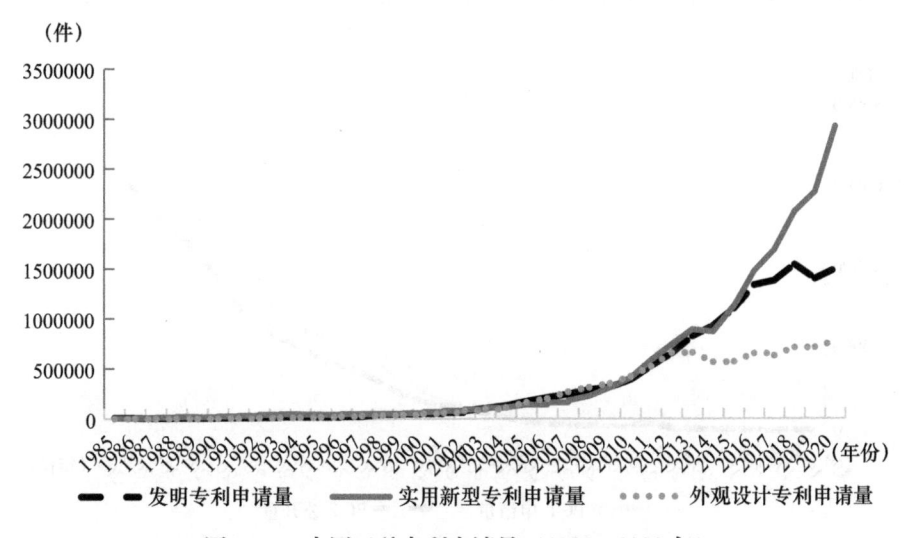

图 1-4　中国三种专利申请量（1985—2020 年）

资料来源：世界知识产权组织统计数据库。

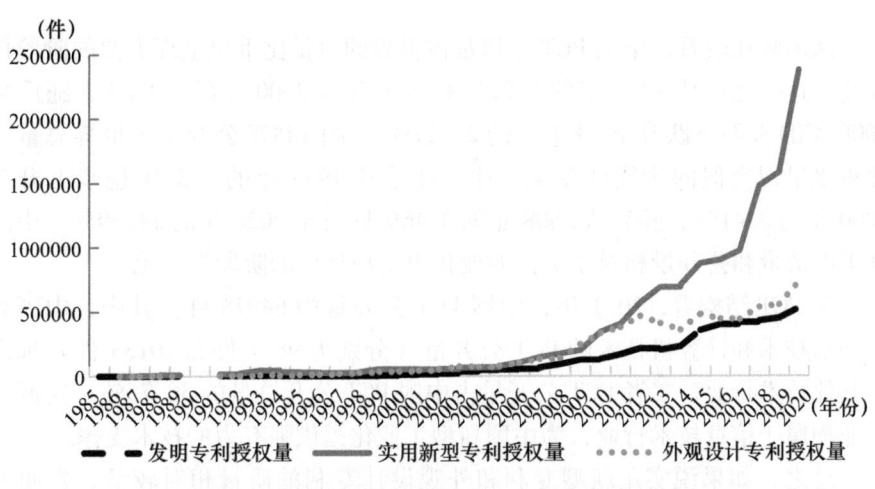

图 1-5　中国三种专利授权量（1985—2020 年）

资料来源：世界知识产权组织统计数据库。

(二) 中国PCT申请量和公开量的增长

如图1-6所示，中国PCT申请和公开量均快速增长，并可以看出一定的阶段性变化：稳定增长阶段（1995—2000年），快速增长阶段（2000—2008年），加速增长阶段（2008—2018年）。

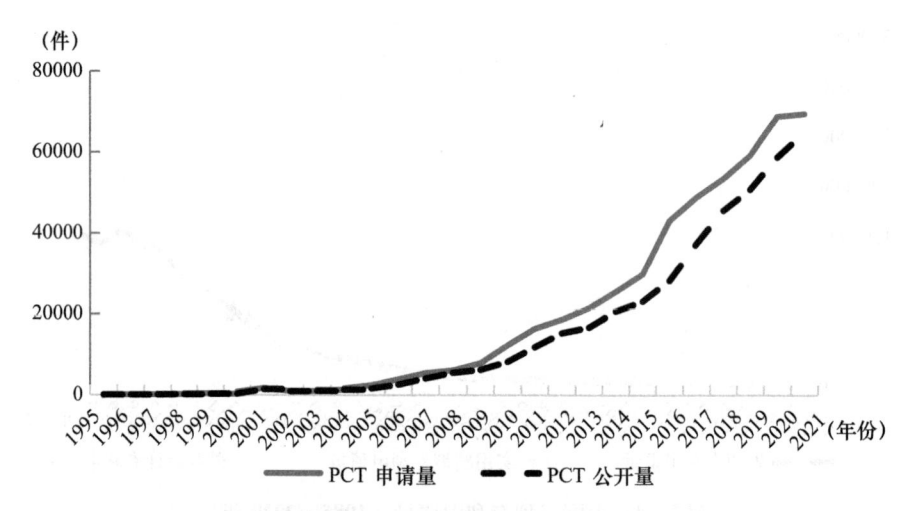

图1-6 中国PCT申请量和公开量（1995—2021年）
资料来源：世界知识产权组织统计数据库。

从国际比较看，中国PCT申请量占世界的总量比重也呈现类似的阶段性变化。这一比重从1995年的0.26%稳步上升至2000年的0.84%，随后从2008年的3.75%跃升至2021年的25.11%。中国PCT公开量占世界总量的比重也呈现类似的阶段性变化。这一比重从1995年的0.31%稳步上升至2000年的0.41%，随后从2008年的3.46%跃升至2020年的24.69%。中国PCT申请量和公开量相对于美国的变化也呈现类似的阶段性变化。

从PCT结构看，2021年，中国PCT公开量为64978件，其中，中国数字通信技术和计算机技术的PCT公开量（分别为9847件和10133件）远高于其他技术行业，二者PCT公开量占中国PCT公开总量的30.75%。这两个行业均属于信息技术行业，为中国新型工业化提供强有力的技术支撑。

总之，如果说实用新型专利和外观设计专利的质量相对较低，发明专利申请量的快速增长至少能在一定程度上说明中国创新的快速发展。如果说发明专利申请的质量依旧较低，发明专利授权量的快速增长至少能在很大程度上说明中国创新的快速发展。如果说国内专利的质量相对较低，PCT的快速增长能在更大程度上进一步验证中国创新的繁荣。

如果说中国的专利数量攀升仅仅是世界专利数量增长的一部分，那么国际比较的结果则否定了这种看法。笔者计算了中国专利数量占世界总量的比重的变化趋势以及中国专利数量与美国专利数量的比例变化趋势，二者均与中国专利增长的变化趋势比较一致，这意味着，中国的专利数量增长是独特的，存在着对发达国家的追赶，并非主要由国际大环境或世界科技革命大趋势所致，更多是中国内部的因素在起作用，即中国的国家创新发展战略（以下简称"创新战略"）。有文献[①]将中国技术创新发展归因于中国政府对企业的有力扶持政策，甚至把中国称为"中国公司"。

（三）其他创新指标的快速攀升

专利只是创新的一个方面。可以从创新的一些综合性指标来进一步认识中国的技术创新追赶。从综合创新指数看，中国的全球创新指数（global innovation index，GII）从2007年的第29位跃升至2021年的第12位，是唯一一个进入前20的发展中国家。中国的研发强度（研发支出占GDP的比重）不断提升。从图1－7中可以看出，欧盟、美国和日本的研发强度自1996年以来上升缓慢，而中国的研发强度从1996年的0.56%快速攀升至2018年的2.14%，接近欧盟。中国研发强度的快速增长有赖于国家的产业扶持，通过战略性新兴产业政策、"五年规划"中明确指出重点扶持产业等形式给予了高技术企业大量的研发补贴，为带动企业研发投入的增长发挥了重要作用。中国拥有庞大的高素质科研人才队伍，作为拥有14亿人口的大国，在创新方面具有雄厚的科研人才储备。图1－8中展示了欧盟、美国、日本及中国每百万人中的研发人员数量。从该数值的相对意义上来看，中国要相对落后于日本、美国和欧盟。但是考虑到中国巨大的人口基数（中国人口规模比三者的总和还要大），从绝对意义上看中国的科研人才数量能够甚至超过前三者[②]。这一比较说明中国庞大的人口规模已经转变为人才优势，为推动知识产权潜能向创新发展动能的转化提供了强有力的科技人才支撑。

---

① Atkinson, R. D., Foote, C., "Is China catching up to the United States in innovation?" *Information Technology and Innovation Foundation Report*, April, 2019.
② 2018年，中国研发人员总数比欧盟、美国和日本的总和还要多出681人（1403×2.14－127×3.28－327×2.83－447×2.19＝681）。总人口数据来自世界银行 World Development Indicators。

创新的阶梯：跨越"中等技术陷阱"

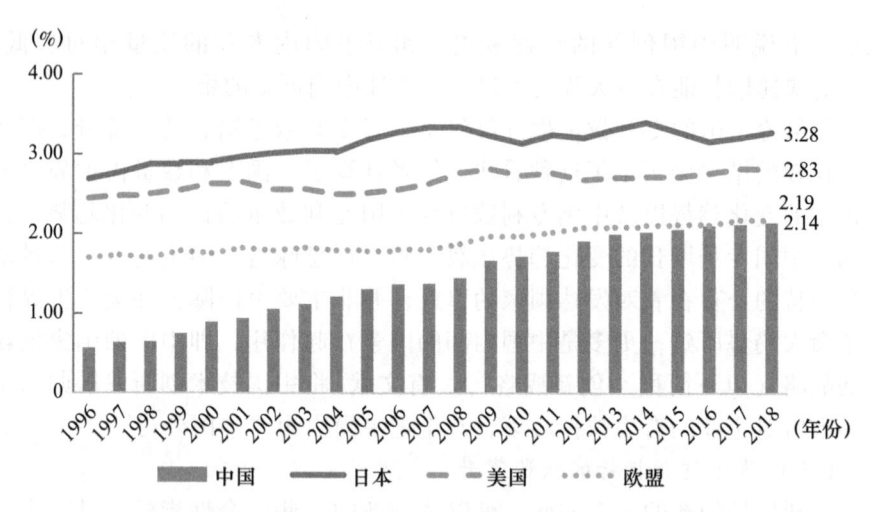

图1-7 研发强度（研发支出占GDP的比重）国际比较（1996—2018年）
资料来源：世界银行。

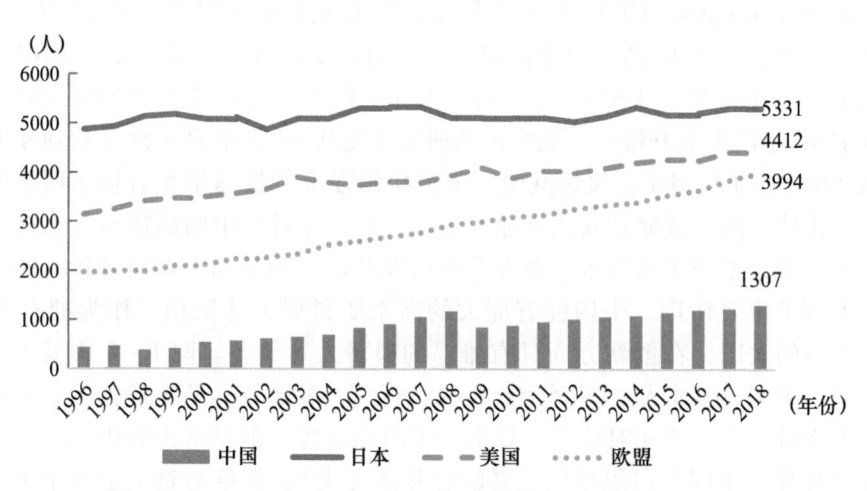

图1-8 每百万人中研发人员数量国际比较（1996—2018年）
注：2018年美国的研发人员数缺失，用2017年代替。
资料来源：世界银行。

就各国入围福布斯世界五百强（Fortune World Top 500）的企业数而言，中国在世界的排名于2011年首次超过日本位居第二，2019年后超越美国高居第一。与产品相比，品牌更能体现技术优势。由世界品牌实验室（World Brand Lab）每年公布的世界最具影响力品牌五百强（World's 500

· 10 ·

Most Influential Brands）显示，中国品牌数从2005年的4个上升至2022年的45个，2022年中国排名世界第四。与品牌相比，标准更能凸显技术优势。在国际标准方面，中国也从引进来逐渐转向走出去。中国于2001年成立国家标准化管理委员会。截至2001年年底，中国采用ISO/IEC国际标准6300项，占ISO/IEC国际标准总数（16745）的比重为38%（国际标准转化率）。为适应加入WTO需要，中国制定《"十五"期间国际标准转化计划》，明确提出国际标准转化率提升至70%。2008年，中国成为国际标准化组织（ISO）第六个常任理事国，大大提升了中国在国际标准化组织中的地位，之后中国也逐渐实质性参与到国际标准的制定工作。2011年，中国成为国际电工委员会（IEC）常任理事国。截至2011年6月，有103项ISO和IEC国际标准由中国提交并立项[①]。2015年国务院印发《深化标准化工作改革方案》和《国家标准化体系建设发展规划（2016—2020年）》，中国积极参与或主导国际标准制定。美中贸易全国委员会的一份报告显示，2011—2020年，在ISO的技术委员会（technical committees）或小组委员会（subcommittees）中，由中国人担任的秘书处职位数量增加了73%，赶上了日本，但德国和美国的这一职位数量依旧比中国高出70%和30%左右。在IEC中，这一比例在2012—2020年增加了67%，而同时期美国、德国、日本的这一比例则基本保持稳定。总体而言，中国技术标准研制和应用水平与发达国家仍存在较大差距，但上升十分迅速。

要从模仿创新走向自主创新，从外围技术转向核心技术，基础研究发挥着关键性作用。中国科技部数据显示，2009—2019年中国国际科技期刊论文中高被引论文数、国际热点论文数均位居世界第二。2019年中国的《自然》指数仅次于美国，位居世界第二，其中，中国科学院的贡献力压哈佛大学居世界首位。世界知识产权组织数据显示，2019年高校PCT申请中，清华大学（265件）和深圳大学位列世界第二和第三。

中国高技术公司及科技产品在国际市场的竞争力日益提升。在PCT国际专利申请数量排名前十的企业中中国公司共有四家，其中华为公司排名世界第一，OPPO移动通信公司、京东方科技集团、平安科技分别位于第五、第六和第八。在科技产品方面，世界银行数据显示，自2007年以来，

[①] 石竹青、潘莉：《实质性参与国际标准化活动：我国承担ISO/TC86/SC4秘书处工作简述》，《机械工业标准化与质量》2012年第5期。

相比于美国、日本和欧盟,中国的高科技产品出口额表现出迅速增长的态势,已经超越欧盟,达到世界第一的水平。此外,2020年新冠疫情期间,博奥生物集团等机构在已有专利基础上用一周左右便研发出核酸检测试剂盒,促进了新冠疫情防控的有效应对;长三角、珠三角等地大力推进知识产权质押融资,促进了中小企业复工复产。2019年中国专利密集型产业增加值占GDP的比重为11.6%[①],成为高质量发展的重要支撑。

二 创新繁荣还是创新泡沫?

随着中国的创新繁荣发展,国际社会出现两种截然不同的声音。一种观点认为,在创新战略的推动下,中国正在创造创新繁荣,并且正加速对发达国家的创新追赶。另一种观点则质疑中国的专利质量,并认为中国政府正在制造创新泡沫。

(一)创新繁荣与泡沫之争

1. 创造繁荣

一份世界银行报告[②]分析认为,中国正在经历从技术追赶走向自主创新的过程。该文指出,随着"十二五"规划的实施,中国开始实施通过大规模投资来推动技术进步的战略,这与日本20世纪六七十年代和韩国八九十年代的情形非常相似,但中国还应进一步加强在竞争性市场机制、技能发展、研发等方面的作用。Haour和Von Zedtwitz[③]认为,中国正在迅速从低成本制造业向高附加值和创新引领型经济转变。该文指出,中国政府有志于推动创新持续发展,积极构建有利于企业试验、运营和繁荣发展的商业环境。

Yip和McKern[④]认为,中国正从模仿向创新过渡,受国内需求和全球雄心的推动,中国不断将其置身于世界技术创新前沿。该文指出,中国政府的战略正在从模仿战略迅速向创新战略转变。美国信息技术与创新基金

---

① 该数据来自《2019年全国专利密集型产业增加值数据公告》。
② Yusuf, S., "From technological catch-up to innovation: The future of China's GDP growth", *The Word Bank Group Report*, No. 70178, 2012.
③ Haour, G., Von, Zedtwitz M., *Created in China: How China is becoming a global innovator*, London: Bloomsbury Information, 2016.
④ Yip, G., McKern, B., *China's next strategic advantage: From imitation to innovation*, Massachusetts: MIT Press, 2016.

会（Information Technology and Innovation Foundation，以下简称 ITIF）[①] 发布的一份报告[②]就 36 项重要创新指标进行了中美对比分析，结果发现，中国在创新的这些指标都在迅速缩小与美国的差距，部分领域甚至领先美国，中国不是一个单纯的模仿者。该文指出，历史上没有任何一个国家政府像中国政府这么强有力地推动创新发展。

2. 制造泡沫

中国欧盟商会的一份报告[③]指出，中国创新繁荣被过度吹捧（over-hyped），中国专利质量确实在某种程度上在上升，却没有与专利申请量同步上升。该报告认为，这种现象源于中国专利相关政策，例如，过度关注专利数量的量化目标（quantitative patent targets），但忽视了其他创新相关指标，如专利质量指标、受教育程度、研发回报等；基于专利的绩效考核，考核对象包括企业、高校、科研机构、政府；专利资助政策；等等。

英国《金融时报》[④] 指出，中国授权的专利中有大量是低水平创新的实用新型和外观设计，中国辜负了其作为创新大国（古代四大发明）的历史。该文认为，这种现象源于专利资助政策。英国《经济学家》[⑤] 指出，中国的研发人员并没有与专利数量同步增长，中国没有像硅谷一样拥有良好的创新生态系统，中国推动专利增长的雄心壮志正在制造创新泡沫。该文认为，中国的专利增长大多是由政府推动的，例如《"十二五"规划》《全国专利事业发展战略（2011—2020 年）》等。

实际上，中国在创新方面依旧存在很多不足。从高技术产业发展来看，技术创新的不足体现在劳动生产率太低。中国在 1986 年"七五"计划才开始有计划地发展高技术产业，经过三十年的发展，高技术产业增加

---

① 宾夕法尼亚大学发布的《2018 全球智库报告》（*2018 Global Go To Think Tank Index Report*）显示，就科技政策智库排名而言，ITIF 位居世界第一。
② Atkinson, R. D., Foote, C., "Is China catching up to the United States in innovation?" *Information Technology and Innovation Foundation Report*, April, 2019.
③ Prud' homme, D., "Dulling the cutting edge: How patent-related policies and practices hamper innovation in China", *Report of European Union Chamber of Commerce in China*, August, 2012.
④ Waldmeir, P., "China fails to live up to its history as a great nation of innovation", *Financial Times*, May 28th, 2013.
⑤ The Economist, "Intellectual property in China: Patent fiction-Are ambitious bureaucrats fomenting or feigning innovation?" December 11th, 2014.

值、高技术产品进口和出口均居世界首位,① 中国已经从高技术产业的落伍者发展成为一个高技术产业大国。然而,中国相对于美国的高技术产业劳动生产率,从2000年的8.36%到2013年的8.66%,几乎没有追赶趋势。② 制造业竞争力提升的核心是劳动生产率的提高。作为制造业中的技术与知识密集型部门,高技术产业劳动生产率的提升与追赶,不仅有利于自身产业从要素驱动到创新驱动的转换,也会通过国内国际双循环实现很强的技术扩散效应,影响制造业以及整个经济体的新旧动能转换。如果不能有效改善从产出追赶到劳动生产率的追赶,就不能从根本上解决当前中国经济增长新旧动能转换的重大课题。

从技术创新的类型来看,技术创新的不足至少体现在四个方面:第一,自主创新(特别是原始创新)不足。尽管中国模仿创新的发展非常迅速,但在自主创新(尤其是原始创新)方面明显不足。③ 2006年中央提出走中国特色自主创新道路,国际金融危机后实施了一系列的知识产权战略和政策;2020年的科学家座谈会上,习近平总书记特别提出要重视原始创新,实现更多"从0到1"的突破。第二,附加值低。从高技术产业内部结构看,具有较高附加值率的航空航天器制造业的增加值占比大幅低于美国。④ 如果不能在高附加值产业上取得竞争优势,中国将永远不能在国际产业分工体系获取主导地位。第三,关键核心技术被发达国家控制,芯片便是典型例子。第四,基于科学和工程的创新不足,尽管中国在客户驱动的创新(如百度、腾讯、阿里巴巴、海尔等)和效率驱动的创新(如化学、纺织、建筑机械、电子设备等)方面具有很强的国际竞争力;但在基于科学的创新(如生物医药、半导体等)和基于工程的创新(如通信设备等)方面依旧明显落后于发达国家。⑤

---

① 胡鞍钢、程文银:《中国高技术产业为何赶超美国?——"五大政策"综合分析框架》,《南京大学学报》(哲学·人文科学·社会科学版)2017年第3期。
② 美国国家科学基金会,https://ncses.nsf.gov/pubs/nsb20203/data。
③ 程文银:《国家技术开发区与技术创新:基于自主性引进的视角》,博士学位论文,清华大学,2020年。
④ 美国国家科学基金会,https://ncses.nsf.gov/pubs/nsb20203/data。
⑤ Woetzal, J., Chen, Y., Manyika, J., et al., "The China effect on global innovation", McKinsey Global Institute, July 2015. Retrieved from http://www.mckinseychina.com/wp-content/uploads/2015/07/mckinsey-china-effect-on-global-innovation-2015.pdf.

（二）繁荣与泡沫背后的制度之争

上述分析表明，部分学者认为中国在创造创新繁荣，实现了对发达国家的快速创新追赶。另一部分学者认为，中国在制造创新泡沫，专利数量的快速增长并没有带来质量的同步提升。两种观点差异的原因在于对中国政府推动创新的能力持有不同的观点。前者认为，中国政府实施了一系列创新相关的制度（尤其是创新战略、规划、政策等非标准化制度），大幅推动了创新发展；后者则认为，中国政府实施的这些非标准化制度难以推动真正的创新，原因是市场竞争制度和知识产权制度等标准化制度比较滞后。创新就是要创造新的生产力，这需要建立与之相适应的新型生产关系，制度就是这一生产关系的重要体现。为此，需要研究中国制度是否推动了真正的技术创新。

要回答这一问题首先需要构建适当创新指标（如结合专利数量和专利质量），来反映真正的创新，剔除假象性的创新。由于制度和技术创新都是动态演化的，这就需要从动态视角分析二者的协同演化及其微观机制。如果中国正在进行技术追赶，那么这种技术追赶是否可持续并最终实现赶超？这就需要理解技术创新发展的源泉——技术学习能力及其演化。

三 创新发展与新发展理念

理念是行动的先导，是破解发展难题、厚植发展优势的纲领，决定着发展实践的成效。2015年党的十八届五中全会鲜明提出新发展理念，即创新、协调、绿色、开放、共享的发展理念，管全局、管根本、管方向、管长远，是发展思路、发展方向、发展着力点的集中体现。

创新是引领发展的第一动力，在五个发展理念中居于首位。发展动力决定增长速度，决定中国增长奇迹的可持续性；发展动力决定发展效能，决定中国能否从高速增长向高质量增长转型。抓住了创新，就抓住了牵动经济社会发展全局的"牛鼻子"，必须将创新摆在国家发展全局的核心位置。要推动创新从规模扩张向质量提升转变，推动中国从创新大国迈向创新强国。

创新发展的理念根植于中国千年文化。早在殷商时期的《周易·益卦》就提出"凡益之道，与时偕行"的创新理念，即与时俱进、不断发展。春秋时期的《礼记·大学》提出"苟日新，日日新，又日新"，强调持续革新的重要性。战国时期的《韩非子·五蠹》提出:"世异则事异,事异则备变。"先秦时期的《周易·系辞下》指出:"易穷则变,变则通,通则久。"先秦时期的《诗经·大雅·文王》提出:"周虽旧邦,其命维新。"北宋时期的"二程"(程颢、程颐)指出:"君子之学必日新,日新者日进也。不日新者必日退,未有不进而不退者"[1],从反面强调了创新的重要性。这些千年中华文明思想早已运用于治国理政,并渗透入寻常百姓的智慧当中。

创新发展的理念源于对西方理论的吸收和超越。西方创新理论的鼻祖熊彼特(Schumpeter)提出"创造性毁灭"的概念,指出创新是引入生产要素和生产条件的"新组合",同时也意味着对原有生产体系的毁灭,[2] 把创新看作经济发展的内生动力。Solow[3][4]首次明确将技术创新作为长期经济增长的唯一源泉。Aghion 和 Howitt[5] 将熊彼特的"创造性毁灭"纳入内生增长模型。当今中国的社会主义创新在借鉴西方理论的基础上,实现了对其的超越。不是简单的"毁灭式创新",而是"建设性创新""分享式创新",如"互联网+";不仅有"企业家创新",还有"大众创业、万众创新"和政治家创新。

创新发展的理念是对马克思主义理论的继承与发展。马克思指出:"社会的劳动生产力,首先是科学的力量。"[6] 中国特色社会主义理论提出了一系列创新发展的理念:"我们不能走世界各国技术发展的老路,跟在别人后面一步一步地爬行。我们必须打破常规,尽量采用先进技术,在一个不太长的历史时期内,把中国建设成为一个社会主义的现代化强国"[7];"科学技术是第一生产力"[8];"创新是一个民族进步的灵魂,是国家兴旺

---

[1] 语出自《二程集·河南程氏遗书·卷第二十五》。
[2] Schumpeter, J. A., *Capitalism, socialism and democracy*, New York: Harper and Row, 1942.
[3] Solow, R. M., "A contribution to the theory of economic growth", *Quarterly Journal of Economics*, Vol. 70, 1956.
[4] Solow, R. M., "Technical change and the aggregate production function", *Review of Economics and Statistics*, Vol. 39, 1957.
[5] Aghion, P., Howitt, P., "A model of growth through creative destruction", *Econometrica*, Vol. 60, No. 2, 1992.
[6] 《马克思恩格斯全集》第46卷(下),人民出版社1980年版,第211、217页。
[7] 《毛泽东文集》第八卷,人民出版社1999年版,第341页。
[8] 《邓小平文选》第三卷,人民出版社1993年版,第274页。

发达的不竭动力"[①];"走自主创新道路,建设(世界)创新型国家"[②]。进入中国特色社会主义新时代,习近平总书记提出实施创新驱动发展战略,并提出新发展理念。

第三节 技术保护与新发展格局

一 技术引进明显放缓

2008年国际金融危机之后,美国等发达国家的逆全球化思潮日益高涨。贸易占GDP的比重在2008年达到历史峰值60.99%,之后不断下降,2020年为51.62%。[③] 与逆全球化相伴而来的是技术保护加强。笔者通过如下指标来分析中国技术引进的变化趋势:资本品进口、高技术产品进口、外商直接投资(FDI)、外商投资企业进口。

关于资本品的计算,本章参照杨晓云[④]的做法,用BEC分类中的41(运输设备以外的资本货物)和521(工业用运输设备)表示资本品,匹配到国际贸易标准分类(SITC)便是机械及运输设备。从历年《中国贸易外经统计年鉴》获取2002—2017年SITC分类中的机械及运输设备进口额的数据,以此代替资本品进口额。笔者还用机电产品表示资本品,从历年《中国贸易外经统计年鉴》中获得2004—2017年机电产品进口额,结果也呈现类似的变化趋势,为简化起见未列示。

1983—2017年外商投资企业进口额(亿美元)来自《中国贸易外经统计年鉴2018》,2018—2020年外商投资企业进口额来自国家统计局网站,用来自国家统计局网站的消费者价格指数(CPI)(2011年为基期)

---

① 江泽民:《努力实施科教兴国战略》,《江泽民文选》第一卷,人民出版社2006年版,第432页。
② 胡锦涛:《走中国特色自主创新道路 为建设创新型国家而奋斗——在全国科学技术大会上的讲话》,2006年1月19日,中国政府网。
③ 数据来源:https://data.worldbank.org/indicator/TG.VAL.TOTL.GD.ZS。
④ 杨晓云:《资本品进口与企业生产率——来自中国制造业企业的证据》,《经济经纬》2015年第6期。

创新的阶梯:跨越"中等技术陷阱"

进行平减。1983—2017 年 FDI（亿美元）来自 2018 年《中国贸易外经统计年鉴》；2018—2020 年 FDI 来自国家统计局网站。FDI 用固定资产价格指数（FIPI）（2011 年为基期）进行平减。1990—2019 年 FIPI 来自国家统

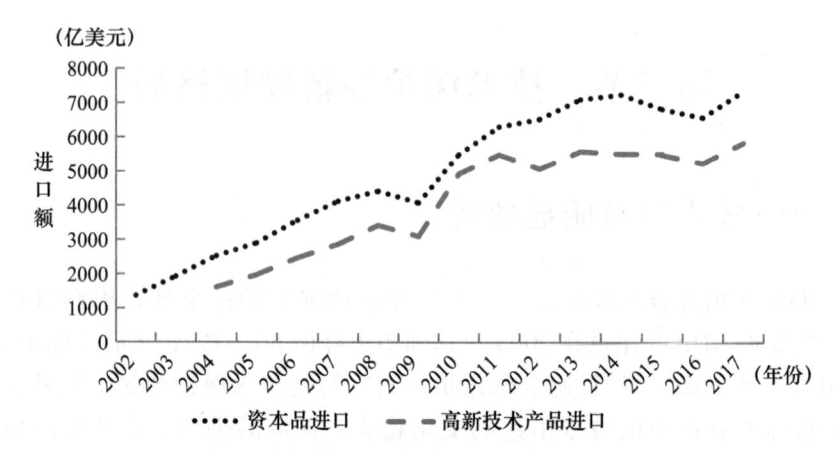

图 1-9　中国资本品进口与高技术产品进口变化（2002—2017 年）

资料来源：《中国贸易外经统计年鉴 2018》。

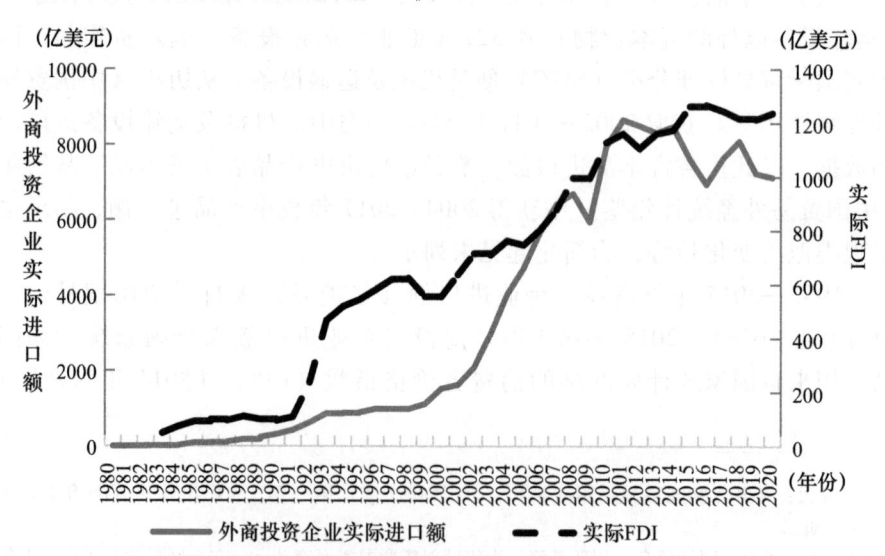

图 1-10　中国 FDI 和外商投资企业进口额变化（1980—2020 年）

资料来源：《中国贸易外经统计年鉴 2018》、国家统计局。

计局网站，1983—1989 年和 2020 年 FIPI 用 CPI 替代。

资本品进口增长较快的时段在 2002—2011 年（年均增速为 19.10%），2011—2017 年年均增速仅为 2.58%；高新技术产品进口增长较快的时段在 2004—2011 年（年均增速为 18.49%），2011—2017 年年均增速仅为 1.04%。中国的 FDI 增长较快的时段在 2000—2010 年（年均增速为 7.31%），2010—2018 年年均增速仅为 0.96%；外商投资企业进口额增长较快的时段也在 2000—2010 年（年均增速为 17.95%），2010—2018 年年均增速仅为 0.21%。整体而言，这些指标均在 2008 年国际金融危机之后增速明显放缓。

二 贸易战还是科技战？

（一）贸易战

2018 年 6 月 15 日美国挑起了一场针对中国的贸易战，规模之大，堪称贸易史上之最。特朗普决定对价值 500 亿美元商品征收 25% 关税，商品主要分布在科技、通信和知识产权等领域，金额约相当于中国对美商品出口总额的八分之一。

回首历史，贸易战的直接原因都是国内就业不足。1929 年大萧条导致美国大量失业，为振兴经济、增加就业，美国实施"以邻为壑"的《斯姆特—霍利关税法案》（*Smoot-Hawley Tariff Act*），世界各国纷纷采取报复性关税，贸易战席卷全球。90 年后的今天，"美国优先"成为特朗普政策选择的基本原则，他甚至签署"买美国货、雇美国人"的行政令。中国作为美国商品贸易逆差的"第一来源国"，受到直接影响。美国以中国"偷走"其国内就业为由，悍然发动中美贸易战。一方面，认为中国传统制造业"偷走"了其当前就业；另一方面，担心中国高技术产业的迅速发展将"偷走"其未来高科技就业。2008 年国际金融危机爆发后，美国出台了一系列"重振美国制造业"的就业复苏计划，但效果不甚明显。为此，特朗普政府将注意力转向贸易逆差，并把矛头指向中国。贸易战是否真的能够解决美国贸易逆差、促进就业回流美国？遥想 20 世纪 60 年代，美国针对日本展开长达三十年的贸易战。尽管日本主动减少对美出口并让日元升值，美日贸易逆差并没有得到解决，日本依旧是美国的主要贸易顺差国之一。实际上，美国的贸易逆差源自美国国内经济的失衡,如美国国内储蓄率过低①、美国在国际借贷方面面临"预算软约束"②、"硬资产"严重不足③等。贸易战本身无法解决贸易逆差。

更为重要的是,真实的美中贸易逆差并没有美国所宣称的那么严重。为此,必须明确中美贸易失衡的几个典型事实④:第一,如果考虑出口增加值在不同贸易国之间的分配,真实美中商品贸易逆差仅为传统方法测算结果的一半左右。此外,如果考虑香港转口贸易,将进一步抵消美中贸易赤字;第二,一半以上的美中商品贸易逆差由外资企业(尤其是外商独资企业)造成;第三,如果考虑美国服务贸易巨大顺差,美国经常账户逆差远小于商品贸易逆差,2015年前者仅为后者的74%;第四,受益于庞大的投资估值调整,美国负的净国际投资头寸实际比其累计经常账户逆差更小,2015年前者仅为后者的71%。

(二)贸易战的本质是科技战

既然美中贸易失衡远没有美方宣称的那么严重,为何美国对中国发动如此大规模的贸易战?规模之大堪称史上之最。本章基于《2016年中国贸易外经统计年鉴》与2006年海关交易数据,通过分析美国对中国征税的"301清单"揭示此轮贸易战的背后动机。该清单以HS八位数行业给出,为便于分析,笔者先将其归总到HS两位数行业,具体见表1-1。

表1-1　　　　　中美贸易战拟加征关税行业贸易状况

"301清单"商品代码及名称	2018年6月15日清单频率(%)	2018年3月23日清单频率(%)	占中国各类商品出口额比重(%)	占中美出口总额比重(%)	占中美总贸易余额比重(%)	加工贸易出口占总出口比重(%)	产品质量	《中国制造2025》列出的十大重点发展领域
84机床机器	40.74	40.29	23.16	20.61	26.22	80.94	15.28	高档数控机床和机器人

---

① Roubini N., Setser B., "The US as a Net Debtor: The Sustainability of the US External Imbalances", http://www.stern.nyu.edu/~nroubini/paper/Roubini-Setser-US-External-Imbalances.pdf, 2004.
② McKinnon, R., I., "Trapped by the international dollar standard", *Journal of Policy Modelling*, Vol. 27, No. 4, 2005.
③ Gourinchas, P., Farhi, E., Caballero, R. J., "Financial crash, commodity prices and global imbalances", *Brookings Papers on Economic Activity*, No. 2, 2008.
④ 胡鞍钢、程文银、高宇宁:《中美贸易战的本质是科技战》,《国情报告》2018年第14期。

续表

"301清单"商品代码及名称	2018年6月15日清单频率(%)	2018年3月23日清单频率(%)	占中国各类商品出口额比重(%)	占中美出口总额比重(%)	占中美总贸易余额比重(%)	加工贸易出口占总出口比重(%)	产品质量	《中国制造2025》列出的十大重点发展领域
85 电机电气	20.15	18.08	16.01	23.26	28.94	83.68	1.93	新一代信息技术产业
90 医疗设备仪器仪表	13.25	12.3	13.46	2.42	-0.54	73.57	1.92	生物医药及高性能医疗器械
87 车辆及零件	5.44	3.60	21.14	3.23	0.01	34.90	3.94	节能与新能源汽车
86 铁道电车道	2.81	1.28	20.57	0.62	0.94	92.38	20.84	先进轨道交通装备
88 航空航天器	1.36	1.20	25.58	0.22	-5.84	49.91	274.05	航空航天装备
89 船舶	1.09	0.83	1.01	0.07	0.09	76.76	269.27	海洋工程装备及高技术船舶
73 钢铁制品	0.54	3.30	17.33	2.56	3.56	20.37	1.24	综合
34 洗涤润滑剂	0.27	0	8.48	0.07	-0.21	32.41	1.39	生物医药及高性能医疗器械
27 矿物燃料	0.27	0	3.44	0.23	-0.65	2.90	0.32	综合
40 橡胶及制品	0.18	0.60	19.48	0.97	1.08	83.77	1.39	—
76 铝及其制品	0.18	2.03	12.70	0.74	0.65	30.44	3.37	综合
38 杂项化学品	0.18	0.08	8.26	0.27	-0.67	27.48	1.30	生物医药及高性能医疗器械
70 玻璃制品	0.09	0	17.50	0.68	0.72	38.70	1.46	综合
28 无机化学品	0.09	0.30	8.11	0.27	0.05	10.77	0.75	生物医药及高性能医疗器械

资料来源：第4—6列基于《2016年中国贸易外经统计年鉴》，第7—8列基于2006年海关交易数据计算得到。

第1列为"301清单"中HS两位数行业代码及相应的商品名称，第2列给出了2018年6月15日美国最终决定启动的301清单中每一个两位数行业出现频率，第3列给出了3月23日特朗普签署备忘录时301清单中每一个两位数行业出现频率。"频率"是指该两位数行业在清单中出现的次数占清单商品总数的比例。本表按2018年6月15日清单频率从高到低排序。美国对中国加征关税产品最多的行业依次为机床机器（84）、电机电气（85）、医疗设备仪器仪表（90）。与3月23日清单相比，ICT行业①（85、90）和运输与其他机械行业②（84、86、87、88）的频率均有较为明显的增加。③

第4列为中国对美各类商品出口额占中国各类商品出口额的比重，比重最高的四个行业依次为：航空航天器（88）、机床机器（84）、车辆及零件（87）、铁道电车道（86），这四个行业的中国对美出口占中国出口的比重均超过五分之一，也成为这次美国加征关税的重点对象。

第5列为中国对美各类商品出口额占中美出口总额比重，排名前两位的行业依次为电机电气（85）、机床机器（84），这两个行业的中国对美出口占中美总出口的比重接近一半，成为美国对华最主要的制裁对象，在清单中出现频率分别高达20.15%和40.74%。

第6列为美中各类商品贸易余额占美中总贸易余额的比重。本章的贸易余额直接基于传统方法用出口减去进口得到，为缓解传统测算方法带来的偏差，笔者没有直接给出美中各类商品贸易余额，而是给出其占美中总贸易余额的比重。由于美中总贸易余额为负，因此当这一比重为负时表示该商品美国对中国处于顺差。可以看到，此次清单所涉及的两位数行业中，有5个行业实际上处于美中贸易顺差，顺差额从大到小依次为：航空航天器（88）、杂项化学品（38）、矿物燃料（27）、医疗设备仪器仪表（90）、洗涤润滑剂（34），尤其航空航天器的贸易顺差占美中总贸易余额的比重高达－5.84%，航空航天器与医疗设备与仪器仪表均属于典型的高技术产业。相反，纺织服装等中国传统优势行业④存在较为严重的美中贸

---

① ICT行业包括：85章，电机、电气设备及其零件；录音机及放声机、电视图像、声音的录制和重放设备及其零件；第十八类，光学、照相、电影、计量、检验、医疗或外科用仪器及设备、精密仪器及设备、钟表、乐器、上述物品的零件、附件（90—92章）。

② 运输与其他机械包括：84章，核反应堆、锅炉、机器、机械器具及其零件；第十七类，车辆、航空器、船舶及有关运输设备（86—89章）。

③ 具体而言，与3月23日的600亿美元301清单相比，6月15日的500亿美元301清单减少了如下7项：有机化学品（29）、药品（30）、钢铁（72）、贱金属杂项（83）、钟表及零件（91）、武器弹药（93）、家具灯具（94）；新增了如下3项：矿物燃料（27）、洗涤润滑剂（34）、玻璃制品（70）。

④ 中国传统优势行业包括：第八类，生皮、皮革、毛皮及其制品，鞍具及挽具，旅行用品、手提包及类似品，动物肠线（蚕胶丝除外）制品（41—43章）；第十一类，纺织原料及纺织制品（50—63章）；第十二类鞋、帽、伞、杖、鞭及其零件，已加工的羽毛及其制品，人造花，人发制品（64—67章）；84章，核反应堆、锅炉、机器；第十七类，车辆、航空器、船舶及有关运输设备机械器具及其零件（86—89章）。

易逆差，却没有出现在此次清单当中。可见，美中贸易逆差并不是此次中美贸易战的根本原因，也许高技术产业才是其真正的管制对象。

第 7 列为美中各类商品加工贸易出口占美中各类商品总出口比重。美中加工贸易出口占美中总出口的平均比重为 60%。清单频率排名前五的行业中，有四个行业的这一比重远远超过这一平均水平，铁道电车道行业的这一比重甚至高达 92.38%。实际上，中国对美国的高技术产品出口主要是加工贸易（超过 95%）[1]，且中国附加值较低，即有更多国家参与到全球价值链生产当中，因此，美国拟加征关税的政策或将通过关税转移对许多相关国家产生重要负面影响。

第 8 列为中国对美国出口的两位数行业产品质量。本章参照 Hallak[2] 的做法，用单位产品价值代表产品质量，即产品价值/产品数量。清单中绝大多数行业的产品质量均高于所有行业平均水平 1.88，尤其清单频率排名前七位的行业均高于这一平均水平。这进一步表明，美中贸易逆差并不是贸易战的真正目的，压制中国高质量发展（尤其是高技术产业发展）才是其背后更大的动机。

为了进一步揭示贸易战对中国制造业（尤其是高技术产业）发展的遏制动机，笔者将"301 清单"与《中国制造 2025》列出的十大重点发展领域进行比照，详见第 9 列。[3] 结果表明，清单涉及的 15 个行业中，有 14 个是与《中国制造 2025》十大重点发展领域较为吻合的。这 14 个行业在清单中的频率占比高达 99.8%，其中，对矿物燃料（27）和玻璃钢铁铝制品（70、73、76）等上游行业拟加征关税的影响可能是综合性的，对十大重点发展领域都可能产生较大冲击。

就在美国 2018 年 6 月 15 日发布最终"301 清单"之后，中国也随即

---

[1] Ferrantino, M., Koopman, R., Wang, Z., et al., "Classification and statistical reconciliation of trade in advanced technology products—The case of China and the United States", *Brookings-Tsinghua Center for Public Policy Working Paper Series* WP2007 0906EN, http://www.brookings.edu/papers/2008/spring_china_btc.aspx, 2008.

[2] Hallak, J. C., "Product Quality and the Direction of Trade", *Journal of International Economics*, Vol. 68, No. 1, 2006.

[3] 《中国制造 2025》十大重点发展产业：新一代信息技术产业、高档数控机床和机器人、航空航天装备、海洋工程装备及高技术船舶、先进轨道交通装备、节能与新能源汽车、电力装备、农业装备、新材料、生物医药及高性能医疗器械。详见国家制造强国建设战略咨询委员会《〈中国制造 2025〉重点领域技术路线图》，2015 年 10 月。

发布对美国加征关税25%的产品清单。相比之下，中国对美国拟加征关税的产品绝大多数是初级产品①和半制成品②，二者在清单中出现的频率占比分别高达69%和26%。此次中国加征关税清单中的产品大多原产于美国，除美国之外，不会对其他国家造成直接影响。

遥想20世纪60年代，美国开始了针对日本长达三十年的贸易战。尽管日本主动减少对美出口并让日元升值，美日贸易逆差并没有得到解决，日本依旧是美国的主要贸易顺差国之一。美日贸易战没有解决贸易逆差，却在很大程度上直接或间接使日本经济陷入了"失去的三十年"，也许这才是美国的真正目的。

（三）科技战的政治经济学

贸易战只是个幌子，科技战才是本质。这次科技战不仅有经济目的，更有政治动因。下面从美国国内政治经济、中美关系、世界话语权三个视角对此分别进行分析。

首先，美国国内政治版图变化背后的经济诉求。一贯支持民主党的"铁锈地带"（Rust Belt）在2017年大选中转而支持共和党的特朗普，反映了美国民众对钢铁等传统制造业转型失败的忧虑，美国一方面对中国和韩国钢铁业进行贸易制裁，企图保护本国传统制造业；另一方面，也希望通过抑制中国高技术发展来推动美国国内制造业的转型升级。

其次，美国霸权与中国反霸权的较量。中国一贯奉行反霸权主义，这与美国的霸权主义、强权政治格格不入。随着中国科技实力的崛起，两强时代的格局日渐形成，这或将"威胁"到美国在世界继续推行霸权主义。自1986年3月中国启动国家高技术研究发展计划（"863计划"）以来，中国高技术产业加速发展，中国高技术制造业增加值和专利申请量均位居世界第一，中国PCT国际专利申请也居世界榜首。尽管中国科技质量依旧较为落后（如自主创新能力不足、核心技术缺乏、价值链低端等），中国

---

① 初级产品包括：第一类，活动物，动物产品（1—5章）；第二类，植物产品（6—14章）；第三类，动、植物油、脂及其分解产品，精制的食用油脂，动、植物蜡（15章）。

② 半制成品包括：第四类，食品，饮料、酒及醋，烟草及烟草代用品的制品（16—24章）；第五类，矿产品（25—27章）；第六类，化学工业及其相关工业的产品（28—38章）；第七类，塑料及其制品，橡胶及其制品（39—40章）；第十类，木浆及其他纤维状纤维素浆，纸及纸板的废碎品，纸、纸板及其制品（47—49章）；第十三类，石料、石膏、水泥、石棉、云母及类似材料的制品，陶瓷产品；玻璃及其制品（68—70章）；第十五类，贱金属及其制品（72—83章）。

科技实力的快速发展已引起美方高度关注。为此，美国已相继采取各项措施防范中国高技术产业发展，如2017年美国总统科技顾问委员会发布的《确保美国在半导体领域的长期领导力》，2017年美国商会发布的《中国制造2025：基于地方保护的全球雄心》，2018年美国因特斯解决方案公司（Interos Solutions，Inc）发布的《中国引发的美国ICT产业供应链脆弱性》，这些报告均明确指出将防范中国高技术产业发展上升为国家战略。这意味着，此轮科技战不再仅仅是经济问题，更多是出于政治考量，是一种霸权与反霸权的较量。

最后，科技竞争已成为抢占世界话语权的关键。第一次科技革命成就了英国的辉煌，使其成为"日不落帝国"。第二次科技革命带来了美国和德国的迅速崛起，并反超英国。第三次科技革命后，美国科技发展独领风骚，掌握世界话语权。第四次科技革命来临，各国竞相推动制造业升级与高新技术产业发展，例如《美国先进制造业国家发展战略》《德国工业4.0战略》《英国工业2050战略》《法国未来工业战略计划》《中国制造2025》。从短期看是为了更好地走出本轮金融危机，更好地实现经济复苏；从长期看是为了抢占新一轮科技革命的制高点，掌握世界话语权。

三 逆全球化与新发展格局

在逆全球化日益凸显和国际技术保护日益加剧的背景下，如何进一步推动技术创新的跨越式发展？2020年党的十九届五中全会提出要"逐步形成以国内大循环为主体、国内国际双循环相互促进的新发展格局"。这是党中央在新的历史条件下作出的重大决策部署，也为新时代创新发展战略指明了方向。

"以国内大循环为主体"是双循环新格局的前提，可以从以下三点来理解：第一，从国际环境看，2008年国际金融危机的阴霾不断，国际技术保护日趋严重，因此国际大循环的相对作用可能会有所削弱。第二，从国内发展看，2019年，中国已经成为世界唯一拥有联合国全部工业门类的国家，其产业链的完整性独一无二；中国国内市场规模巨大，这为国内大循环的构建提供了基础；中国地域差距也很大，如前所述，创新差距也非常明显，这使得国内大循环的构建非常必要，以促进不同地区之间的要素和产品流动。第三，从创新发展的逻辑看，经过几十年的发展（尤其是加入

WTO之后），中国通过对外开放很好地推动了技术创新（尤其是模仿创新），如今中国正处于从模仿创新向自主创新的过渡阶段，自主开发相对于技术引进的重要性日益凸显。

国际大循环对技术创新依旧有举足轻重的作用。中国已深度融入全球价值链。根据联合国贸发会议（UNCTAO）数据，中国已经连续多年成为世界商品贸易最大国和吸收外资的最大国之一[①]；根据世界贸易组织数据，中国在全球价值链的供给端和需求端都占据着越来越重要的位置[②]。尽管从趋势上看，外商直接投资（FDI）、外商投资企业进口、资本品进口与高新技术产品进口的增速均在国际金融危机后明显放缓；但从绝对数来看，中国的这些指标占世界总量的比重依旧很高。《世界知识产权组织报告》（2019年）[③]研究发现，各国在科技论文和专利上的国际合作日益广泛。美国国家科学基金会数据显示，2012年，中国和美国互为对方国际合著科技论文的最大来源国。华为在全球建立了数十家技术研发中心，形成大量基础专利，已经实现从国际专利付费者向收费者的跨越。

第四节　研究问题与篇章结构

一　研究问题与研究意义

(一)研究问题

在新发展阶段、新发展理念、新发展格局背景下，中国技术创新开启了新征程，创新发展的阶段、机制和动力都发生了重要转变。如何认识和把握这些转变？如何理性认识中国创新繁荣与创新泡沫的阶段性特征？国际金融危机后技术引进明显放缓，但技术创新却为何加速发展？这些问题的回答需要对技术创新的演化规律进行深入系统研究。

本书旨在围绕技术创新，逐层深入地探究并回答如下三个研究问题。

---

① UNCTAD (*United Nations Conference on Trade and Development*), *World Investment Report*, 2019.
② WTO, *Global Value Chain Development Report 2019: Technological Innovation, Supply Chain Trade, and Workers in a Globalized World*, 2019.
③ UIPO, *World Intellectual Property Report 2019*, https: //www. wipo. int/wipr/en/2019/.

研究问题一：中国技术创新阶段性演化的历史逻辑是什么？当前是否面临中等技术陷阱的挑战？

研究问题二：技术创新演化的机制是什么？其在创新发展不同阶段的具体表现是什么？

研究问题三：中国创新发展的动力是什么？其如何演化？

（二）研究意义

（1）理论意义。构建新的理论模型，系统阐释技术（及产业）与制度的协同演化及其背后的复杂机制。现有技术学习、演化经济学发展阶段理论等相关理论难以深入解释自主开发与技术引进的互动演化制度（标准化与非标准化）与技术的协同演化。

（2）实践意义。准确把握理解新阶段、新理念、新格局下的创新发展阶段性特征，回应国际社会关于中国创新繁荣和创新泡沫的争论，揭开技术引进明显放缓与创新加速发展并存的迷雾，为开启建设世界科技强国的新征程提供思想基础。客观评价中国创新发展的优势与不足，揭示中等技术陷阱的痛点与出路，为中国更好地实现从创造性模仿向自主创新转型提供决策依据。较早对中国技术演化规律进行理论上的系统总结，为中国从创新大国迈向创新强国提供方向指引，为其他后发国家的技术追赶提供参考。

二　篇章结构与研究方法

本书按照"问题提出—理论分析—实证分析—讨论与对策"的思路进行设计，即"提出问题—分析问题—解决问题"的研究逻辑。下面简要介绍各部分内容及所用研究方法。

第一部分：提出问题

本部分包含第一章。从要素驱动力减弱的大趋势出发，引出本书的创新驱动发展议题。进一步提出如下两个迷雾：（1）为何创新繁荣与创新泡沫并存？（2）为何2008年国际金融危机后技术引进明显放缓的情形下，中国技术创新依旧加速发展？在新发展阶段、新发展理念、新发展格局的大背景、大战略下解读中国当前面临的新挑战和新机遇，据此提出本书研究问题。

第二部分：分析问题

本部分包含第二至六章。第二章为理论分析，通过对技术学习、演化经济学发展阶段理论等理论的改进和拓展，结合中国实践，构建本书的理论模型——创新阶梯模型，并基于该模型提出中等技术陷阱分析框架。第三至五章实证检验本书所构建的理论模型，基于创新阶梯模型提出研究假设，分别从宏观、中观、微观三个层面对这些研究假设进行检验，并对中等技术陷阱进行实证分析。采用国际比较法、定量研究法（渐进双差分法、事件研究法、分组回归法、工具变量法、普通最小二乘估计、固定效应估计、OP估计方法、LP估计方法）、案例研究法。第六章进一步从技术、产业和制度视角对中等技术陷阱进行再探讨，使用了一系列专利质量指标及指标体系的测量方法。

第三部分：解决问题

本部分包含第七章。总结本书主要结论，并提出政策启示。从理论、政策、数据、实证四个层面揭示本书的研究贡献。本书的最大学术贡献在于构建创新阶梯模型，为此，需要对理论建构的科学性进行再辨析。最后提出面向2050年中国创新的展望，回应第一章提出的中国创新发展面临的新挑战，以及新阶段、新理念、新格局下的新机遇。

第五节　本章小结

改革开放以来，中国创造了世界经济增长奇迹，从低收入国家跃升至上中等收入国家行列。然而，2008年国际金融危机之后，中国经济发展阶段发生了重大变化。人口红利日渐式微，投资空间不断缩小，要把握新发展阶段，积极推动新旧动能转换，使经济发展从要素驱动转向创新驱动。

与经济增长奇迹相伴随，中国技术创新也呈现跨越式发展，各项创新指标均快速赶超发达国家，但依旧存在许多突出问题，如自主创新不足、核心技术被"卡脖子"、附加值低、基于科学和工程的创新不足等。要理性认识创新繁荣与创新泡沫并存的阶段性特征，全面贯彻新发展理念，使创新成为引领发展的第一动力，推动创新从规模扩张向质量提升转变，加快建设世界科技强国。

2008年国际金融危机之后世界发展格局也发生了重大转变。发达国家的逆全球化和技术保护思潮日益高涨，中国技术引进速度明显放缓，发达国家打着贸易争端的幌子对中国进行科技制裁。要深入理解技术引进放缓和创新加速发展并存的背后逻辑，构建新发展格局，一方面，充分利用中国产业链完整的优势和地区差异较大的特点，使国内大循环发挥主体作用；另一方面，推动区域及全球价值链发展，在不断扩大开放下推动自主创新，继续利用好国际大循环的重要作用。

在新发展阶段、新发展理念、新发展格局背景下，中国技术创新开启了新征程，创新发展的阶段、机制和动力都发生了重要转变。本书旨在围绕技术创新，逐层深入地探究并回答如下三个研究问题：（1）中国技术创新阶段性演化的历史逻辑是什么？当前是否面临中等技术陷阱的挑战？（2）技术创新演化的机制是什么？其在创新发展不同阶段的具体表现是什么？（3）中国创新发展的动力是什么？其如何演化？通过对这些问题的回答，揭示跨越中等技术陷阱、迈向创新强国的路径与对策。

第二章 理论建构：创新阶梯模型与中等技术陷阱

波涛滚滚源自海底暗流，技术创新的阶段式发展源于技术学习机制的互动演化。通过构建新的理论模型，对技术创新背后的技术学习机制及其动力进行深入剖析，为跨越中等技术发展阶段的陷阱提供提供方向。

第一节 阶段：创新发展的三个阶段

发展阶段理论在经济学思想中有着悠久的历史。李斯特[①]勾画了经济发展的五个阶段，强调制造业的关键作用，制造业通过给农业提供更多的产品需求和更先进的技术，推动了经济增长；随着经济的增长，工业保护主义水平应呈倒"U"形变化趋势。费雪[②]和克拉克[③]舍弃了李斯特阶段理论中的最初两个阶段——野蛮（savage）和畜牧（pastoral）阶段。费雪强调了从第一产业到第二产业再到第三产业的就业和投资转变，突出了技术发展在推动这一转变中的重要作用。从克拉克的视角来看，这种转变通过劳动生产率增长和劳动力在不同生产率水平的行业之间重新分配来实现。然而，李斯特所提出的工业基础主义观点以及费雪和克拉克所持有的结构

[①] List, F., "National system of political economy", reprinted in S. H. Patterson (ed.), *Readings in the history of economic thought*. McGraw-Hill, New York, pp. 381–413, 1932.

[②] Fisher, A. G. B., *Economic progress and social security*, London, Mamilian, 1945.

[③] Clark, C., "The morpology of economic growth", Chapter X, in: *The conditions of economic progress*, Macmillan, London, pp. 337–373, 1940.

转型视角，都未能充分描绘出早期阶段（如农业）的动态演化①。

与上述理论不同，罗斯托则重点关注早起阶段（经济起飞），并认为经济起飞后的经济增长可以自然而然地实现；但经济起飞需要具备三个先决条件：重点产业（制造业）、高投资率（10%以上）、制度变革。② 技术发展促进了重点产业（或领先产业）的出现，同时使传统产业过时。然而，起飞理论中关于"连续性与不连续性并存"的解释引起了广泛批评。"起飞"过程的不连续性被夸大，因为上述先决条件更可能涉及连续变化的变量③。此外，罗斯托模型难以解释每个阶段中不同变量之间的互动演化，因此难以预测"接下来会发生什么"④。事实上，在过去的几十年中，融入由先进国家主导的全球价值链使得经济起飞变得相对更加容易；相反，起飞之后却会面临各种挑战，如创造性模仿阶段容易形成的技术依赖，迈向自主创新阶段可能遇到来自先进国家的技术打压⑤。因此，每个阶段可能遇到的挑战都值得关注，而不仅仅是起飞阶段。

上述发展阶段理论都难以很好地解释发展过程中"连续中的不连续"，即难以解释发展阶段不连续性与其背后决定变量连续性的并存。本书将提出一个新的模型对"连续中的不连续"进行逻辑一致的解释，用技术学习的连续性来解释技术创新发展的阶段性，突出不同技术学习机制的互动演化。好比海底连续的暗流决定着海面阶段性波浪的大小和方向。

Gerschenkron⑥最早提出"后发优势理论"，即后发国家可以通过引进先进国家的技术实现技术追赶。很多成功的国家或地区（如美国、德国、日本、"亚洲四小龙"）都是在模仿阶段取得巨大成功之后逐渐走向自主创

---

① Ruttan, V. W., "Growth stage theories and agricultural development policy", *Australian Journal of Agricultural Economics*, Vol. 9, No. 1, 1965.

② Rostow, W. W., *The stages of economic growth: A non-communist manifesto*, Cambridge University Press, New York, 1960.

③ Berrill, K. The problem of the "take-off". In Berrill, K. (ed.), *Economic development with special reference to east Asia*, S. t Martins Press, New York, pp. 233 – 245. 1964.

④ Cairncross, A., "Essays in bibliography and criticism XLV.: The stages of economic growth", *Economic History Review*, Vol. 13, No. 3, 1961.

⑤ Costa, D., Kehoe, T. J., & Ravindranathan, G., "The stages of economic growth revisited", *Federal Reserve Bank of Minneapolis Economic Policy Paper* 16 – 5, 2016.

⑥ Gerschenkron, A., "Economic backwardness in historical perspective", in: Gerschenkron A. *Economic backwardness in historical perspective: A book of essays*, Cambridge, MA: The Belknap Press of Harvard University Press, 1962, pp. 5 – 30.

新的。[1][2][3] 正如世界著名警句家 Mason Cooley 所言：艺术起于模仿止于创新。长期以来，技术创新的演化被划分为两个不同阶段：模仿和创新。[4][5][6] 然而，第一次工业革命之后，技术更多来自科学，而非工匠技艺，后发国家再也不能通过使用技术就能学会技术，而必须在使用技术之前掌握使用技术的能力。他们必须首先获得科学知识以理解和应用这些技术。[7] 为此，与传统的两分法（模仿和创新）不同，本书将技术演化分为三个不同阶段：仿制、创造性模仿和自主创新。

在仿制阶段，国家或企业参与复制活动，对现有技术进行最低限度的修改。主要目标是获得理解和利用技术的基本能力，为随后的创造性模仿奠定基础。一般通过"手把手教"的形式，这是后发国家起步阶段常见的技术学习方式，主要原因在于此时的技术知识相对匮乏。

在创造性模仿阶段，在前期积累的基础上知识可以在一定程度上实现自我积累，一般通过"逆向工程"（Reverse Engineering）的形式，即通过技术设备或技术原料成品倒推出设计原理和技术细节。许多研究[8][9]指出，随着技术的发展，技术工艺越来越复杂，模仿学习是后发国家进行技术追

---

[1] Hikino, T., Amsden, A., "Staying behind, Stumbling back, Sneaking up, Soaring ahead: Late industrialization in historical perspective", in: Baumol W, Nelson R, Wolff E., *Convergence of productivity: Cross-national studies and historical evidence*, Oxford: Oxford University Press, 1994, pp. 285–315.

[2] Amsden, A., *The rise of "the rest": Challenges to the west from late-industrializing economics*, Oxford: Oxford University Press, 2001.

[3] 孙喜、路风：《从技术自立到创新——一个关于技术学习的概念框架》，《科学学研究》2015年第7期。

[4] Vinig, T., Bossink, B., "China's indigenous innovation approach: The emergence of Chinese innovation theory?" *Technology Analysis & Strategic Management*, Vol. 27, No. 6, 2015.

[5] Yip, G. S., McKern, B., *China's next strategic advantage: From imitation to innovation*, MIT Press, 2016.

[6] König, M., Storesletten, K., Song, Z., & Zilibotti, F., "From imitation to innovation: Where is all that Chinese R&D going?" *Econometrica*, Vol. 90, No. 4, 2022.

[7] Bell, M., Pavitt, K., "Technological accumulation and industrial growth: Contrasts between developed and developing countries", *Industrial and Corporate Change*, Vol. 2, No. 2, 1993.

[8] Hikino T, Amsden A., "Staying behind, stumbling back, sneaking up, soaring ahead: Late industrialization in historical perspective", in: Baumol W, Nelson R, Wolff E., *Convergence of productivity: Cross-national studies and historical evidence*, Oxford University Press, 1994, pp. 285–315.

[9] Amsden A. *The rise of "the rest": Challenges to the west from late-industrializing economics*, New York: Oxford University Press, 2001.

赶的最好途径。许多后发国家的技术创新都需要经过模仿创新到自主创新的过程，例如，美国、德国模仿英国[1]，日本和韩国模仿美国[2][3][4][5][6][7][8]。

最后，自主创新阶段标志着全新技术的创造。进入自主创新阶段之后，中国与国际先进技术的差距不断缩小，后发优势就难以作为创新发展的主导力量，难以实现高水平科技自立自强，自主开发的重要性不断凸显。

本书的阶段划分考虑到了技术发展在人类历史上的实际演变过程，强调了在创造性模仿和自主创新之前需要具备一定的科学知识。需要说明的是，就国家层面而言，在任何一个时期都同时存在模仿创新和自主创新。即便在经济十分落后的改革开放之前，中国依旧形成了许多自主创新的成果：人工合成牛胰岛素（1965年）、氢弹（1967年）、地下核试验（1969年）、人造卫星（1970年）、核潜艇（1971年）、洲际火箭（1971年）。即便对先进国家而言，大多数企业仍旧是在技术前沿面之下运行的，仍需要大量的模仿创新。[9]

当然，就某种具体技术而言，其发展并不必然经历从模仿创新到自主创新的循序渐进的过程。现代演化经济学[10]提出了自然轨道理论，即技术

---

[1] 孙喜、路风：《从技术自立到创新——一个关于技术学习的概念框架》，《科学学研究》2015年第7期。

[2] Freeman, C., *Technology Policy and Economic Performance: Lessons from Japan*, Pinter, 1987.

[3] Kim, L., "National system of industrial innovation: Dynamics of capability building in Korea", in Nelson R, *National innovation systems: A comparative analysis*, Oxford: Oxford University Press, 1993: pp. 357 – 383.

[4] Odagiri H, Goto A., "The Japanese system of innovation: past, present and future", in: Nelson R., *National innovation systems: A comparative analysis*, Oxford University Press, 1993, pp. 76 – 114.

[5] Nelson, R., Rosenberg, N., "Technical innovation and national systems", in: Nelson R, *National innovation systems: A comparative analysis*, Oxford: Oxford University Press, 1993, pp. 3 – 21.

[6] Samuels R. J., *Rich nation, strong army: National security and the technological transformation of Japan*, Cornell University Press, 1994.

[7] Kim, L., Nelson, R., *Technology, learning and innovation: Experiences of newly industrializing economies*, Cambridge: Cambridge University Press, 2000, pp. 1 – 9.

[8] ［日］苔莎、莫里斯—铃木：《日本的技术变革》，中国经济出版社2002年版。

[9] Baily, M. N., Solow, R. M., "International productivity comparisons built from the firm level", *Journal of Economic Perspectives*, Vol. 15, No. 3, 2001.

[10] Nelson, R. R., Winter, S. G., "Neoclassical vs. evolutionary theories of economic growth: critique and prospectus", *The Economic Journal*, Vol. 84, No. 336, 1974.

沿着一条必然的轨迹演进。Dosi①基于Kuhn②的"科学范式",提出了技术范式概念和技术轨道理论。一旦技术范式发生转变,便可以不经过模仿创新阶段,而直接进入自主创新阶段,实现换道超车。当然,换道超车也需要一定的"机会窗口",全球经济恶化可能会为后发国家提供这样的机会窗口。③已有很多文献分析了后发国家在换道超车方面的后发优势。Gao④对中国的电视行业和通信行业进行案例研究,结果发现,循序渐进型的技术追赶都不太成功,而换道超车型的技术追赶都比较成功。基于此,他提出一个社会学习理论认为,后发国家在进行技术追赶过程中,社会学习是必不可少的环节。没有什么创新是可以完全凭空而来的⑤,只有不断进行技术学习,才能抓住技术范式转变的机会窗口,实现换道超车型技术追赶。

第二节 动力:技术学习能力与意愿

技术创新源自技术学习⑥⑦,日本⑧和韩国⑨都通过技术学习较为成功地实现了从模仿创新向自主创新的飞跃。本书基于学习心理学理论提出技术学习的两种动力:技术学习能力和技术学习意愿。Illeris⑩通过仔细分析

---

① Dosi, G., "Technological paradigms and technological trajectories", *Research Policy*, Vol. 11, No. 2, 1982.
② Kuhn, T., *The structure of scientific revolutions*, Chicago: Chicago University Press, 1962.
③ 黄宁、张国胜:《演化经济学中的技术赶超理论:研究进展与启示》,《技术经济》2015年第9期。
④ Gao, X., *Technological capability catching up: Follow the normal way or deviate*, Ph.D. Thesis, MIT Sloan School of Management, 2003.
⑤ Barnett, H. G., *Innovation: The basis of cultural change*, New York: McGraw-Hill Book Company, 1953, p. 7.
⑥ Kim, L., Nelson, R., *Technology, learning and innovation: Experiences of newly industrializing economies*, Cambridge: Cambridge University Press, 2000, pp. 1–9.
⑦ 孙喜、路风:《从技术自立到创新——一个关于技术学习的概念框架》,《科学学研究》2015年第7期。
⑧ [日]苔莎、莫里斯—铃木:《日本的技术变革》,中国经济出版社2002年版。
⑨ Kim, L., *Imitation to innovation: The dynamics of Korea's technological learning*, Boston: Harvard Business School Press, 1997.
⑩ Illeris, K., "Towards a contemporary and comprehensive theory of learning", *International Journal of Lifelong Education*, Vol. 22, No. 4, 2003.

大量相关学习心理学理论（行为主义、认知主义、建构主义等[1]），提出了一个综合性的、逻辑一致的学习理论，他提出的一个基本假设是：所有的学习都包含两个过程，一是学习者内在心理过程，二是学习者与外界环境互动的过程。前者体现的是学习能力，后者影响学习意愿。Lee 和 Lim[2] 的技术追赶模型将技术学习视为现有技术知识和技术努力的函数，前者是技术学习能力的体现，后者则需要技术学习意愿来支撑。

需要说明的是，技术学习与技术创新紧密联系，但也存在着三个方面的重要区别：一是竞争性，创新知识是非竞争性的，但技术学习能力则是扎根在当地的员工以及当地的创新系统（如高校、科研机构、创新链等）中的，劳动密集型产业更多是由物质资本（或成本）决定的，失去之后可以通过改变贸易条件（如操纵汇率、关税等）使其回流，但技术密集型产业则很难。二是可控性，创新存在不确定性，而学习则是人类主动能控制的。三是过程性，创新是结果，学习是过程。这三个方面的区别也意味着，政府与市场的直接作用对象应该是技术学习，而非技术创新本身。

一 技术学习能力与两种学习机制

技术学习能力包括新技术的创造能力和对已有技术的吸收能力。换言之，技术学习不仅能促进技术知识创造，还能促进技术知识的吸收，尤其突破新时期的各种知识流动障碍，如知识分工带来的知识理解难度加大[3]、大量默示知识（tacit knowledge）的存在、知识的空间黏性[4][5]、日益严重的技术保护[6]等。

技术学习能力是一个动态演化的过程。一方面，能力水平不断提升；

---

[1] Ertmer, P. A., Newby, T. J., "Behaviorism, cognitivism, constructivism: Comparing critical features from an instructional design perspective", *Performance Improvement Quarterly*, Vol. 6, No. 4, 1993.

[2] Lee, K., Lim, C., "Technological regimes, catching-up and leapfrogging: Findings from the Korean industries", *Research Policy*, Vol. 30, No. 3, 2001.

[3] OECD, *Science, Technology and industry outlook*, Paris: OECD, 1996, p. 231.

[4] Polanyi, M., *The tacit dimension*, London: Routledge & Kegan Paul Ltd, 1967.

[5] Gertler, M., *Manufacturing culture: The institutional geography of industrial practice*, Oxford: Oxford University Press, 2004.

[6] Stiglitz, J. E., Greenwald, B., *Creating a learning society: A new approach to growth, development, and social progress*, New York: Columbia University Press, 2014.

另一方面，能力类型会发生转变。在仿制阶段，技术学习能力较弱，高度依赖于"手把手教"。例如，苏联在1930年前后美国经济大萧条期间从西方发达国家引进大量人才[1][2][3]；无独有偶，20世纪50年代，中国也从苏联引进了大量专家进行"手把手教"。这些人才的引进为苏联和中国在第一个五年计划中提供了很好的"手把手教"的机会，建立了较为全面的基础工业体系。进入创造性模仿阶段之后，便需要具备"逆向工程"的技术学习能力。进入自主创新之后，需要从原来的运用能力（exploit）向探索能力（explore）转变，从原来的执行能力（implementation capability）向设计能力（design capability）转变。[4]

能力的提升源于技术知识的积累。从知识来源看，技术学习的机制可分为自主开发与技术引进。自主开发是指在内部技术知识基础上进行学习，包括教育、研发投入、生产经验的总结。[5] 技术引进是指向外部技术知识学习，包括技术设备、技术原料等有形技术引进，也包括技术人才、技术资料（如专利、科学文献、教材）等无形技术引进。[6] 自主开发与技术引进是促进技术创新发展的重要机制，并存于创新发展的各个阶段。

自主开发不仅直接促进技术创造能力的提升，还能促进吸收能力的提升，进而促进引进技术的吸收。[7] 因此，自主开发是技术引进的基础。自主开发带来整体知识，技术引进带来局部知识，二者相互支撑。[8] 技术可以通过从国外引进或国内各地区行业之间的扩散获得，但技术能力则没法

---

[1] Robinson, R., *Black on red*: *My forty-four years inside the Soviet Union*, Washington, D.C.: Acropolis, 1988.

[2] Tzouliadis, T., *The Forsaken*: *An American Tragedy in Stalin's Russia*, United States: Penguin Books, June 30th, 2009.

[3] Ioffe, J., "The history of russian involvement in america's race wars", *The Atlantic*, October 21, 2017.

[4] Lee J. -D., Baek C., Maliphol S. et al., "Middle innovation trap", *Foresight and STI Governance*, Vol. 13, No. 1, 2019.

[5] Arrow (1962) 较早提出干中学的概念，将其界定为在现有技术知识基础上的生产经验总结。Shen (1999) 提出自主技术开发（indigenous technological development）的概念，包括科研、国有企业、政府组织创造和使用本地技术，比 Arrow (1962) 的定义更广。

[6] 曲如晓、李雪：《外国在华专利、吸收能力与中国企业创新——基于中国上市公司的实证研究》，《经济学动态》2020年第2期。

[7] Sung, C. S., Hong, S. K., "Development process of nuclear power industry in a developing country: Korean experience and implications", *Technovation*, Vol. 19, No. 5, 1999.

[8] 薛澜、梁正：《核心竞争力与自主创新能力关系初探》，《太原科技》2006年第4期。

扩散，它必须通过自主开发获得。① 自主开发（研发）具有两方面作用：新技术知识的创造能力和外部技术知识的吸收能力。② 在技术追赶过程中，自主开发和国外技术引进都具有重要意义，没有自主开发，国外技术很难转化为技术能力。③

技术引进的重要性在复杂的现代技术中体现得更为明显，例如芯片技术、基因组测序技术、机器人、生物医药技术等，仅仅通过公开的学术论文等资料很难在短时间内制造出来，必须引进和模仿学习国外的技术。一个动态随机存储芯片（DRAM）的制造可能涉及上千道程序。美国最初在这些领域投入了大量的资金用于研发、培训、产品测试等，由于中国的研究实力远落后于美国，如果中国完全自主研发这些技术，则很可能与美国的技术差距越来越大。④

早期的一些技术学习文献仅将技术学习视为向外部技术知识学习，而实际上，在内部技术知识基础上进行学习也属于技术学习。Chesbrough⑤提出开放式创新的概念，即同时使用内部和外部的技术知识资源。陆续有大量技术学习文献从内部知识和外部知识分析技术学习的两种机制。内部和外部的界限随着分析层面的不同而不同。下面依次介绍企业或行业层面、区域层面、国家层面的两种技术学习机制。

从企业或行业层面看，Shen⑥基于中国程控交换机的案例，分析了中国如何借助国外技术转移和自主技术开发，通过学习过程形成自己的技术能力，并最终发展出自己的高技术。其中，自主开发包括研究机构、国有企业、政府组织创造和使用本地技术。何玄文和张学鹏⑦分析了合资企业的两种学习机制：

---

① Atkinson, R. D., Foote, C., "Is China catching up to the United States in innovation?" *Information Technology and Innovation Foundation Report*, April, 2019.
② Cohen, W., Levinthal, D., "Innovation and learning: The two faces of R&D", *Economic Journal*, Vol. 99, 1989.
③ Fu, X., Pietrobelli, C., Soete, L., "The role of foreign technology and indigenous innovation in the emerging economies: Technological change and catching-up", *World Development*, Vol. 39, No. 7, 2011.
④ Atkinson, R. D., Foote, C., "Is China catching up to the United States in innovation?" *Information Technology and Innovation Foundation Report*, April, 2019, pp. 1–57.
⑤ Chesbrough, H. W., *Open innovation: The new imperative for creating and profiting from technology*, Harvard Business Press, 2003.
⑥ Shen, X., *The Chinese road to high technology: A study of telecommunications switching technology in the economic transition*, New York: St. Martin's, 1999.
⑦ 何玄文、张学鹏：《中外合资企业技术学习的探索性研究》，《科学管理研究》2006年第6期。

内部知识获取（企业生产经验总结、企业研发投入、企业培训等）和外部知识获取（向外方母公司学习、与高校科研机构合作、向供应链其他企业学习）。赵晓庆和许庆瑞[1]分析了内部学习机制（企业研发投入）和外部学习机制（创新网络和技术引进）。曾刚等[2]通过对北京和上海的高新技术企业问卷调查研究表明，外资企业和高校科研机构都有助于技术学习，前者有助于模仿生产新产品，后者有助于增强新技术的自主开发能力。

从区域层面看，张学华和张靖[3]研究指出，区域创新网络升级的核心在于技术学习，包括两种学习模式：内向型即利用区域内的知识资源，外向型即利用区域外的知识资源。Wang 和 Wang[4]分析了北京新技术产业集聚区的技术学习过程，结果发现，中关村的技术学习从国内机构（高校、科研机构、内资企业）主导逐渐转向外资企业主导，并提出，创新自我维持能力对于发展中国家非常重要，这样可以较好地抵挡技术引进带来的竞争冲击，避免形成对国外技术的依赖。周伟林和桂秋[5]研究发现，北京中关村是内向型的，偏重自主开发；上海张江是外向型的，偏重技术引进。Zhou 和 Xin[6]研究了中关村跨国公司与内资企业的创新互动，发现了中关村从国内机构主导转向国外机构主导的发展过程，并指出，本地的技术知识基础为技术学习提供了重要支撑。Liefner 等[7]研究发现，外资企业和国内的高校科研机构是技术学习的重要来源，并指出，必要的技术学习能力是有效利用引进技术的基础。Cheng 等[8]研究了技术引进在国家经济技术开发区促进创新中的作用。

---

[1] 赵晓庆、许庆瑞：《技术能力积累途径的螺旋运动过程研究》，《科研管理》2006 年第 1 期。
[2] 曾刚、李英戈、樊杰：《京沪区域创新系统比较研究》，《城市规划》2006 年第 3 期。
[3] 张学华、张靖：《基于技术学习的区域创新网络升级研究：以浙江台州为例》，《科技进步与对策》2011 年第 18 期。
[4] Wang, J. C., Wang, J. X., "An analysis of new-tech agglomeration in Beijing: A new industrial district in the making?" *Environment and Planning A*, Vol. 30, No. 4, 1998.
[5] 周伟林、桂秋：《中国高新区聚类分析与评价》，《浙江社会科学》2002 年第 3 期。
[6] Zhou, Y., Xin, T., "An innovative region in China: Interaction between multinational corporations and local firms in a high-tech cluster in Beijing", *Economic Geography*, Vol. 79, 2003.
[7] Liefner, I., Hennemann, S., Lu, X., "Cooperation in the innovation process in developing countries: Empirical evidence from Zhongguancun, Beijing", *Environment and Planning A*, Vol. 38, No. 1, 2006.
[8] Cheng, W., Wang, Q., Ouyang, X., et al., "Effect of Economic and Technological Development Zones on Green Innovation: Learning by Importing Perspective", *Journal of Global Information Management*, Vol. 30, No. 6, 2021.

第二章 理论建构：创新阶梯模型与中等技术陷阱

从国家层面看，Kim[1]较早分析了后发国家的技术学习，提出了"引进—吸收—改进"的经典技术学习模型，指出这种技术学习是后发国家进行经济追赶的主要渠道，但没有凸显自主开发的基础性作用。随后许多文献[2][3]都遵循着这一技术学习模型开展研究。薛澜和梁正[4]认为，自主开发带来整体知识，技术引进带来局部知识，二者相互支撑。Atkinson 和 Foote[5]认为，技术可以通过从国外引进或国内各地区行业之间的扩散获得，但技术能力则没法扩散，它必须通过自主开发获得。Cohen 和 Levinthal[6]开创性地指出了自主开发（研发）的两方面作用：直接促进创新的能力和吸收外部技术知识的能力。Fu 等[7]深入分析了自主开发和国外技术引进在技术追赶过程中的重要意义，并认为，没有自主开发，国外技术很难转化为技术能力。路风[8]指出，所谓的"引进消化吸收再创新"的模式在世界上并不存在，因为没有自主开发，引进的技术很难被吸收。Attarpour 和 Nasri[9]研究指出，自主开发是促进创新的主要机制。Nozari 等[10]列出了影响从引进技术中学习的多种因素，包括吸收能力、基础设施、国际关系等。

总之，这些技术学习文献分析了自主开发和技术引进两种技术学习方式，部分文献强调了自主开发的基础性，但没有对自主开发和技术学习的

---

[1] Kim, L., "Stages of development of industrial technology in a developing country: A model", *Research Policy*, Vol. 9, No. 3, 1980.

[2] Dore, R., "Technological indigenous technical change in the third world", in: Rransman M, King K. (eds.), *Technological capability in the third world*, London: Macmilian, 1984.

[3] Fransman, M., "Technological capability in the third world", in: Rransman M, King K. (eds.), *Technological capability in the third world*, London: Macmilian, 1984.

[4] 薛澜、梁正：《核心竞争力与自主创新能力关系初探》，《太原科技》2006 年第 4 期。

[5] Atkinson, R. D., Foote, C., "Is China catching up to the United States in innovation?" *Information Technology and Innovation Foundation Report*, April, 2019.

[6] Cohen, W., Levinthal, D., "Innovation and learning: The two faces of R&D", *Economic Journal*, Vol. 99, 1989.

[7] Fu, X., Pietrobelli, C., Soete, L., "The role of foreign technology and indigenous innovation in the emerging economies: Technological change and catching-up", *World Development*, Vol. 39, No. 7, 2011.

[8] 路风：《走向自主创新 2——新火》，中国人民大学出版社 2020 年版。

[9] Attarpour, M. R. & Nasri, A., "The most effective technological learning mechanisms for innovation: Evidence from Iran's steel industry", *International Journal of Technological Learning, Innovation and Development*, Vol. 15, No. 1, 2023.

[10] Nozari, M., Radfar, R., Ghazinoori, S., "A practical framework for technological learning in developing countries", *African Journal of Science, Technology, Innovation and Development*, 2023.

互动演化进行系统分析。中国一贯采用的"三段式"技术政策便是经典技术学习模型的集中体现，即从技术引进到国产化再到自主开发，将自主开发和技术引进割裂开来。[1] 似乎模仿创新阶段只需要技术引进，而自主创新阶段只需要自主开发。所谓单纯依靠"引进消化吸收再创新"的模式在世界上并不存在，因为没有自主开发，引进的技术很难被吸收。[2]

经典技术学习模型或"三段式"技术政策至少忽视了三个方面的重要内容：第一，将注意力放在技术引进，忽视了自主开发的基础性作用。孙喜和路风[3]指出，只有建立在自主开发基础上的技术引进才能转化为创新。实际上，在技术学习过程中，自主开发发挥着基础性的作用，因为它是提升技术学习能力的基础。路风[4]基于中国核电技术发展的案例，揭示了技术（学习）能力才是走向自主创新的根本。Griffith 等[5]指出，当引进的技术不能与国内企业需求完全匹配时，更需要技术学习能力，而技术学习能力很大程度上来自企业自身的研发。许多技术学习文献[6][7][8]都表明，没有自主开发，引进的技术很难被吸收。与"亚洲四小龙"相比，"亚洲四小虎"在经济起飞之前的基础教育非常落后[9]，使得其严重缺乏技术学习能力，严重依赖国外技术，1997 年亚洲金融危机后便陷入困境，暴露了其脆弱性。

第二，忽视了技术引进和自主开发的互动演化。首先，自主开发与技术引进的相对地位会发生演化。在仿制阶段，通过自主开发培养基础的技

---

[1] 路风、蔡莹莹：《中国经济转型和产业升级挑战政府能力——从产业政策的角度看中国 TFT-LCD 工业的发展》，《国际经济评论》2010 年第 5 期。

[2] 路风：《走向自主创新 2：新火》，中国人民大学出版社 2020 年版。

[3] 孙喜、路风：《从技术自立到创新——一个关于技术学习的概念框架》，《科学学研究》2015 年第 7 期。

[4] 路风：《被放逐的"中国创造"——破解中国核电谜局》，《商务周刊》2009 年第 2 期。

[5] Griffith, R., Redding, S., Van, Reenen J., "R & D and absorptive capacity: theory and empirical evidence", *Scandinavian Journal of Economics*, Vol. 105, No. 1, 2003.

[6] Freeman, C., "The 'national system of innovation' in historical perspective", *Cambridge Journal of Economics*, Vol. 19, No. 1, 1995.

[7] Kim, L., *Imitation to innovation: The dynamics of Korea's technological learning*, Boston: Harvard Business School Press, 1997.

[8] Scott, J. T., "Absorptive capacity and the efficiency of research partnerships", *Technology Analysis and Strategic Management*, Vol. 15, No. 2, 2003.

[9] Booth, A., "Initial conditions and miraculous growth: Why is Southeast Asia different from Taiwan and South Korea?" *World Development*, Vol. 27, No. 2, 1999.

术学习能力，此时过度的有形技术引进会形成技术依赖，但可大力引进技术人才、技术资料等无形技术供国内学习。随着技术学习能力的提升，逐步进行创造性模仿，此阶段需要引进大量的技术设备、技术原料等有形技术供模仿，这期间，产品的国产化率会暂时下降。随着中国与国际先进技术的差距不断缩小，需要开始进行自主创新，而不能仅停留在模仿创新，此时自主开发的重要性不断凸显，国产化率会不断提升，同时也需要大量引进技术人才、技术资料等无形技术进行研发合作。其次，技术引进的形式会发生变化。如前所述，从仿制到创造性模仿再到自主创新，相对于无形技术而言，有形技术的相对作用先上升后下降。最后，自主开发的形式也会发生相应变化，在模仿创新阶段，更多是基于已有科学或技术成果进行试验和发展或者应用研究，对基础研究的需求并不多。然而，进入自主创新阶段之后，由于并无现成产品或工艺可供模仿，需要不断加强基础研究。在模仿创新阶段，一般的高等教育便可以满足需求，但进入自主创新阶段之后，则需要提升高等教育质量。

　　第三，仅考虑了从模仿创新到自主创新的循序渐进型的创新演化，忽视了换道超车型的创新演化。有许多研究指出，创新可以不需要经过模仿创新阶段，直接从仿制跳跃到自主创新，即换道超车型创新。根据技术范式理论，一旦发生技术范式的转变，便可以不经过模仿创新阶段，而直接进入自主创新阶段。Soete[1]较早提出后发国家可以通过换道超车实现技术追赶的观点，他指出，由于后发国家对现有技术的投资较少，开发并使用新技术的机会成本较小，很可能直接跨越现有技术的模仿阶段而直接使用新技术，这也是后发优势的一种体现。Perez 和 Soete[2]认为，后发国家如果停留在发达国家的技术轨道中循序渐进地进行技术学习，结果不但很难赶超发达国家，反而很容易固化在技术落后者的位置。相反，如果有一个新的技术范式出现，很可能成为发展中国家实现技术赶超的机会窗口。当然，后发国家要想抓住这个机会窗口，还必须在前期有一定的学习积累，即仿制阶段的技术学习。他们进一步指出，对后发国家而言，关注技术范式的演变，比关注单个产品的技术演变

---

[1] Soete, L., "International diffusion of technology, industrial development and technological leapfrogging", *World Development*, Vol. 13, No. 3, 1985.

[2] Perez, C., Soete L., "Catching-up in technology: Entry barriers and windows of opportunity", in: Dosi, et al. (eds.), *Technical change and economic theory*, London: Pinter Publishers, 1988.

更为重要。Lee 和 Lim[1] 对韩国六个产业的技术追赶进行了分析，结果发现，循序渐进型的追赶效果不太理想，如机床产业、消费电子产业、个人计算机产业；但换道超车型的追赶效果都较好，如 D-RAM 存储器产业、汽车产业、CDMA 移动电话。

二 技术学习意愿与两种影响因素

Stiglitz 和 Greenwald[2] 指出，外部环境激励的重要性不仅在于增加要素供给，更在于推动技术学习。Lee 和 Lim[3] 将技术努力视为科技体制的函数，这里的科技体制便是一种外部环境激励。制度是影响技术学习意愿的重要因素。

纳尔森（R. Nelson）是现代演化经济学的典型代表，他也被视为新熊彼特主义者。Nelson 和 Sampat[4] 提出了两个概念：物理技术（physical technology）和社会技术（social technology），这两种都是关于经济活动如何进行的技术。物理技术与劳动分工无关，即通常所说的技术创新；社会技术包含劳动分工和协调模式，即本书所指的制度。Nelson[5] 发展了一个经典概念："惯例"（routine），即一种标准化的行为模式，它引导着人们的行为选择，但允许行为选择的有限波动性。惯例包括标准化的社会技术和物理技术。通过标准化的制度安排（市场制度），可以让人们对他人行为（如抄袭行为）有个合理预期，降低他人行为的不确定性，[6][7] 从而提升技术学习意愿。纳尔森认为，非标准化的社会技术能够对标准化的行为模式

---

[1] Lee, K., Lim, C., "Technological regimes, catching-up and leapfrogging: Findings from the Korean industries", *Research Policy*, Vol. 30, No. 3, 2001.

[2] Stiglitz, J. E., Greenwald, B., *Creating a learning society: a new approach to growth, development, and social progress*, New York: Columbia University Press, 2014.

[3] Lee, K., Lim, C., "Technological regimes, catching-up and leapfrogging: Findings from the Korean industries", *Research Policy*, Vol. 30, No. 3, 2001.

[4] Nelson, R. R., Sampat, B. N., "Making sense of institutions as a factor shaping economic performance", *Journal of Economic Behavior and Organization*, Vol. 44, 2001.

[5] Nelson, R. R., "Bringing institutions into evolutionary growth theory", *Journal of Evolutionary Economics*, No. 1, 2002.

[6] Schumpeter, J. A., *The theory of economic development*, Cambridge, MA: Harvard University Press, 1934.

[7] Loasby, B. J., *Knowledge, Institutions and evolution in economics*, Routledge, London New York, 1999.

进行限制或提供支撑。尤其考虑到技术创新面临的各种市场失灵问题，非标准化的制度（政府之手）能发挥很大的作用。Stiglitz（1998）[1]指出，政府与市场的平衡取决于制度发展能力与政府能力。实际上，许多追赶型国家（如韩国、中国等）都会实施大量的制度之外的措施来推动技术创新发展。[2][3] 为此，本书同时考虑标准化制度与非标准化制度。以专利为例，知识产权制度和竞争性市场制度都属于标准化制度，而专利资助、技术转移政策、创新规划则属于非标准化制度，这些都是影响专利活动的重要因素。[4]

市场制度是典型的标准化制度。市场制度的建设需要随着技术创新的阶段性演化而不断发展，体现推动创新发展的市场之手。创新发展初期过度的市场开放容易形成对国外的长期依赖。只有当国内企业技术学习能力增强到一定水平的时候，才具备与外资企业进行竞争的能力，此时应不断完善竞争性市场制度。这也是为什么许多成功的国家（日本、韩国、中国）一开始都采取进口替代战略，随后才转向出口导向战略，并加大对外资的开放。[5] 内生增长理论假设市场机制能够保证较高的学习意愿，但市场很多时候也会失灵。例如，"创新公地"便很难由市场和创新主体本身来提供。

非标准化的制度安排也是影响技术学习意愿的重要因素，如优惠政策、宏观规划[6]等。考核目标是宏观规划发挥作用的重要前提。2013年党的十八届三中全会通过了《全面深化改革若干重大问题的决定》，明确提出"完善发展成果考核评价体系，纠正单纯以经济增长速度评定政绩的偏向"。实际上，中国已陆续将科技等重要因素纳入五年规划及相关专项规划，作为对地方政府的考核指标之一。

---

[1] Stiglitz J. E., "Towards a new paradigm for development: strategies, policies, and processes", The Prebisch Lecture at UNCTAD, 1998b, October.

[2] Kim, L., *Imitation to innovation: The dynamics of Korea's technological learning*, Boston: Harvard Business School Press, 1997.

[3] Atkinson, R. D., Foote, C., "Is China catching up to the United States in innovation?" *Information Technology and Innovation Foundation Report*, April, 2019, pp. 1 – 57.

[4] 程文银、潘霞、陈劲等：《国有企业改制如何助力企业原始创新？——兼议制度与政策的作用》，《科学学与科学技术管理》2023年11月9日网络首发。

[5] Lall S, Urata S., *Competitiveness, FDI, and technological activity in East Asia*, Cheltenham, UK: Edward Elgar, 2003.

[6] 宏观规划是对整体经济或特定行业进行布局，包括总体规划和专项规划，前者如中国2006年发布的《国家中长期科学和技术发展规划纲要（2006—2020年）》，后者如2010年出台的《关于加快培育和发展战略性新兴产业的决定》。这些规划都会提出定性或定量的目标。

第三节　创新阶梯模型的理论命题与分析框架

基于上述理论分析，本节提出创新阶梯模型，总结为如下三个理论命题（包含8个子命题）：

命题Ⅰ（阶段命题）

命题Ⅰ.1：创新发展是从仿制到创造性模仿再到自主创新的阶段性演化过程，每个阶段都有不同的典型特征。

命题Ⅰ.2：技术创新的阶段性演化可以是循序渐进的，也可以是换道超车。

命题Ⅱ（机制命题）：自主开发与技术引进

命题Ⅱ.1：自主开发与技术引进两种机制并存于技术创新的每个阶段。

命题Ⅱ.2：随着技术创新的发展，自主开发相对于技术引进的相对重要性呈现"U"形变化趋势。

命题Ⅱ.3：就技术引进的演化而言，无形技术相对有形技术的引进呈现"U"形变化趋势。有形技术是指技术设备、技术原料等；无形技术是指技术人才、技术知识等。

命题Ⅱ.4：就自主开发的演化而言，自主开发的形式也不断从初级向高级、从数量向质量演化。

命题Ⅲ（动力命题）：技术学习能力与技术学习意愿

命题Ⅲ.1：自主开发是提升技术学习能力的基础，技术学习能力是吸收引进技术的关键。具体而言，自主开发能够形成创造能力和吸收能力，二者共同构成技术学习能力，而吸收能力是吸收引进技术的关键。在自主开发基础上的技术引进是"自主性引进"；与之对应的是"依赖性引进"，即在自主开发不足进而吸收能力有限的情况下，过度开放很容易形成技术依赖。与自主开发和技术引进的互动演化相对应，技术学习能力也呈现动态演化特征，包括能力水平的不断提升以及能力类型的转变。因此，本书提出的自主性引进是一个动态的概念，即在动态自主开发基础上进行动态技术引进。

命题Ⅲ.2：制度建设（包括标准化和非标准化制度）是影响技术学习意愿的重要因素。

好比一个阶梯，技术创新的三个阶段对应阶梯的三个台阶；技术学习（能力和意愿）对应阶梯的电动机（"一体"），这是技术创新的原动力；技术学习的两种机制（自主开发和技术引进）对应阶梯的两个扶手（"两翼"），二者的互动演化形成自主性引进；这"一体两翼"合力推动技术创新不断登上新台阶，故本书将其命名为"创新阶梯模型"。

基于上述理论命题，可以得出如图2-1所示的分析框架。需要注意的是，命题Ⅱ.4没有在下图中体现，因为与命题Ⅱ.2和命题Ⅱ.3的"U"形形状相比，命题Ⅱ.4属于线性形状，且自主开发的形式难以简单划分为两种。

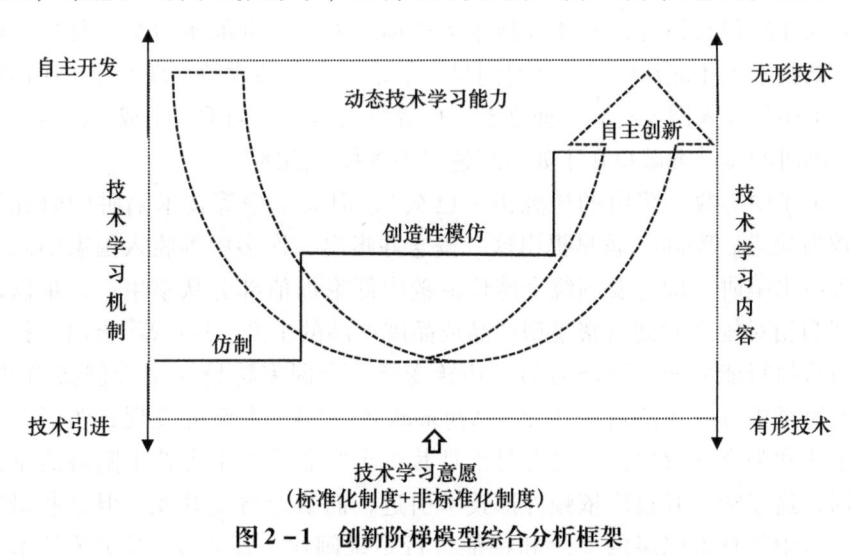

图2-1 创新阶梯模型综合分析框架

第四节 "中等技术陷阱"：概念、测度与特征

一 "中等技术陷阱"的概念界定

技术进步是收入增长的源泉。不管是人口红利、人才红利[①]，还是开放

---

① 高文书：《从"人口红利"到"人才红利"》，《中国人才》2014第19期。

红利，归根结底是技术红利。改革开放初期，农民工开始不断进城，大批新增的劳动力给中国经济增长带来了巨大的人口红利。这些劳动力之所以能够进城获取更高收益，缘于城市大规模的劳动力需求。劳动力需求的增长一方面得益于世界对中国产品的大规模需求，这一迅速扩张的需求得益于国外的技术进步及由此带来的国外收入增长；另一方面，得益于国外新技术和新产品的大规模引进，推动中国新企业雨后春笋般地涌现。由此可见，初期的人口红利根源于改革开放后国外的技术红利外溢至中国。因此，这些人口红利与开放红利根源都是技术红利。刘易斯拐点之后，中国正努力实现从人口红利到人才红利的转变，人才是技术的载体，人才红利的本质是一种技术红利，高技术人才能在同等劳动时间投入下带来更高的收益。现如今，中国已步入上中等收入国家行列，面临着"中等收入陷阱"的重大挑战，跨越中等收入陷阱的关键突破口在于如何跨越"中等技术陷阱"。

关于中等收入陷阱的研究由来已久[1]，但关于中等技术陷阱的研究依旧较为缺乏。Wade[2] 较早提出这一概念并指出，许多中等收入国家陷入了中等技术陷阱，即主要围绕全球价值链中低附加值部分从事生产，难以进入利润相对较高的创新密集型产品或品牌产品的生产。Lee 等[3]指出，技术能力从执行能力向设计能力的成功转变是一个国家跨越"中等创新陷阱"进而跨越中等收入陷阱的关键。Akçomak 和 Bürken[4] 研究发现，弱国内创新系统和强全球价值链的并存是土耳其汽车产业掉入中等技术陷阱的重要原因，这意味着其过度依赖外部技术引进，而缺乏自主开发。但这些研究均未对中等技术陷阱的概念和特征进行系统阐述。郑永年[5]对中等技术陷阱的概念、原因和对策进行了较为详细的论述，但缺乏理论基础和系统的

---

[1] Gill I., Kharas H. "An East Asian renaissance: Ideas for economic growth", Washington, D. C.: World Bank, 2007.

[2] Wade R., "After the Crisis: industrial policy and the developmental state in low-income countries", *Global Policy*, Vol. 1, No. 2, 2010.

[3] Lee J. -D., Baek C., Maliphol S. et al., "Middle innovation trap", *Foresight and STI Governance*, Vol. 13, No. 1, 2019.

[4] Akçomak, I. S., Bürken, S., "Middle-technology trap: The case of automotive industry in Turkey", in: Ferreira et al. (eds.), *Technological Innovation and International Competitiveness for Business Growth*, *Palgrave Studies in Democracy, Innovation, and Entrepreneurship for Growth*, Springer International Publishing, 2021.

[5] 郑永年：《中国跨越"中等技术陷阱"的策略研究》，《中国科学院院刊》2023 年第 11 期。

分析框架。

本书基于创新阶梯模型对中等技术陷阱进行概念界定。将创新发展三阶段中的创造性模仿阶段视为中等技术，其中，从仿制阶段向创造性模仿阶段跨越之后初期的技术水平视为下中等技术，将从创造性模仿阶段向自主创新阶段跨越的技术水平视为上中等技术。如果一个国家长期无法成功实现从创造性模仿向自主创新阶段的跨越，则视为掉入了中等技术陷阱。"亚洲四小虎"（印度尼西亚、泰国、马来西亚、菲律宾）在创造性模仿初期便过度依赖日本，以至于在遭遇1997年亚洲金融危机之后技术爬升遭遇滑铁卢，掉入下中等技术陷阱（详见第三章第四节）；中国始终坚持自主开发与技术引进的并进，当前正努力从创造性模仿向自主创新跨越，却遭受着来自发达国家的技术打压，面临着上中等技术陷阱的挑战。

二 "中等技术陷阱"的指标测度

"中等收入陷阱"可以用明确的收入水平来进行衡量。然而，与收入不同，不同类型的技术难以简单加总，国家层面的技术水平并没有一个标准的衡量指标，难以用一个统一的"刻度"来指示什么样的技术水平算作"中等技术"。

就具体的行业而言，一般可以用第几代技术来刻画技术水平，可以根据一个国家自主研发（而非引进的）的技术代别来衡量它是处于世界的中等技术水平还是高技术水平。例如，核电技术的发展经历了第一代、第二代、第三代和第四代技术。中国已自主研发出第三代核电技术华龙一号，且基于第四代技术的高温气冷堆核电站已于2021年年底领先世界进行并网发电（详见第五章），这是中国跨越中等技术陷阱的行业典范。

也可以用核心技术和外围技术来判断技术水平。以芯片技术为例，中国在芯片产业链上主要集中在封装测试、制造等环节，属于外围技术；美国则主要负责设计环节，属于核心技术，位于产业链上游，附加值较高。尽管中国已具备从封装测试、制造到设计的完整产业链，但由于设计技术水平不高，化学机械抛光、纳米结构测量分析、晶圆制造电镀等工艺落后，高端光刻胶等关键制造材料也大部分依赖进口，[①] 目前仅能够满足中

[①] 周观平、易宇：《新发展格局下提升中国集成电路产业链安全可控水平研究》，《宏观经济研究》2021年第11期。

低端市场需求。美国半导体协会发布的报告显示，2022年，美国、韩国、日本、中国台湾占全球芯片销售市场份额分别为48%、19%、9%和8%，中国大陆只有7%。这是中国突破中等技术陷阱的关键行业。

还可以用专利的质量来判断。中国专利经历了从数量增长到质量提升的发展过程。尽管中国的专利申请数量已连续多年稳居世界第一，但中国的专利质量却明显不足（详见第六章）。陈旭等[1]基于被引证数、权利要求数、同族专利数、布局国家数、发明人数、技术覆盖范围等反映专利质量的指标筛选出10万余条集成电路产业专利，将得分排名前5%的视为关键核心技术专利，研究发现，美国、日本、德国的集成电路关键核心技术专利占全球比重分别高达42.89%、25.35%、11.54%，中国占比仅为1.47%；美国、日本、德国的集成电路产业专利中，关键核心技术专利占比分别为10.15%、4.21%和11.69%，而中国的这一比重仅为0.36%。

从个别技术难以判断一个国家整体上处于什么技术水平。为此，需要寻找新的指标，赖格和孟渤[2]从出口复杂度指数和基于全球价值链的一系列指标对中等技术陷阱进行了分析。考虑到中国经济体量巨大，其出口产品的多样性和复杂性程度会相对较高，而瑞士、以色列等公认的创新强国由于其经济体量较小使得其出口复杂度明显低于中国，这意味着，该指标难以真实反映一个国家的技术水平。出口的国内增加值占比及其衍生指标在进行跨国比较时也会带来一些较为明显的理解偏误[3]。相比之下，全球价值链前向参与度相对更为准确。该指标反映了一个国家参与全球价值链上游的程度，其值越高，反映该国在全球价值链中的位置越倾向于上游。除矿产、能源等行业外，一般而言，越接近上游其附加值越高，其技术水平也相对越高。图2-2（a）展示了部分国家与地区的全球价值链前向参与度，可以看到，中国的前向参与度低于主要发达国家，与美国之间的差距较大。需要注意的是，德国、韩国等发达国家的前向参与度整体上低于中国，原因可能在于中国的中低技术行业很多处于价值链上游。相比于中低技术行业，中高技术行业更能反映一国的技术水平，为此，笔者进一步

---

[1] 陈旭、江瑶、熊焰等：《基于专利维度的关键核心技术"卡脖子"问题识别与分析——以集成电路产业为例》，《情报杂志》2023年第8期。

[2] 赖格、孟渤：《中国中等技术现状分析》，《中国科学院院刊》2023年第11期。

[3] 例如，中国和巴西等发展中国家的出口国内增加值占比明显高于德国和韩国等发达国家。计算数据来源：OECD TiVA 数据库，https://stats.oecd.org/Index.aspx?DataSetCode=TIVA_2022_C1。

第二章 理论建构：创新阶梯模型与中等技术陷阱

选取电气和光学设备这一技术水平相对较高的行业来计算各国的全球价值链前向参与度，图2-2（b）显示，中国的前向参与度明显低于主要发达国家，与美国、日本、韩国等发达国家之间存在较大差距。

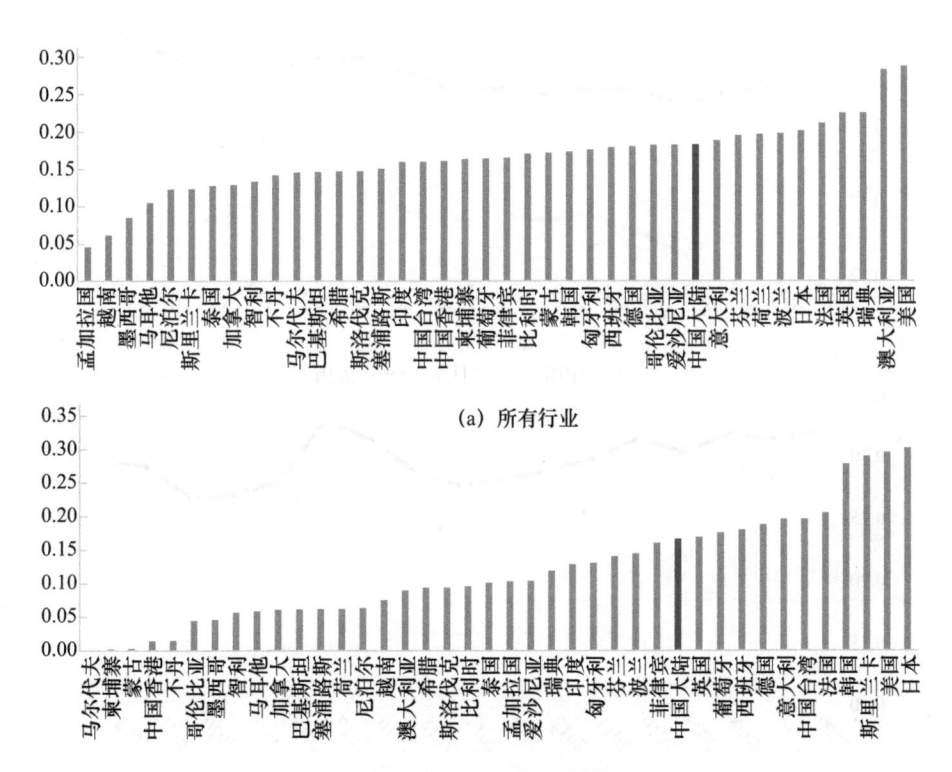

(a) 所有行业

(b) 电气和光学设备制造行业

图2-2 2022年部分国家与地区全球价值链前向参与度

资料来源：作者根据亚洲开发银行多区域投入产出表数据库。

图2-3展示了中国、日本和美国的全球价值链前向参与度在2000—2022年的变化。中国对日本和美国在2014年之前有一定追赶趋势，但之后中日、中美之间的差距基本保持稳定。这意味着，中国的技术追赶可能进入平台期，面临着"中等技术陷阱"的挑战。从所有行业看，中美之间差距较大，且2018年之后有拉大趋势，但中日之间的差距相对较小。进一步观察技术水平相对较高的电气和光学设备制造发现，中美和中日之间的差距都较大。这意味着中国面临着"上中等技术陷

· 49 ·

阱"的巨大挑战。

(a) 所有行业

(b) 电气和光学设备制造行业

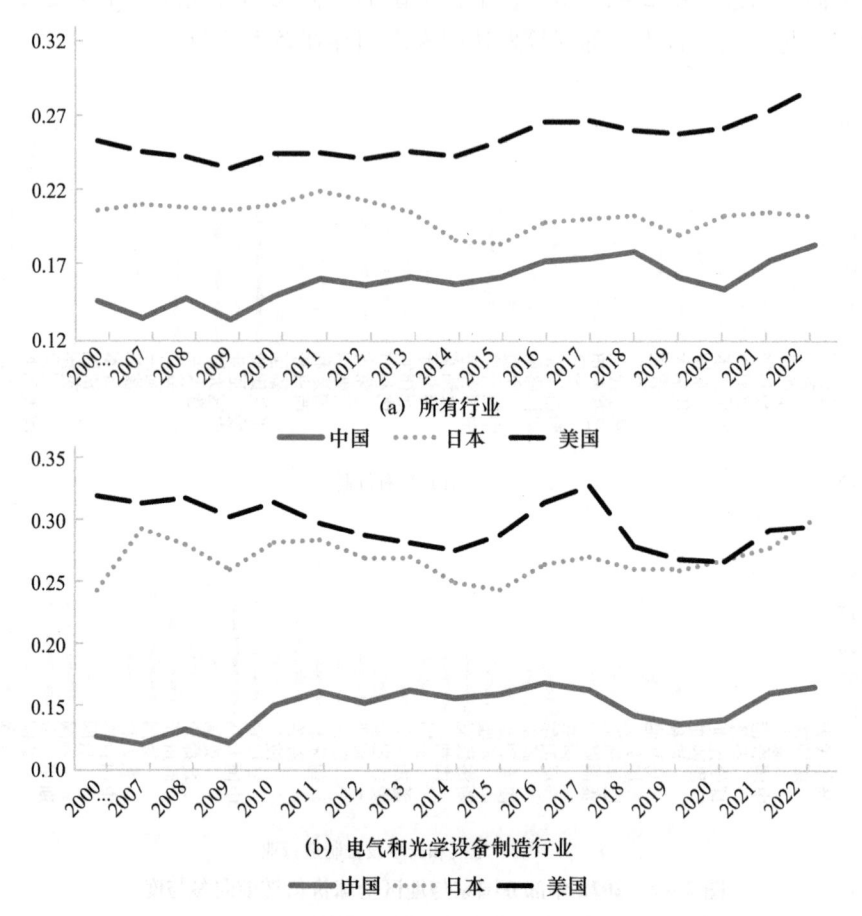

图 2-3　中日美全球价值链前向参与度（2000—2022 年）
资料来源：作者根据亚洲开发银行多区域投入产出表数据库绘制。

三 "中等技术陷阱"的特征表现

基于创新阶梯模型的三个基本命题，可将掉入中等技术陷阱的主要特征归结为如下五点。这五点也暗示着掉入中等技术陷阱的重要原因与对策。

第二章　理论建构：创新阶梯模型与中等技术陷阱

（1）技术引进速度明显放缓。进入中等技术阶段后期，需要引进的技术大多为先进国家的原创性前沿技术，而这些技术是先进国家不愿意转移的，甚至会阻止后发国家获得这些技术。美国20世纪80年代对日本的"打压"和如今对中国的科技"脱钩"便是如此。日本半导体在20世纪七八十年代发展迅速，并于1985年销量首次超过美国，日本的人均GDP也在20世纪八九十年代超过美国。为此，1985年美国对日本半导体产业开启"301调查"及一系列反倾销调查，之后日本半导体产业市场份额不断下滑，并于20世纪90年代后期被韩国超越。无独有偶，2018年6月15日美国挑起了一场针对中国的贸易战，规模之大，堪称贸易史上之最，其本质是一场科技战[1]，"航空航天器"及"医疗设备仪器仪表"等美国对中国贸易顺差的行业在"301调查清单"之列，相反，纺织服装等中国传统优势且美国对中国贸易逆差较为严重的行业却没有出现在此次清单当中。清单涉及的15个行业中，有14个是与《中国制造2025》十大重点发展领域较为吻合的，这14个行业在清单中的频率占比高达99.8%。实际上，2011年之后，中国的技术引进速度就明显放缓（详见第三章）。与20世纪八九十年代的日本不同的是，2018年，中国的半导体销售份额和人均GDP都只有美国的六分之一左右，中国还处于中等收入和中等技术水平。

（2）高质量的自主开发明显滞后。应用研究较多但基础研究明显不足；创新成果数量较多但创新成果质量较低，且创新成果转化率较低；人才规模较大但高层次人才明显缺乏（详见第三章）。尽管中国在客户驱动的创新（如百度、腾讯、阿里巴巴、海尔等）和效率驱动的创新（如化学、纺织、建筑机械、电子设备等）具有很强的国际竞争力；但在基于科学的创新（如生物医药、半导体等）和基于工程的创新（如通信设备等）方面依旧明显落后于发达国家。[2] 以半导体为例，美国半导体协会发布的报告显示，2022年，美国、欧洲、中国台湾、韩国、日本的研发支出占销售额的比重分别为18.7%、15.0%、11.0%、9.7%、8.3%，而中国大陆的这一比重仅为7.6%。

（3）高质量的无形技术净流入不足。过于强调有形技术引进，而对无

---

[1] 胡鞍钢、程文银、高宇宁：《中美贸易战的本质是科技战》，《国情报告》2018年第14期。
[2] Woetzal, J., Chen, Y., Manyika, J., et al., "The China effect on global innovation", *McKinsey Global Institute*, July 2015. Retrieved from https://www.mckinseychina.com/wp-content/uploads/2015/07/mckinsey-china-effect-on-global-innovation-2015.pdf.

形技术的引进重视不足。总体来说，中国的技术移民政策仍比较保守，出台的各类海外引才计划均没有将这些人才作为技术移民对待，对留学生在华工作和居留也缺乏灵活安排。① 相比之下，发达国家出台的一系列签证计划对技术移民以及留学生的工作和居留都作出了相应安排。例如，美国于 20 世纪 90 年代便启动全球 STEM（Science, Technology, Engineering, Mathematics）人才培养和引进计划；日本 2012 年推出高度人才签证（Highly-skilled Professional Visa）；英国 2020 年推出"全球精英签证"（Global Talent Visa），在 2011 年推出的"杰出精英签证"（Exceptional Talent Visa）的基础上增加了研究与创新领域的人才引进。2021 年习近平总书记发出"深入实施新时代人才强国战略 加快建设世界重要人才中心和创新高地"的动员令，对人才的培养、引进、运用作出了重要指示。当前亟须进一步出台具体的人才政策，推动中国自主创新大发展。

（4）有利于自主创新的市场制度相对滞后。企业家是那些具有高学习意愿的群体，愿意承担较高的创新成本和风险，但同时也需要提供一个良好市场环境，让企业家对其从事创新活动的潜在收益有一个稳定的预期。尽管中央积极出台了一系列文件来试图保障公平竞争原则。例如，2019 年通过的《中华人民共和国外商投资法》进一步明确提出统一内外资待遇，明确了内资企业与外资企业的公平竞争；同年，中央发布的《关于促进中小企业健康发展的指导意见》首次在官方文件中明确提出"竞争中性"规则，明确了国有企业与非国有企业的公平竞争。但国有企业的"特殊地位"始终没有得到根本性改变，例如，在强调做强做优做大国有企业的同时，却没有明确是否要做强做优做大民营企业或外资企业。自主创新的资金投入大、风险较高，传统的金融市场难以满足这些资金需求，亟须加强风险投资市场的建设，这也是美国自主创新发展的重要成功因素之一，而中国的风险投资市场建设严重滞后于主要发达国家。②

（5）国家没有提出明确且具体的战略需求。就中国而言，在顶层设计上明确了将高质量发展或自主创新提升到国家战略层面，但在执行层面却没有一个良好的激励或约束机制来贯彻顶层设计要求。中国自 2006 年便

---

① 黎兵：《全球技术移民竞争新态势及启示》，《中国科技人才》2023 年第 1 期。
② 陈思、何文龙、张然：《风险投资与企业创新：影响和潜在机制》，《管理世界》2017 年第 1 期。

明确提出"走中国特色自主创新道路",并于2017年党的十九大报告提出高质量发展,提出了明确的战略需求。然而,具体的政策却没有很好地按照这一顶层设计来制定。例如,专利资助政策鼓励了大规模的专利申请,但没有聚焦专利质量或自主创新,这使得中国出现大量低质量专利(详见第四章和第六章)或"沉睡的专利",不利于跨越中等技术陷阱。在执行层面,尽管中央提出要通过新型举国体制推动高水平科技自立自强,但如何协调政府与市场的关系始终没有得到明确,例如,在哪些领域政府应该发挥更大作用,哪些领域市场应该发挥更大作用?而不是"一刀切"式的制度安排或过度的行政干预。

第五节 本章小结

本章提出创新阶梯模型,包含三个理论命题:阶段命题、机制命题、动力命题。具体而言,技术创新演化包含三个阶段(类似阶梯的三个台阶):仿制、创造性模仿、自主创新,演化方式可以为循序渐进或换道超车。自主开发与技术引进是技术学习的两种机制(类似阶梯的两个扶手),二者在创新发展三阶段不断进行互动演化。技术学习能力与技术学习意愿是推动创新发展的动力(类似阶梯的电动机),自主性引进(动态自主开发基础上进行动态技术引进)推动技术学习能力不断提升。制度建设(包括标准化和非标准化制度)是影响技术学习意愿的重要因素。

基于创新阶梯模型,作者进一步提出中等技术陷阱的概念、测度与特征。首先,将创新发展三阶段中的创造性模仿阶段界定为中等技术,如果一个国家长期无法成功实现从创造性模仿向自主创新阶段的跨越,则视为掉入了中等技术陷阱。其次,就具体技术而言,可以从技术代别、核心技术和外围技术、专利的质量等角度进行测度中等技术;全国层面可以从全球价值链前向参与度来初步判断中等技术陷阱的风险。最后,中等技术陷阱的特征表现可以归结为五点:(1)技术引进速度明显放缓;(2)高质量的自主开发明显脱节;(3)高质量的无形技术净流入不足;(4)有利于自主创新的市场制度相对滞后;(5)国家没有提出明确且具体的战略需求。这些特征也暗示了突破中等技术陷阱的对策。

第三章 宏观分析：中国式创新现代化的演化逻辑

第一节 问题提出

党的二十大报告提出全面建成社会主义现代化强国的两步走战略，到2035年，中国发展的总体目标需要"实现高水平科技自立自强，进入创新型国家前列"。中国强调科技自立自强的内涵是什么？如何实现科技自立自强？要清楚地回答这些问题，需要从理论和现实层面对于中国式创新现代化的演化逻辑进行系统研究。

尽管中国的技术起跑滞后于西方国家一两百年，初始条件极端落后，但经过百年来的努力，实现了从起跑向跟跑的转变，部分领域甚至进入并跑和领跑的行列。[①] 与起跑、跟跑、并跑（领跑）的创新发展阶段性演化相对应，中国式创新现代化在发展进程中的侧重点，经历了从"独立自主、自力更生"到改革开放后的"拿来主义"再到今天的"科技自立自强"的转变；经历了从封闭经济到国际经济大循环再到今天的以国内大循环为主的国内国际双循环的转变；经历了从强调自主开发到更加强调技术引进到今天再次突出强调自主开发的转变。这些转变体现了技术学习机制怎样的演化逻辑？技术学习机制背后的产业载体如何演化？什么制度因素引导和推动了技术学习机制的演化？

从现有相关研究看，现有的技术学习理论分析了如何在自主开发和技术引进（尤其是技术引进）中学习来推动技术创新发展，但尚未对二者之

[①] 王一鸣：《百年大变局、高质量发展与构建新发展格局》，《管理世界》2020年第12期。

间的互动演化进行深入探讨。① 罗斯托的起飞理论分析了经济起飞的三个条件，但该理论没有对起飞之后的必备条件进行分析。② 许多实证经验文献分析了中国数十年来的技术创新发展状况，但并没有系统揭示其背后的核心机制、产业载体和制度保障的协同演化。③④

本章旨在基于理论发展与中国实践，构建中国式创新现代化的综合分析框架。从"技术—产业—制度"协同演化的视角出发，对中国式创新现代化进行实证分析，分析自主性引进及其背后的产业和制度演化，并检验创新阶梯模型在中国技术创新演化过程中的适用性。具体而言，将中国式创新现代化进程归纳为技术起飞、技术爬升、技术巡航三个阶段，揭示自主性引进、重点产业和政府与市场关系在不同阶段的具体表现形式。最后从"技术—产业—制度"协同演化视角为中国实现高水平科技自立自强提供应对之策。

本章主要贡献体现在三个方面。第一，在实践上，基于中国经济发展及中国式创新现代化的历史进程，提炼出"自主性引进"这一推动技术创新演化的核心机制，并揭示"技术—产业—制度"协同演化规律，为新时代实现科技自立自强提供了理论依据和政策参考。第二，在理论上，对技术学习理论进行了改进，突出了自主开发的基础性，并分析了自主开发与技术引进的阶段性演化；对罗斯托模型进行了拓展，明确了自主性引进（核心）、重点产业（载体）和政府与市场关系（保障）的层次关系，并将"技术—产业—制度"的关系动态化；指出了格申克龙"后发优势理论"⑤ 在实现高水平科技自立自强方面的局限。第三，在政策上，揭示了现有研究经常采用的"三段式"技术政策论述（从技术引进到国产化再到自主开发）容易造成的误导，这种论述容易将自主开发和技术引进割裂开来；本章还进一步从技术演化、产业升级和制度优化三个方面提出中国实现高水平科技自立自强的对策。

---

① 路风：《走向自主创新2：新火》，中国人民大学出版社2020年版。
② Rostow, W. W., *The Stages of Economic Growth: A Non-communist Manifesto*, Cambridge University Press, New York, 1960.
③ 江小涓：《新中国对外开放70年：赋能增长与改革》，《管理世界》2019年第12期。
④ 程文银：《国家技术开发区与技术创新：基于自主性引进的视角》，博士学位论文，清华大学，2020年。
⑤ Gerschenkron A., "Economic Backwardness in Historical Perspective", in: Gerschenkron A., *Economic Backwardness in Historical Perspective: A Book of Essays*. Cambridge, MA: The Belknap Press of Harvard University Press, 1962, pp. 5 – 30.

第二节　自立自强原则与自主性引进

自力更生与对外开放是一对对立统一的概念，在自力更生前提下进行对外开放是正确理解二者关系的出发点。因此，自立自强原则可以同时包含自力更生和对外开放两方面的内涵。

从中国发展历史来看，自立自强原则下的对外开放具有重要意义。1921年中国共产党成立之后的百年间，中国不断探索、确立并发展在自力更生基础上对外开放的原则。1935年，毛泽东在总结红军长征经验时就指出，中国有自力更生的基础上自立于世界的能力，但这并不意味着可以不需要外援。[1]这初步形成了毛泽东关于自力更生与对外开放关系的思想。1949年新中国成立后，这一原则逐步运用到经济和科技发展问题上，努力使中国人民富起来。1956年《论十大关系》中，毛泽东就提出要批判性地向国外学习，尤其是科学技术。[2]1958年毛泽东在《对第二个五年计划的批示》中提出"自力更生为主，争取外援为辅"的经济建设方针，对上述原则进行了较明确的表述。

1973年开始出现了新中国成立后第二轮技术引进高潮，即"43方案"。[3]1978年后对外开放上升为基本国策，邓小平提出"拿来主义"，[4]1995年江泽民在全国科学技术大会上强调："我们必须在学习、引进国外先进技术的同时，坚持不懈地着力提高国家的自主研究开发能力。"[5]然而，与俄罗斯的休克疗法不同，中国的开放不是一次性全部开放，而是渐进式开放，这使得开放的风险可以控制在自力更生能力的基础上。2001年中国加入WTO之后开放之门越开越大。2008年国际金融危机之后，美国等发达国家的逆全球化思潮日益高涨。在这一背景下，中国依旧坚持自力

---

[1]《毛泽东选集》第一卷，人民出版社1991年版，第65—66、132页。
[2]《论十大关系》，载《毛泽东文集》第七卷，人民出版社1999年版，第44页。
[3]《邓小平文选》第二卷，人民出版社1994年版。
[4] 中共中央文献研究室编：《邓小平年谱（一九七五——一九九七）》（上），中央文献出版社2004年版，第211页。
[5] 江泽民：《努力实施科教兴国战略》，《江泽民文选》第一卷，人民出版社2006年版。

更生基础上对外开放的原则，中国2015年发布的《中国制造2025》提出坚持"自主发展，开放合作"。2020年党的十九届五中全会提出的新发展格局强调"国内国际双循环相互促进"，但要"以国内大循环为主体"，并突出科技自立自强的战略意义。

自主开发是自立自强的重要表现，技术引进是对外开放的重要形式。[1] 中国百年来确立的自立自强原则下的对外开放实际上就是第二章所提出的自主性引进原则。

第三节　中国式创新现代化的理论框架

创新阶梯模型体现了制度与技术的协同演化，这对于微观层面的具体技术比较适用。然而，在国家层面，还需要考虑产业的升级演化。具体而言，在技术维度上，自主性引进是推动技术演化的核心机制和动力源泉；产业演化为技术演化提供载体和方向指引，其关键是重点产业；制度演化为技术演化提供激励和保障，其关键是政府与市场关系。在创新发展的不同阶段，"技术—产业—制度"均呈现出协同演化，集中体现为自主性引进、重点产业和政府与市场关系的协同演化。自凡勃仑的"技术—制度"二分法以来，早期的演化经济学文献更多关注技术的演化，[2][3] 后来逐步从技术与制度的协同演化进行分析。[4] 本章在"技术—制度"二分法的基础上，进一步分析"技术—产业—制度"的协同演化[5]，构建中国式创新现代化的综合分析框架，如图3-1所示。

---

[1] 从构建人类命运共同体的角度看，对外开放还应包括技术输出，但本章仅聚焦本国发展，而非世界发展，故仅分析技术引进。
[2] Schumpeter, J A., *The theory of economic development*. Cambridge, MA: Harvard University Press, 1934.
[3] Nelson, R R., Winter S G., *An evolutionary theory of economic change*. Cambridge: Harvard University Press, 1982.
[4] Nelson, R. R., "Bringing institutions into evolutionary growth theory", *Journal of Evolutionary Economics*, No. 1, 2002.
[5] 田杰棠：《制度·技术·产业：基于创新的视角》，经济科学出版社2012年版。

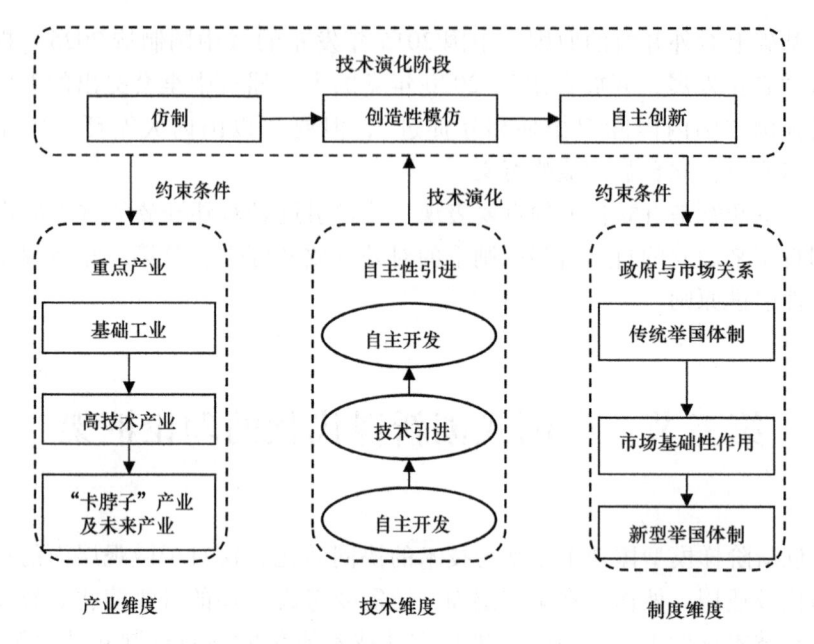

图 3-1 中国式创新现代化的"技术—产业—制度"协同演化分析框架

一 技术演化的三个阶段

创新阶梯模型提出了技术创新演化的三个阶段：仿制、创造性模仿、自主创新。罗斯托的经济起飞模型指出，经济起飞需要具备三个条件：高投资率（10%以上）、重点产业（制造业）、制度变革。[①] 满足上述三个条件就能成功实现经济起飞，之后便可自动实现经济持续增长。然而，陷入中等收入陷阱和技术依赖的国家比比皆是，起飞之后并不必然保证持续增长。参照创新阶梯模型，本章将技术起飞阶段视为仿制阶段。随后的创造性模仿阶段则是技术的快速爬升，自主创新阶段则是技术在最前沿巡航。与仿制阶段一样，创造性模仿阶段和自主创新阶段同样需要具备三个发展条件，只不过这些条件会随创新发展阶段的变化而发生演化。

参照罗斯托的模型，本章提出创新发展各阶段需要具备的三个条件：

---

① Rostow, W. W., *The Stages of Economic Growth*: *A Non-communist Manifesto*, Cambridge University Press, New York, 1960.

技术演化（自主性引进）、产业升级（重点产业）、制度优化（政府与市场关系）。罗斯托模型忽视了这三个条件之间的层次关系。本章模型则明确了三者关系：自主性引进是推动技术演化的动力源泉；重点产业是技术演化的载体，引导自主性引进发挥作用的方向；制度是保障，政府与市场关系的优化为自主性引进提供环境激励。

二 不同演化阶段的必备条件

（一）仿制阶段的条件

在仿制阶段，需要具备三个条件：

①自主性引进：基础教育和无形技术的引进为"手把手教"创造条件。从自主开发看，起飞阶段重点发展基础工业，只需要具备一定的基础知识和学习能力。从技术引进看，较弱的技术吸收能力使其难以吸收有形技术，这一阶段重点引进技术人才、技术资料等无形技术。

②重点产业：起飞阶段重点发展基础工业行业，满足基本生产资料生产的需要。工业是最具有技术学习效应和技术溢出效应的部门[①]，一旦建立比较完整的基础工业体系，随后的工业技术发展就可以通过比较完整的产业链发挥更大的技术溢出效应。

③政府与市场关系：政府主导并限制开放，这是传统举国体制的重要做法。对后发国家而言，需要在短时间内走完两次科技革命的历程，完成基础工业的发展，否则只会与先进国家的差距越来越大。这些基础工业成本高、外溢性强，必须由政府发挥主导作用，私营企业没有经济实力也没有动力推动基础工业发展。许多成功实现技术追赶的国家都在技术起飞阶段甚至爬升阶段初期限制外资流入以便保护本国企业的技术学习。[②]

（二）创造性模仿阶段的条件

技术起飞之后并不意味着就可以自然而然地进入技术爬升或创造性模仿阶段，这是本章区别于罗斯托模型的一个重要内容。创造性模仿阶段依旧需要具备三个条件：

---

① Stiglitz, J. E., Greenwald, B., *Creating a learning society: a new approach to growth, development, and social progress*, New York: Columbia University Press, 2014.
② Lall, S., Urata, S., *Competitiveness, FDI, And technological activity in East Asia*, Cheltenham, UK: Edward Elgar, 2003.

①自主性引进：重点体现为高等教育和研发投入的规模扩张，以及技术（特别是有形技术）的引进。"逆向工程"对技术学习能力的要求比"手把手教"更高，需要高等教育的支撑，同时也需要一定的研发投入提升创造性模仿能力。有形技术的大规模引进为"逆向工程"提供了大量模仿对象，无形技术的引进能进一步增强国内的技术学习能力。

②重点产业：重点发展高技术产业。基础工业体系建立之后，需要提高工业品中的科技含量和人力资本含量，推动高技术产业发展，尤其是工业化与信息化甚至智能化的融合，快速完成第三次科技革命甚至尽快融入第四次科技革命。

③政府与市场关系：渐进式的市场化改革并扩大开放，逐步发挥市场基础性作用。这一阶段的技术学习能力尚不够强大，仍需要政府发挥一定的主导作用，并逐渐从政府主导向政府引导过渡，政府应积极推动并引导更多资源向高技术产业转移；这一阶段仍需要对国内企业进行适当保护，以免遭受国外技术的冲击，形成技术依赖。

（三）自主创新阶段的条件

从技术爬升进入技术巡航，或从创造性模仿阶段进入自主创新阶段，依旧面临着巨大挑战，这是国际博弈的必然规律。第二次世界大战后日本通过大规模引进美国等先进国家的技术进行创造性模仿，成为技术超级大国，彩电、汽车甚至半导体等产业都跃居世界第一，俨然即将与先进国家逐鹿沙场。然而20世纪80年代后便逐渐受到来自美国的技术打压，1985年《广场协议》签订尤其是1991年日本房地产泡沫破灭之后，日本逐渐陷入"失去的二十年"甚至三十年。进入或即将进入自主创新阶段，仍需要具备三个条件：

①自主性引进：重点体现为高等教育和研发投入的质量提升，以及无形技术的引进。核心技术的攻关需要高层次科技人才，必须提升高等教育质量；自主创新中要求加强基础研究。即将进入自主创新阶段时往往会在有形技术的引进方面受到别国的限制，而无形技术引进的限制则相对更难。

②重点产业：重点发展关键核心技术行业并布局未来产业。关键核心技术攻坚主要是为了创造先进国家已经有但本国没有的"卡脖子"技术，布局未来产业主要是为了争抢世界技术制高点。

③政府与市场关系：市场日益发挥决定性作用，政府从引导者向服务者转变，健全新型举国体制。发挥市场决定性作用更有利于提升创新主体积极性；政府在提供基础设施、加强基础研究、引进高层次技术人才等方

面应更积极有为。此外，对于关键核心技术的攻坚和未来产业的布局，需要政府进行大力的支持和推动。

第四节 中国式创新现代化的实证分析：技术—产业—制度

接下来基于上述框架对中国式创新现代化进行实证分析。通过"技术—产业—制度"的协同演化，分析中国式创新现代化不同演化阶段的特征及发展条件。根据中国自主开发和技术引进的转折性变化，本章将技术创新演化分为三个阶段：技术起飞阶段（1949—1978年），仿制是主流；技术爬升阶段（1979—2008年），创造性模仿是主流；技术巡航阶段（2009年至今），不断努力朝着自主创新阶段跨越，2008年出台《国家知识产权战略纲要》，首次将知识产权提升至国家战略层面，随后出台了一系列促进自主知识产权的重大举措。[①]

一 仿制阶段

（一）技术维度：自主开发与有形技术引进

就自主开发而言，基础教育和科技人员培养得到大力发展，坚持教育为生产服务。1949—1958年，中学、小学学生数分别增长7.2倍、2.5倍，[②] 成人文盲率从1949年的80%迅速下降至1964年的33.5%。[③] 技术起飞绝非易事，非洲国家在20世纪60年代相继取得政治独立，却迟迟未能实现技术起飞。根本原因在于，忽视了自主开发的重要性，其基础教育非常落后，非洲20世纪60年代的扫盲运动以失败告终。[④] 由于西方国家对非洲自然资源的觊觎，非洲一直没能够真正实现自力更生，在资金、技

[①] 江小涓等学者对于此问题的分析，也进行了相同的阶段划分。参见江小涓《新中国对外开放70年：赋能增长与改革》，《管理世界》2019年第12期。
[②] 周恩来：《伟大的十年》，《人民日报》1959年10月6日第1版。
[③] 胡鞍钢、鄢一龙：《中国国情与发展》，中国人民大学出版社2016年版。
[④] 徐玉斌：《非洲扫盲运动失败的启示》，《河南教育学院学报》（哲学社会科学版）1995年第2期。

术、贸易等方面严重依赖西方国家。[1] 1980年非洲制订第一个十年计划《拉各斯计划》首次强调自力更生的思想[2]，并将教育和科技作为首要国家战略[3]，却因经济危机依赖国际组织的援助并被迫接受自由化改革方案，最终未能很好地得到实施。整个20世纪，非洲的工业化效果都不令人满意。进入21世纪，非洲开启"再工业化"，基本进入自主性引进的正常轨道。2000年世界教育论坛通过的《达喀尔行动纲领》将非洲列为扫盲重点。2001年，非洲联盟发布《非洲发展新伙伴计划》，高调宣布要摆脱外部环境约束，掌握自身命运，并突出了人才培养和基础设施建设的重要性。[4]

就技术引进而言，中国"一五"计划时期（1953—1957年）从苏联引进156项重点工程，其投资总额占中国"一五"时期工业投资总额的一半，[5] 帮助中国在短时间内初步建立起了基础工业体系。无独有偶，苏联"一五"时期（1928—1932年），正值美国等西方国家发生经济大萧条（1929—1933年），大量技术设备、人才、资金等外流到苏联，更为重要的是有近万名工程师和技术工人申请移民苏联，这给苏联提供了"手把手教"的绝好机遇，大大缩减了苏联工业化的时间。[6][7]

关于156项重点工程，有两点重要内容经常被忽视。一是无形技术引进。中国除了引进项目，更重要的是引进技术专家，教中国如何设计和制造，而不仅仅是替中国设计和制造。[8] 整个20世纪50年代，苏联向中国

---

[1] 杨文雅：《西方国家转嫁经济危机给第三世界带来深重灾难》，《河南财经学院学报》1987年第4期。
[2] 舒运国：《非洲永远失去工业化的机会吗？》，《西亚非洲》2016年第4期。
[3] 楼世洲、彭自力：《非洲国家科技十年战略发展规划述评》，《非洲研究》2016年第1期。
[4] 杨敬、曹利华：《非洲发展新伙伴计划》，载舒运国、张忠祥《非洲经济评论》，上海三联书店2013年版，第221、247页。
[5] 张久春：《20世纪50年代工业建设"156项工程"研究》，《工程研究—跨学科视野中的工程》2009年第3期。
[6] Tzouliadis, T., *The Forsaken: an American tragedy in Stalin's Russia*, United States: Penguin Books, June 30, 2009.
[7] Ioffe, J., "The history of Russian involvement in America's race wars", *The Atlantic*, October 21, 2017.
[8] 1950年中国与苏联便签订了《中苏关于苏联专家在中国工作的条件之协定》，1954年苏联颁布了《关于援助中华人民共和国建设工业企业、向中国派苏联专家和关于另外接受中国工人来苏联企业学习的决议》，其重要内容是苏联专家对中国进行技术指导。有许多例子说明当时技术指导的重要性，苏联援建的第一座重水反应堆就是其中一个，由于1958年苏联专家撤走之前没有给中国留下关于重水反应堆的具体技术细节，中国只能通过翻译学习苏联教材等方式在黑暗中独自摸索，直到1964年才自主建成第一座小型的游泳池式反应堆。相比之下，其他提供技术指导的项目都在较短时间内完成了，这也让中国在很短的时间内掌握了大量技术知识。

派遣的专家超过一万人,其他社会主义国家也向中国派遣专家一千余人,① 中国送往苏联留学人数近四万人。② 截至1957年,中国已经得到技术资料3646种。③ 这体现了无形技术与有形技术引进的关系。二是坚持自主开发为主。凡是能够由中国自行设计制造的,苏联只需提供技术人才、设计图纸、技术资料、培养技术骨干等,解除苏联承担的设计制造义务。1952—1957年生产金属切削机床5.1万台,其中4.35万台是由中国根据苏联提供的技术资料生产出来的。④ 这体现了自主开发与技术引进的关系。

(二) 产业维度:基础工业

新中国成立之初,中国科技发展是"一穷二白",经过三十年的发展,除了156个援建项目,中国还自主完成了1000多个限额以上配套建设项目,这些项目共同奠定了中国工业体系的基础,并形成了"五路大军"的科研体系。⑤ 工业是最具有技术学习效应和学习溢出效应的部门。⑥ 通过基础工业的发展,不仅有利于培养基础科技人才,培养模仿学习能力,而且能推动其他行业技术学习能力的提升,中国改革开放初期的大量技术人才都是在这些基础工业建设过程中培养起来的。

基础工业(尤其是重工业)是其他产业生产能力变现的基础。基础工业的发展为改革开放后的经济飞速发展奠定了坚实基础。当然,随着其他产业的快速发展,基础工业也要进一步跟上,不然产业结构的严重失衡会制约其他产业的发展。1979年全国计划会议对轻纺工业实施"六个优先"的产业政策,使得中国轻工业与重工业的比例从1978年的42.7∶57跃升至1990年的49.4∶50.6,但这一快速发展超过了基础工业的供应能力。为此,1986年中国又开始加大对能源、交通、通信、原材料等基础工业的投资,缩减对轻纺工业为主的工业的投资。20世纪80年代后期,基础工

---

① 周恩来:《伟大的十年》,《人民日报》1959年10月6日第1版。
② Mc Gregor, J., "China's drive for 'indigenous innovation': A web of industrial policies", *Report Commissioned by US Chamber of Commerce*, 2010.
③ 彭敏:《当代中国的基本建设》(上卷),中国社会科学出版社1989年版。
④ [苏]鲍里索夫、[苏]科洛斯科夫:《苏中关系:1945—1980》,上海三联书店1982年版,第153页。
⑤ 王春:《"一五"计划中的156项重点建设项目》,《历史学系》2004年第9期。
⑥ Stiglitz, J. E., Greenwald, B., *Creating a learning society: a new approach to growth, development, and social progress*, New York: Columbia University Press, 2014.

业的供应不足至少使得30%的加工业的生产能力难以变现。[1]

(三) 制度维度：传统举国体制

为保障自主性引进的顺利推行，传统举国体制发挥了重要作用。改革开放前基本属于计划经济体制，市场制度非常落后。1956年1月中央提出"向科学进军"，随后分别制定了《1956年至1967年科学技术发展远景规划》和《1963年至1972年科学技术规划纲要》。在对外开放战略方面，从20世纪50年代的"一边倒"方针，到六七十年代"文化大革命"时期的自力更生，基本采取进口替代战略，并限制外资，以保护本国企业的技术学习，培育本国企业的竞争优势。但此时的中国依旧存在技术引进，而不是完全的闭关锁国，只不过技术引进基本由政府主导。在传统举国体制下，中国也做出了许多重要的技术突破，包括人工合成牛胰岛素（1965年）、氢弹（1967年）、地下核试验（1969年）、人造卫星（1970年）、核潜艇（1971年）、洲际火箭（1971年），等等。

二　创造性模仿阶段

(一) 技术维度：自主性引进

就自主开发而言，高等教育得到大力发展，研发投入大幅增加。1977年恢复高考和研究生制度之后高等教育快速发展，1999年高校扩招后高等教育加速发展（见图3-2）。1994年启动"211工程"，1998年启动"985工程"，加大了对重点高校的教育投入。研发投入快速增长，形成对日本、德国、美国的快速追赶，但2013年后对美国的追赶趋势不明显（见图3-3）。

就技术引进而言，在有形技术方面，资本品进口和高技术产品引进均高速增长，资本品进口年均增速在2002—2011年高达19.10%，高技术产品进口年均增速在2004—2011年高达18.49%（见图3-4）。在无形技术引进方面，出国留学和留学人员数也在中国加入WTO之后快速上升。学成回国率在中国加入WTO之后开始由降转升（见图3-5）。

就自主开发与技术引进的关系而言，笔者基于EPS数据库计算了

---

[1] 周叔莲：《中国产业结构调整和升级的几个问题》，《中国工业经济》1998年第7期。

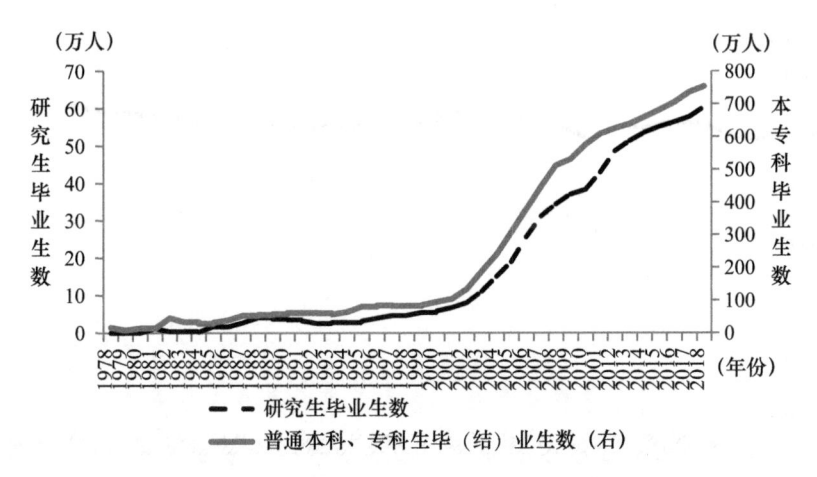

图 3 – 2　中国高等教育发展（1978—2018 年）

注：研究生毕业生数对应左边纵坐标轴，普通本科、专科生毕（结）业生数对应右边纵坐标轴。
资料来源：国家统计局。

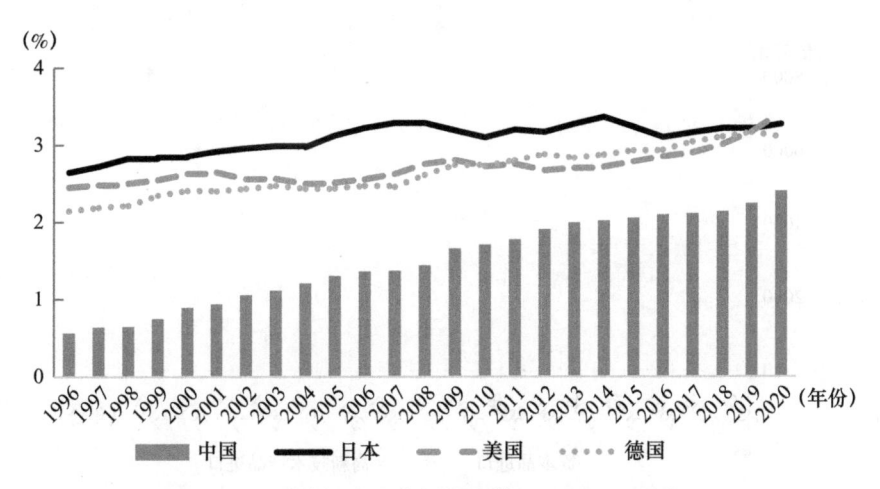

图 3 – 3　研发投入强度国际比较（1996—2020 年）

资料来源：世界银行。

1991—2010 年大中型企业的对外技术依存度①发现，对外技术依存度呈现

---

① 根据《中国科学技术指标》，对外技术依存度 = 技术引进经费支出/（技术引进经费 + 研发经费）。

创新的阶梯：跨越"中等技术陷阱"

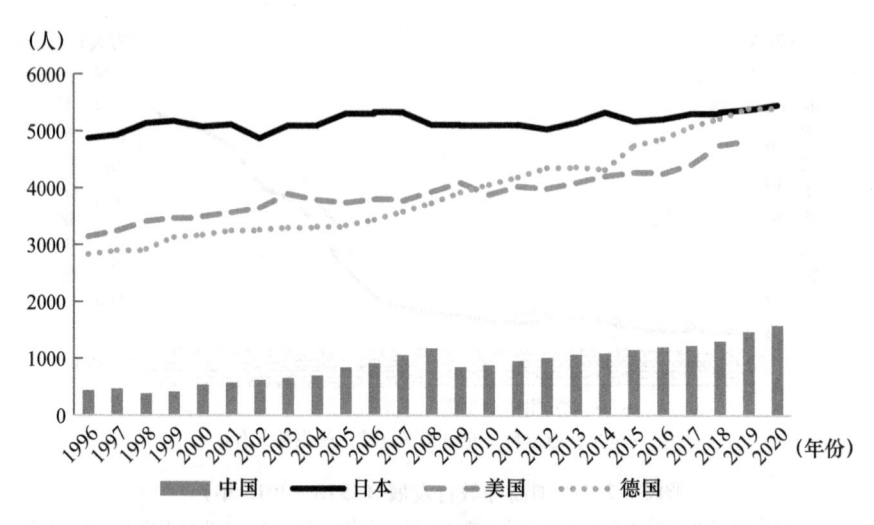

图3-4 每百万人口中研发人员数国际比较（1996—2020年）

资料来源：https://data.worldbank.org/indicator/SP.POP.SCIE.RD.P6?locations=CN-US-JP-DE。

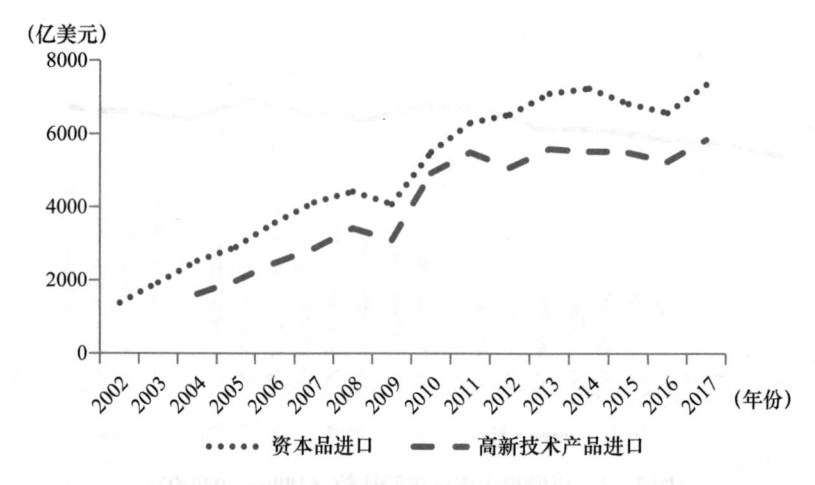

图3-5 中国资本品进口与高技术产品进口额变化（2002—2017年）

注：关于资本品的计算，笔者参照杨晓云（2015）的做法，用BEC分类中的41（运输设备以外的资本货物）和521（工业用运输设备）表示资本品，匹配到国际贸易标准分类（SITC）便是机械及运输设备。从历年《中国贸易外经统计年鉴》获取2002—2017年SITC分类中的机械及运输设备进口额的数据，以此代替资本品进口额。笔者还用机电产品表示资本品，从历年《中国贸易外经统计年鉴》中获得2004—2017年机电产品进口额，结果也呈现类似的变化趋势，限于篇幅未列示。

资料来源：《中国贸易外经统计年鉴》。

一个倒"U"形变化趋势,1995年达到峰值,1999年中国技术引进经费首次被研发经费所超越。

技术爬升也绝非罗斯托模型所指出的那样可以"自然而然地"实现,在技术爬升阶段一旦陷入依赖性引进,便容易失足。1997年亚洲金融危机之后,"亚洲四小龙"的技术继续爬升;而"亚洲四小虎"则由于严重依赖外贸和外资而遭受大挫,技术爬升遭遇滑铁卢。日本、韩国、中国台湾在引进技术时相对较少地依赖于发达国家,但东南亚等国家则高度依赖于日本,基本成为日本企业的代理人,它们进行的是一种"无技术的工业化"。① 实际上,"亚洲四小虎"的教育发展非常滞后,1974年韩国男性(女性)受教育年限在12年及以上的人口占比达到26.8%(9%)②,而1974年泰国的这一比重仅为3.6%(2.7%)③,1986年印度尼西亚的这一比重为11.1%(6.1%)④。

(二)产业维度:高技术产业

改革开放后,中国迎来了"科学的春天",技术创新越发受到重视,科学技术被视为第一生产力。⑤ 1985年中共中央发布《关于科技体制改革的决定》,1986年便出台《国家高技术研究发展计划》("863计划"),拉开了中国科技发展(尤其是高技术发展)的大序幕。基础工业仍然非常重要,但高技术产业已成为战略层面的重点产业。在技术爬升阶段(1979—2008年),创造性模仿得到大力发展,中国高技术产业增加值和出口增加值均已超过美国,位居世界第一。⑥ 外资企业越来越愿意将最先进的技术用到中国,一般性的技术已经在中国没有竞争力了。⑦

(三)制度维度:市场发挥基础性作用

为了保障自主性引进的推行,中国围绕渐进式改革与开放进行了一系

---

① Yoshihara K., *The Rise of Ersatz Capitalism in South-east Asia*, Singapore:Oxford University Press, 1988.
② Mc Ginn N F. Snodgrass D R, Kim Y B, et al., *Education and Development in Korea*, Cambridge:Harvard University Press, 1980, pp. 112-113.
③ 数据来源:Report of the Labour Force Survey, July-September, 1974, Bangkok:National Statistical Office.
④ *Labour Force Situation in Indonesia*, 1994, Jakarta:Central Bureau of Statistics.
⑤ 《邓小平文选》第三卷,人民出版社1993年版。
⑥ 胡鞍钢、程文银:《中国高技术产业为何赶超美国?——"五大政策"综合分析框架》,《南京大学学报》(哲学·人文科学·社会科学版)2017年第3期。
⑦ 江小涓:《新中国对外开放70年:赋能增长与改革》,《管理世界》2019年第12期。

列制度变革。市场的作用不断增强，价格改革、国企改革不断深化，知识产权制度逐步与国际接轨。开放的广度（从试点城市到全国、从制造业到全行业）渐进扩大、开放深度（关税和非关税贸易壁垒、外资准入门槛的下降）不断加深。1997年党的十五大报告首次提出使市场发挥基础性作用，这是渐进式改革与开放的必然结果，也是适应经济发展需要，对传统举国体制的一次重大制度优化。

三 自主创新阶段面临的挑战

中国的创造性模仿发展迅猛，目前正向自主创新阶段迈进。《中国制造2025》确定的目标是，中国到2025年接近德国、日本工业化时的制造强国水平，迈入世界制造强国行列。尽管中国在某些领域（如高铁、核电、5G技术等）已经处于世界前沿，但整体来讲仍与发达国家有较大的差距，完全自主研发的技术仍比较少，在许多领域面临着"卡脖子"技术的威胁。面临国内国际的巨大挑战，中国应当如何通过自主性引进推动自主创新，实现技术巡航？中国在这方面做了什么、还需要做什么？下面从"技术—产业—制度"三个维度深入分析中国自主创新发展面临的挑战。

（一）技术维度：自主开发与无形技术引进不足

首先分析自主开发，2008年之后中国正努力实现高等教育和研发投入从规模增长向质量提升的转变。《中国教育统计年鉴》数据显示，高等教育毛入学率已从1998年的9.8%跃升至2010年的26.5%，远远超过1998年提出的15%的预定目标。为此，2010年发布《国家中长期教育改革和发展规划纲要（2010—2020年）》明确将提高质量作为高等教育发展的核心任务。中国高等教育开始从注重数量向注重质量转变，高等教育增速在2010年之后明显放缓（见图3-2）。中国大学的世界排名也在逐年上升，根据2023年US News、QS、Times Higher Education发布的世界大学排名，进入世界百强名校的中国高校分别有4所、5所和7所。当然，与英美等发达国家相比还是存在较大差距。更为重要的是，中国的教育体系依旧是以考试导向为主[①]，"五维"评价体系依旧在大学根深蒂固，中国培养的博

---

① OECD, "Benchmarking the Performance of China's Education System, PISA, OECD Publishing", Paris, 2020, https://doi.org/10.1787/4ab33702-en.

士在海外求职时的竞争力依旧较弱。尽管中央在顶层设计上推出了许多重要改革措施，如推行素质教育、破"五维"等，但这些措施在基层依旧很难得到有效落实。

从研发投入看，美国国家科学基金会（National Science Foundation，NSF）数据显示①，从研发投入规模增长看，中国研发投入分别在2004年和2009年超过德国和日本，在2017年达到美国的90.34%；然而，中国的研发投入强度依旧较低（见图3-3）和每百万人口中研发人员数（见图3-4）均远低于美国、德国、日本等发达国家，且没有明显的追赶趋势。《中国科技统计年鉴》数据显示，2017年中国研发人员全时当量是1991年的6倍，增长速度较快；但从研发投入结构看，中国基础研究的占比从1991年的9.14%缓慢下降到2013年的6.32%，之后虽有所回升，但回升速度缓慢，到2022年，该比重仍只有6.57%。

就技术引进而言，有形技术引进放缓，无形技术引进加速。从有形技术引进看，资本品进口、高技术产品进口的增速均明显放缓，资本品进口年均增速从2002—2011年的19.10%下降至2011—2017年的2.58%，高技术产品进口年均增速从2004—2011年的18.49%下降至2011—2017年的1.04%（见图3-5）。这一方面可能是普通的技术进口已经难以满足中国技术发展的需求，中国现在需要进口的是更加前沿的技术②；另一方面，也可能是美国等发达国家对中国进行技术打压的结果。这是中等技术陷阱的一个重要特征。

从无形技术引进看，出国留学和学成回国人员数2007年之后开始加速上升（见图3-6）。在引才质量方面，2008年中国开始实施"千人计划"，各城市也依托国家技术开发区、大学科技园、留学人员创业园等，推出了一系列地方人才引进措施。当然，无形技术引进不一定通过人才的流动，也可以通过知识的流动实现。诚如开放式创新之父Chesbrough所言，雇佣全世界所有聪明人是不可能的，但让所有聪明人为你工作是可能的。③ 然而，由于三年新冠疫情，中国的人才引进及中国与国外的人才与

---

① PPP，2012年国际美元。NSF（National Science Foundation，NSF），*Science and Engineering Indicators*，https：//ncses.nsf.gov/pubs/nsb20203/data。

② 江小涓：《新中国对外开放70年：赋能增长与改革》，《管理世界》2019年第12期。

③ Chesbrough, H. W., *Open innovation: The new imperative for creating and profiting from technology*, Harvard Business Press, 2003.

知识交流受到较大阻碍；近几年，发达国家又以"安全"为名对中国与国外之间的高层次人才交流进行限制，例如，有十几所中国高校进入美国制裁"实体清单"。

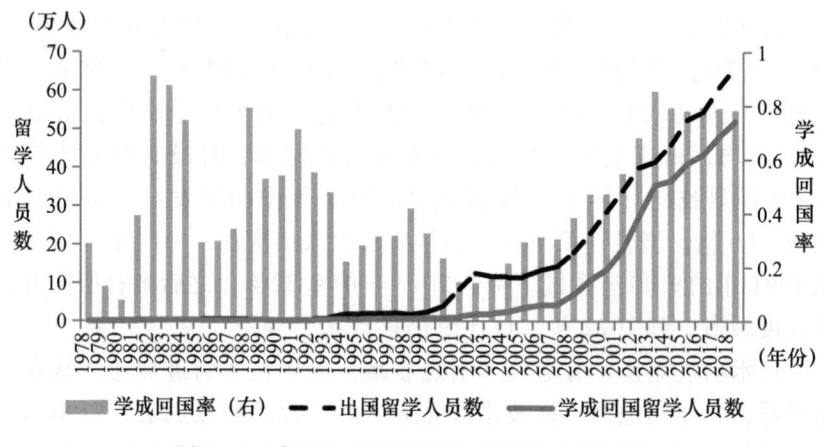

图 3-6　中国人才引进变化（1978—2018 年）

资料来源：国家统计局。

注：学成回国人员数、出国留学人员数对应左边纵坐标轴；学成回国率＝学成回国人员数/出国留学人员数，对应右边纵坐标轴。

就自主开发与技术引进的关系而言，2015 年发布的《中国制造 2025》，明确提出坚持"自主发展，开放合作"的基本原则，依旧明确了要"两条腿"走路。2020 年党的十九届五中全会提出的新发展格局强调"国内国际双循环相互促进"，但要"以国内大循环为主体"，自主开发的作用日益凸显，这是应对国际挑战的需要，也是推动国内自主创新的重大选择。

（二）产业维度："卡脖子"产业与未来产业

经过大规模的模仿创新，大量可以通过"逆向工程"获得的相对中低端的技术已经掌握。实际上，中国在很多方面都已经领先世界，如高铁、核电、5G 技术、太阳电池板、超级计算机（无锡超级计算中心）、无人机、互联网服务等。与产品相比，品牌更能体现技术优势。尽管 2022 年中国进入世界五百强的品牌数量已经位列世界第四，但没有一家中国品牌进入五百强中的前 20 名。

中国的关键核心技术依赖国外，而关键核心技术是难以通过"逆向工程"获得的。一方面，国外对关键核心技术的保护较强，例如，中国在芯片技术方面就很少能够从国外获得核心技术信息，2016 年美国 AMD 罕见地授权第一代 Zen 架构给中科海光，实际上也只是将中科海光作为其在中国的经销商，允许根据对非核心部分进行调整，核心架构并没有转移；另一方面，关键核心技术非常复杂，例如，一个处理器芯片包含几十亿个晶体管，上千万条代码。

中国在全球价值链中的参与程度较高，但整体依旧处于价值链的低端[1]，甚至存在低端锁定的风险[2]。图 3-7 显示，中国出口中的国内增加值占比明显低于 OECD 发达国家平均值，且这一巨大差距并没有明显的缩小趋势，2020 年中国和 OECD 国家的这一比重分别为 80.59% 和 91.97%。高技术产品或加工贸易中，中国出口的国内增加值占比更低。2009 年，中国的苹果手机和平板电脑出口中，中国出口的国内增加值占比仅为 3%。[3]

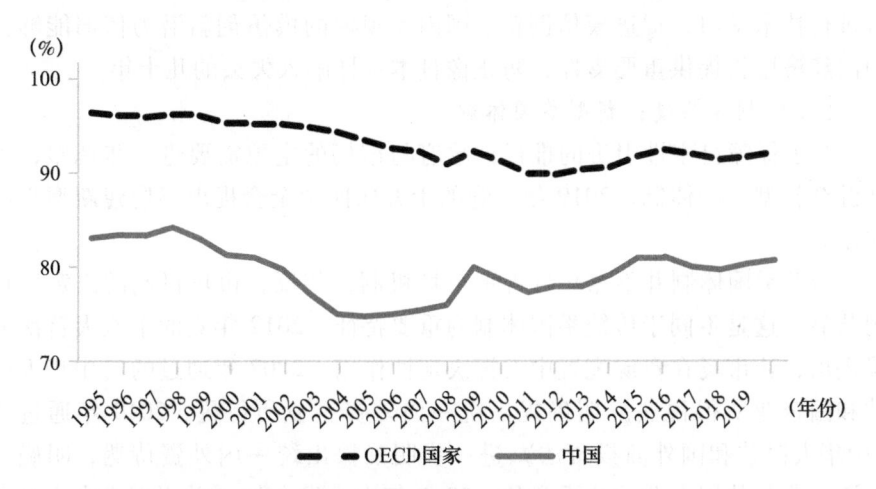

图 3-7 中国和 OECD 国家的出口国内增加值占比（1995—2020 年）

资料来源：https://stats.oecd.org/Index.aspx?DataSetCode=TIVA_2022_C1。

---

[1] Koopman, R., Wang, Z., Wei, S. J., "Tracing value-added and double counting in gross exports", *American Economic Review*, Vol. 104, No. 2, 2014.

[2] Hu, D. L., "'Low-end Locking' of China's Industrial Clusters in Global Value Chain: Incentives and Breakthrough Measures", *Advances in Information Sciences and Service Sciences*, Vol. 5, No. 4, 2013.

[3] Xing, Y., "China's high-tech exports: The myth and reality", *Asian Economic Papers*, Vol. 13, No. 1, 2014.

为此，中国大力推动科技自立自强，2008年国务院发布的《国家知识产权战略纲要》首次将知识产权上升到国家战略层面，并将知识产权指标纳入科技计划实施评价体系和国有企业绩效考核体系。2015年之后逐步从知识产权数量考核向知识产权质量考核转变。2020年习近平总书记明确提出要推动原始创新，实现更多"从0到1"的突破。"十四五"规划进一步指出要抢占先机发展未来产业。

与日本面临的情况类似，中国在即将进入巡航阶段时也面临着国际技术保护的挑战。2008年国际金融危机后贸易保护主义抬头以及2018年开始的中美贸易争端就是典型，这意味着中国必须从更加依赖技术引进走向更加依赖自主开发，必须从模仿创新走向自主创新。与日本不同的是，中国拥有比较完整的工业体系①，且不同地区之间的创新差距也较大。因此，中国除了推动自主创新争夺世界技术前沿，还可以推动落后地区向发达地区进行技术学习，促进模仿创新。国内大规模的模仿创新潜力依旧能够为中国经济增长提供重要支撑，防止像日本一样陷入失去的几十年。

（三）制度维度：新型举国体制

为了保障自主性引进的推行，政府与市场的定位需要进一步调整，不断健全新型举国体制。2019年，党的十九届四中全会提出要构建新型举国体制。

新型举国体制并不意味着否定市场机制，相反，市场机制的决定性作用凸显，这是不同于传统举国体制的重要特征。2012年党的十八大首次明确提出，让市场在资源配置中发挥决定性作用。2007年通过的《中华人民共和国企业所得税法》明确提出统一内外资企业所得税。2019年通过的《中华人民共和国外商投资法》进一步明确提出统一内外资待遇，明确了内资企业与外资企业的公平竞争。2019年中央发布的《关于促进中小企业健康发展的指导意见》首次在官方文件中明确提出"竞争中性"规则，明确了国有企业与非国有企业的公平竞争。

新型举国体制并不否定对外开放，相反，是要推动形成全面开放新格局，这也是2017党的十九大报告的重要内容之一。尽管发达国家对中国实行技术保护，但中国在积极开拓"一带一路"这一新的开放路径；尽管中国在货物贸易规模上已经领先世界，但服务贸易和高端货物贸易的开放

---

① 联合国2019年数据显示，中国拥有全部工业门类，这在世界上独一无二。

潜力依旧非常大；尽管中国在东部地区已形成开放高地，但中西部地区的开放依旧有待进一步开发。因此，进入中国特色社会主义新时代，要积极推动形成发达国家与发展中国家、货物贸易与服务贸易、国内与国外的全面开放新格局。

构建新型举国体制的前提依旧是"在社会主义市场经济条件下"，是将传统举国体制与市场机制的优势充分结合，是将新时代中国的制度优势转化为治理效能。构建新型举国体制的重要目标是"关键核心技术攻关"，而关键核心技术的攻坚除了要发挥市场决定性作用、推动形成全面开放新格局，还要充分发挥国有经济集中力量办大事的优势，形成政府合力，中央和地方政府协同推动基础研究投入、科技人才队伍建设、科技成果转移转化等。

第五节　小结：中等技术陷阱的破局之策

一　本章小结

中国式创新现代化是在自主性引进原则下推进"技术—产业—制度"协同演化。中国式创新现代化在不同阶段都体现了自立自强原则下的对外开放，集中归纳为"自主性引进"这一核心概念。无论是在仿制、创造性模仿还是自主创新阶段，自主性引进都发挥了技术演化的动力源泉作用，持续推进中国式创新现代化迈向新阶段。而在技术演化的背后，需要依赖于产业载体和制度保障，进而实现"技术—产业—制度"协同演化。具体而言，随着技术从仿制到创造性模仿再到自主创新阶段的演化，在技术维度，自主开发相对于技术引进的重要性先降后升，无形技术相对于有形技术引进的重要性先降后升；在产业维度，重点产业从基础工业到高技术产业再到"卡脖子"产业和未来产业演化；在制度维度，政府与市场关系从传统举国体制向市场发挥基础性作用再向新型举国体制演化。本章对创新阶梯模型的三个理论命题进行了一一验证。此外，本章在总结中国经验的同时，也指出了中国百年来发生的一些重要失误；并基于非洲、俄罗斯、"亚洲四小龙"与"亚洲四小虎"等国际案例进行对比论证。

创新的阶梯:跨越"中等技术陷阱"

既有理论对于理解中国式创新现代化有一定参考价值,但对于其核心(即自主性引进这一核心动力源泉)的分析不够深入和全面,也缺乏对"技术—产业—制度"三者协同演化的关注。要深入理解中国式创新现代化,**不能**脱离自主开发来谈技术引进,**不能**忽视无形技术和有形技术引进的差别,**不能**脱离制度优化来谈技术演化,**不能**技术与产业"两张皮",也**不能**固守后发优势来谈科技自立自强。

二 政策建议

当前,中国正处于从创造性模仿跨越到自主创新的关键阶段。在发达国家对中国进行技术打压的大背景下,能否突破中等技术陷阱,是中国能否成功实现创新强国的关键。本章从"技术—产业—制度"的角度分析了中国式创新现代化的三方面条件(自主性引进、重点产业、政府与市场关系),下面将从技术演化、产业升级、制度优化三方面进一步提出中国突破中等技术陷阱的路径与对策。

(一)技术演化:推进研发和教育高质量发展

自主性引进是技术演化的动力源泉。推进研发和教育高质量发展,是自主创新阶段对自主开发的必然要求。中国特色社会主义新时代,科技创新已达到较高水平,传统的模仿创新已难以满足中国科技飞速发展的需要,不利于中国抢占世界前沿技术制高点。西方国家对中国技术出口的限制也在一定程度上阻碍了中国模仿国外技术的步伐。虽然中国在客户驱动(如百度、腾讯、阿里巴巴、海尔等)、效率驱动(如化学、纺织、建筑机械、电子设备等)方面的技术发展优势明显,在工程驱动(如华为的通信设备、中国中车的高铁、京东方的LCD)方面的技术发展也较快,但在科学驱动的技术(如生物医药、半导体等)方面的技术发展相对滞后。[1] 因此,亟须加强基础研究、提升高等教育质量,这远比扩大研发投入和高等教育规模更为紧迫;引进高端技术人才等无形技术也比引进技术设备、技术原料等有形技术更为关键。

---

[1] Woetzal J., Chen Y., Manyika J., et al. "The China effect on global innovation", *McKinsey Global Institute*, July 2015, 6. Retrieved from http://www.mckinseychina.com/wp-content/uploads/2015/07/mckinsey-china-effect-on-global-innovation-2015.pdf.

第三章　宏观分析：中国式创新现代化的演化逻辑

具体而言：（1）战略导向与自由探索相结合。国家明确对前沿技术的战略需求，引导更多资源流向国家重大需求和世界科技前沿，但具体的科学探索要交给科学家和企业家，不能用政治逻辑来替代科技逻辑。给予科学家足够体面的生活保障和自由探索的工作环境，美国等发达国家在这方面都做得比较好。（2）"宽容失败"与"重奖成功"相结合，充分认识基础研究与原创技术探索中的高度不确定性，中试环节是从实验室过渡到工业化生产的关键，也是投资风险相对最大的环节，要宽容其失败的可能性。完善民间风险投资市场制度的建设，也可探索完善政府风投资本的发展。对关键核心技术攻坚进行"揭榜挂帅"，完善高层次科技创新人才激励机制。（3）敦促各国谨防滥用"国家安全"名义，限制科学家的国际科技交流，"走出去"与"引进来"相结合。大力支持中国科学家参与重大国际科学研究计划，并大力吸引国外科学家参与中国国家基础研究计划，加强基础研究全球合作网络建设。（4）"明确底色"与"强化特色"相结合，明确以提升高等教育质量为核心的内涵式发展的底色，鼓励高校在不同层次、不同学科、不同领域、不同模式办出特色。不能采取"一刀切"的人才评价体系，避免考试导向的人才培养模式。

（二）产业升级：聚焦关键核心产业并布局未来产业

产业升级引导自主性引进发挥作用的方向。面向"过去"的模仿创新主导的时代已经逐步成为历史，面向"现在"和"未来"的自主创新主导的新时代已经来临，这是中国向自主创新阶段跨越的重要特征，也是中国从创新大国迈向创新强国的关键。就面向"现在"而言，中国当前仍有许多关键核心产业存在较为严重的"卡脖子"问题，"芯片之殇""操作系统之痛"等问题较为突出。就面向"未来"而言，世界各主要国家都在争抢"第四次工业革命"的技术制高点，在人工智能、量子科技、基因工程等领域摩拳擦掌、布局未来产业。

具体而言：（1）需要从产业安全、技术差距、全球价值链等方面聚焦关键核心产业。[①] 产业安全是技术发展的底线，习近平总书记曾多次强调要坚持底线思维，要建立"卡脖子"产业的常态化预警和监测机制；认清长期积累的技术差距，科学合理制定追赶策略；识别该产业在全球价值链

[①] 陈劲、阳镇、朱子钦：《"十四五"时期"卡脖子"技术的破解：识别框架、战略转向与突破路径》，《改革》2020年第12期。

中的嵌入程度和地位，主动把握自主性与开放性的动态平衡。（2）推动科技向产业转化。将知识产权战略与科技创新战略有效衔接，避免科技与产业"两张皮"，就科技而言，要区分"技术知识"和"技术产品"；就产业而言，要区分产业化和社会化。从全创新链的角度出发，即"科学知识—技术知识—技术产品—产业化—社会化"①，把脉"卡脖子"的"痛点"与"堵点"，因症施策。将知识产权转化为科技生产力，激活大量"沉睡"的知识产权，这需要加强科技部门与知识产权局之间的政策协调；将科技生产力转化为社会生产力，科技产业化之后要加强其在全社会的应用，充分发挥科技创新的外部性。（3）基于技术预见等方式谋划未来产业，准确把握世界科技前沿动向，抓住技术范式转变的机会窗口，提前布局。

（三）制度优化：强化新型举国体制

制度优化为自主性引进提供环境激励，处理好政府与市场关系是制度优化的核心。中国从计划经济到改革开放再到中国特色社会主义新时代，政府与市场关系发生了重要演化：从政府主导到市场发挥基础性作用，再到市场发挥决定性作用，从传统举国体制到新型举国体制。进入新时代，强化新型举国体制，有利于面向国家重大战略需求和世界科技前沿，凝聚国家战略科技力量和社会资源共同攻克重大科技难题，充分发挥中国制度优势，尊重科学规律、经济规律、市场规律，营造良好的创新生态，更好激发创新活力，推进科技治理体系和治理能力现代化。②

要更好地发挥新型举国体制的作用，政府和市场协同发力，具体而言：（1）要形成政府合力，明晰中央和地方在科技管理方面的事权和职能定位，建立和完善责权统一的协同联动机制，政府在提供基础设施、加强基础研究、引进高层次技术人才等方面应更积极有为，充分发挥国家重点实验室、国家工程实验室等在关键核心技术攻关方面的重大作用。（2）要形成市场合力，关键核心技术的攻坚需要考虑整个产业链上下游对该技术的供应和需求情况，且国内和国外的产业链发展情况同时考虑，必须遵循市场发展规律，推动形成全面开放新格局，发挥市场的决定性作用，充分发挥企业创新主体地位，不能像计划经济时期的传统举国体制那样主要由政府主导。（3）要形成社会合力，政府、各类企业、各类高校科研机构、

---

① 程文银、潘霞、胡鞍钢：《知识产权强市：从"潜能"到"显能"》，《城市观察》2023年第5期。
② 王钦：《健全新型举国体制》，《人民日报》2022年12月8日第9版。

各类社会组织都需要投入关键核心技术攻坚当中,发挥整个创新系统的积极性,[1] 培养良好的创新生态,推动政府管理向社会治理转变,推进创新治理体系和治理能力现代化。

---

[1] 李兆辰、程文银、刘生龙等:《国家高新区、创新合作与创新质量——基于双元创新合作的视角》,《科学学与科学技术管理》2023 年 10 月 20 日网络首发。

第四章　中观实证：国家技术开发区之创新繁荣与泡沫

第一节　研究对象：国家技术开发区

自1984年设立第一家国家经开区、1988年设立第一家国家高新区以来，国家技术开发区如雨后春笋般陆续成立，根据《中国开发区审核公告目录（2018年版）》，1984—2017年，中国共批复国家经开区219家、国家高新区156家。历年成立的国家技术开发区数量如图4-1所示。本章以国家技术开发区为研究对象，其依据主要有三点：（1）国家技术开发区

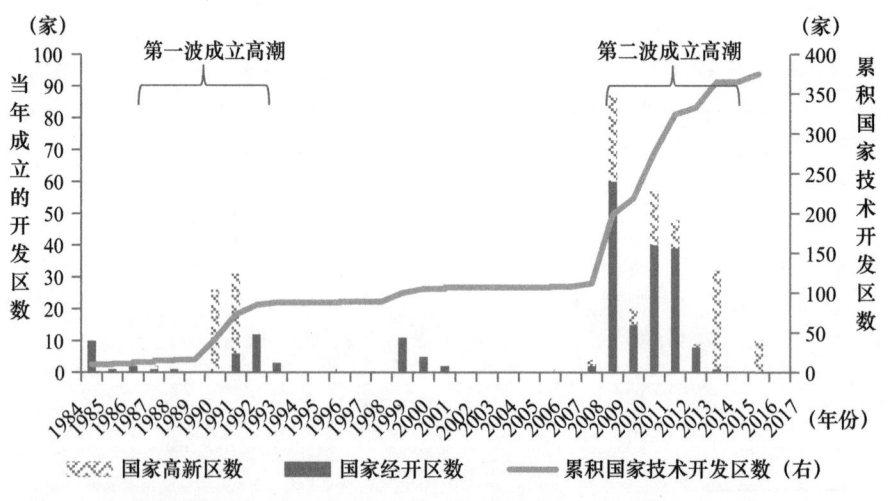

图4-1　中国每年成立的国家技术开发区的数量（1984—2017年）

资料来源：笔者基于《中国开发区审核公告目录（2018年版）》计算而得。

的主要目标是推动技术创新,与本书研究目标一致;国际金融危机后,国家技术开发区出现了新一轮设立高潮及第二次创业,与中国创新发展的阶段性特征较为一致。(2) 自主开发和技术引进是国家技术开发区的两种常见技术学习机制,且 2008 年之后国家技术开发区的技术引进明显放缓,可用于验证本文的理论机制。(3) 国家技术开发区体现了制度的多维性特征。此外,(1) 国家高新区与国家经开区的趋同特征明显,故本章同时分析二者;(2) 非国家级开发区的建设存在较强的"政治博弈"特征,不一定能够很好地反映推动创新发展的意图,故本章为分析非国家级的开发区。当然,国家技术开发区的设立本身是试点性的,这为政策评估提供了很好的准自然试验。

这里进一步对因变量的范围作两点说明:(1) 国家技术开发区是区域发展战略的重要组成部分,地方设立国家技术开发区的目标是促进本地区的创新发展,而不仅仅是国家技术开发区的创新发展。为此,本章研究国家技术开发区设立对其所在地级市技术创新的影响,而不仅仅是对国家技术开发区本身技术创新的影响。(2) 企业是技术创新的最重要主体,本章数据也显示,三分之二的发明专利来自企业;企业也是将技术知识转化为产品或工艺的重要载体。为此,本章关注国家技术开发区设立是否促进了所在地级市企业的创新。

一 主要目标是推动技术创新

本章仅分析技术开发区而非其他特殊经济区。特殊经济区的范围较广,不仅包括国家技术开发区,还包括贸易区、旅游区等。截至 2018 年年底,中国特殊经济区包括 5 个经济特区、16 个沿海开放城市以及各类开发区。中国的开发区包括技术开发区、海关特殊监管区、边境经济合作区、旅游开发区等。国家经开区与国家高新区是中国国家级开发区家族中成员最多、经济规模和影响最大的开发区。[①]

与其他特殊经济区更加侧重出口、引进外资、旅游等目标不同,国家技术开发区的主要目标之一就是促进技术创新。中国于 1984 年首次设立国家经开区,并在 1989 年全国经济技术开发区工作会议上首次确立国家

---

① 张艳:《国家经开区与高新区的政策渊源探究及反思》,《城市规划学刊》2011 年第 3 期。

经开区的总体发展方针是"三为主,一致力",即以发展工业为主、以利用外资为主、以出口创汇为主和致力于发展高新技术产业。1988年,中国启动"火炬计划",旨在推动高新技术产业发展,国家高新区成为"火炬计划"的重要组成部分。

大多数相关文献不是直接分析国家技术开发区,而是分析特殊经济区。包括中国特殊经济区[1][2][3][4][5]、俄罗斯特殊经济区[6]、菲律宾特殊经济区[7]、欧洲特殊经济区[8]。本章仅关注其中的国家技术开发区。现有关于中国特殊经济区的研究大多使用研发投入[9]或者生产率[10][11]作为创新的代理指标。本章从专利视角进行分析。此外,这些文献大多没有对机制进行深入分析。

二 技术学习机制:自主开发与技术引进

关于机制的讨论更多见于国家技术开发区的案例研究,这些文献

---

[1] Wang, J., "The economic impact of special economic zones: Evidence from Chinese municipalities", *Journal of Development Economics*, Vol. 101, 2013.

[2] Moberg, L., "The political economy of special economic zones", *Journal of Institutional Economics*, Vol. 11, No. 1, 2015.

[3] Alder, S., Shao, L., Zilibotti, F., "Economic reforms and industrial policy in a panel of Chinese cities", *Journal of Economic Growth*, Vol. 21, No. 4, 2016.

[4] Zheng, G., Barbieri, E., Di, Tommaso, M. R., et al., "Development zones and local economic growth: Zooming in on the Chinese case", *China Economic Review*, Vol. 38, No. C, 2016.

[5] Lu, Y., Wang, J., Zhu, L., "Place-based policies, creation, and agglomeration economies: Evidence from China's economic zone program", *American Economic Journal: Economic Policy*, No. 11, 2019.

[6] Sosnovskikh, S., "Industrial clusters in Russia: The development of special economic zones and industrial parks", *Russian Journal of Economics*, No. 3, 2017.

[7] Ortega, A. A., Acielo, J. M. A. E., Hermida, M. C. H., "Mega-regions in the Philippines: accounting for special economic zones and global-local dynamics", *Cities*, Vol. 48, 2015.

[8] Lipták, F., Klasová, S., Ková, V., "Special economic zone constitution according to cluster analysis", *Procedia Economics and Finance*, Vol. 27, 2015.

[9] Cao, C., "Zhongguancun and China's high-tech parks in transition: 'growing pains' or 'premature senility'?" *Asian Survey*, Vol. 44, No. 5, 2004.

[10] Wang, J., "The economic impact of special economic zones: Evidence from Chinese municipalities", *Journal of Development Economics*, Vol. 101, 2013.

[11] Alder, S., Shao, L., Zilibotti, F., "Economic reforms and industrial policy in a panel of Chinese cities", *Journal of Economic Growth*, Vol. 21, No. 4, 2016.

大多从国内技术知识和外资企业两个角度对技术学习进行分析。Wang 和 Wang[①]分析了北京新技术产业集聚区的技术学习过程，结果发现，中关村的技术学习从国内机构（高校、科研机构、内资企业）主导逐渐转向外资企业主导，并提出，创新自我维持能力（self-sustained innovativeness）对于发展中国家非常重要，这样可以较好地抵挡技术引进带来的竞争冲击，避免形成对国外技术的依赖。

Lu[②]以中关村为例，研究了转型经济中信息技术产业的技术学习，结果发现，大学及科研机构的本地技术知识对于科技企业的兴起非常关键。周伟林和桂秋[③]对中国的高新技术开发区进行了聚类分析，结果表明，北京的中关村和上海张江高科技园区存在明显不同，前者是内向型的，偏重自主开发，后者是外向型的，偏重技术引进。Zhou 和 Xin[④]研究了中关村跨国公司与内资企业的创新互动，也发现了中关村从国内机构主导转向国外机构主导的发展过程，并指出，本地的技术知识基础为技术学习提供了重要支撑。

Liefner 等[⑤]分析了中关村创新过程中的合作，结果发现，外资企业和国内的高校科研机构是技术学习的重要来源，并指出，并不是所有企业都能够很好地利用技术引进，因为很多企业没有必要的技术学习能力。曾刚等[⑥]通过对北京和上海的高新技术企业问卷调查研究表明，外资企业和高校科研机构都有助于技术学习，前者有助于模仿生产新产品，后者有助于增强新技术的自主开发能力。

总之，这些案例突出了自主开发和技术学习两种技术学习机制，个别文献强调了技术学习能力的重要性，但没有对二者的互动演化进行系统

---

① Wang, J. C., Wang, J. X., "An analysis of new-tech agglomeration in Beijing: A new industrial district in the making?" *Environment and Planning A*, Vol. 30, No. 4, 1998.

② Lu, Q. W., "Learning and innovation in a transitional economy: The rise of science and technology enterprises in the Chinese information technology industry", *International Journal of Technology Management*, Vol. 21, 2001.

③ 周伟林、桂秋：《中国高新区聚类分析与评价》，《浙江社会科学》2002 年第 3 期。

④ Zhou, Y., Xin, T., "An innovative region in China: Interaction between multinational corporations and local firms in a high-tech cluster in Beijing", *Economic Geography*, Vol. 79, 2003.

⑤ Liefner, I., Hennemann, S., Lu, X., "Cooperation in the innovation process in developing countries: Empirical evidence from Zhongguancun, Beijing", *Environment and Planning A*, Vol. 38, No. 1, 2006.

⑥ 曾刚、李英戈、樊杰：《京沪区域创新系统比较研究》，《城市规划》2006 年第 3 期。

分析。

此外，国家技术开发区是中国技术引进明显放缓的集中体现。就国家经开区而言，2018年，国家经开区吸收外资（513.00亿美元）占全国的比重约为五分之一，高新技术产品进口额（1360.20亿美元）占全国的比重为20.27%。国家经开区吸收外资增长较快的时段在2003—2011年（年均增速为15.32%），2011—2018年年均增速仅为1.06%；高新技术产品进口额增长较快的时段在2005—2010年（年均增速为10.41%），2010—2018年年均增速为-1.25%。[1] 就国家高新区而言，2018年，国家高新区实际使用外资（508.15亿美元）占的全国比重为37.65%。结果表明，国家高新区实际使用外资增长较快的时段在2004—2010年（年均增速为11.76%），2010—2018年年均增速降为5.50%。[2] 实际使用外资的名义值通过固定资产价格指数平减转化为实际值。

三 体现制度的多维性

国家技术开发区是一系列标准化和非标准化制度的组合，能够较好地体现制度的多维性。与知识产权制度、专利资助政策等特定的制度不同，国家技术开发区是创新政策（包括一系列标准化和非标准化制度）的重要载体和试验田[3][4][5]。具体而言：从制度看，各类制度改革推广之前往往先在开发区内进行试点。从环境看，为了吸引外资、高新技术企业和人才的

---

[1] 国家经开区的吸收外资在2010年及之前是指实际使用外资，在2010年之后是指实际使用外资和外商投资企业再投资金额，全国的吸收外资是指外商直接投资和其他投资。数据来自2003—2012年《中国开发区年鉴》，商务部发布的2011—2018年《国家级经济技术开发区主要经济指标情况》，每年平均人民币兑美元汇率来自2019年《中国贸易外经统计年鉴》，全国高新技术产品进口额来自《中国贸易外经统计年鉴》。

[2] 2010—2018年数据来自2013—2019年《国家高新区创新能力评价报告》。2004年的数据基于如下两个指标相乘得到：国家高新区实际使用外资占全国比重和全国实际使用外资，前者来自杨昌荣《失去政策保护，高新区如何吸收外资创新高？》，《中国外资》2005年第4期；后者来自2019年《中国贸易外经统计年鉴》。

[3] 李绍华：《南宁高新技术产业开发区创新战略探讨》，《改革与战略》2010年第11期。

[4] 黄郁华、易高峰：《开发区的创新驱动发展战略研究——以盐城经济技术开发区为例》，《盐城工学院学报》（社会科学版）2013年第4期。

[5] Wang, J., "The economic impact of special economic zones: Evidence from Chinese municipalities", *Journal of Development Economics*, Vol. 101, 2013.

入驻，与开发区外相比，国家技术开发区内往往具有更加完善的公共设施、公共服务体系和人才政策。从优惠政策看，国家技术开发区内的企业除了享有开发区外同等优惠政策，还享有额外的税收减免、关税减免、土地出让优惠、信贷融资优惠、就业落户优惠等，尤其对开发区内的FDI、进出口企业更是如此。此外，开发区一般有知识产权专项资金，资助力度比开发区外更大。从宏观规划看，国家技术开发区引领产业发展方向，其内部的产业往往是当地的重点产业。

四 国家技术开发区的其他特征

（一）国家高新区与国家经开区的趋同

本章同时分析国家经开区与国家高新区。二者主要目标都是技术创新，在主导产业、技术学习机制、地理位置、优惠政策等方面有趋同趋势，且有合并趋势。许多文献[1][2][3]都分析指出，国家经开区与国家高新区存在功能趋同的趋势。韩伯棠等[4]分析了国家经开区与国家高新区在主导产业、技术学习机制、地理位置、管理模式等方面的趋同，并揭示了二者趋同的源头。笔者进一步基于最新数据验证这一趋同观点。

第一，二者的主要目标之一都是促进技术创新。1995年之前成立的国家经开区和国家高新区的主要目标还是集中在促进经济增长，之后，技术创新这一目标的重要性日益突出。国家高新区的直接目标是发展高技术产业，实际上，国家经济技术开发区在成立之初也明确了提出促进高技术产品出口。

第二，二者技术学习机制趋同。在实践中，中国设立国家技术开发区的初衷便是充分利用高校、科研机构带来的国内技术知识以及外资带来的国外技术知识，按照本书定义，即为自主开发和技术引进。从政策源头

---

[1] 陈家祥:《中国国家高新区功能偏离与回归分析》,《城市规划》2006年第6期。
[2] 韩伯棠、方伟、王栋:《高新区与经开区的趋同趋势及两区合一的管理模式研究》,《特区经济》2007年第4期。
[3] 张艳、赵民:《论开发区的政策效用与调整——国家经济技术与高新产业开发区未来发展探讨》,《城市规划》2007年第7期。
[4] 韩伯棠、方伟、王栋:《高新区与经开区的趋同趋势及两区合一的管理模式研究》,《特区经济》2007年第4期。

看，中国的经开区是模仿国际上的出口加工区，高新区是模仿国际上的科技园区。在20世纪90年代前后，国家经开区和国家高新区的技术学习机制有所侧重，国家经开区更注重引进国外技术，国家高新区更注重充分利用高校科研机构等国内技术知识。90年代中期（尤其是21世纪）之后，随着外资的大幅流入，基于经开区的成功经验，国家高新区也加大对外资的吸引力度；为了更好地与国家高新区竞争，国家经开区也加大与高校科研机构的合作，二者的技术学习机制逐渐趋同，即同时充分发挥这两类技术学习机制。例如，《国家高新区创新能力报告2019》数据显示，2018年国家高新区FDI实际使用金额占全国的比重高达38%。

第三，二者主导产业趋同。根据《中国开发区审核公告目录（2018年版）》，二者的主导产业均主要集中在电子信息、新材料、生物医药、节能环保、装备制造等产业。

第四，二者地理位置趋同。根据《中国开发区审核公告目录（2018年版）》，有219个国家经开区和156个国家高新区，共计375个国家技术开发区，其中，只有134个国家高新区或国家经开区不在同一个城市。这意味着，二者在同一个城市的比重高达64.27%。1995年之前，成立了36个国家经开区和52个国家高新区，二者在同一个城市的比重仅为47.73%。

第五，二者优惠政策相似。针对国家高新区和国家经开区的税收、土地、贸易、投资等方面的优惠政策非常相似。① 很多开发区同时享受着高新区和经开区的优惠政策，如北京经济技术开发区、苏州工业园、上海漕河泾新兴技术开发区。

第六，二者有合并趋势。例如，1998年，广州高新区与广州经开区就合署办公。2001年，哈尔滨高新区与哈尔滨经开区合并，实行"两块牌子，一套人马"。截至2019年年初，至少有10家国家高新区与经开区合并，包括广州、哈尔滨、苏州、青岛、南京、荆门等城市的开发区。也有部分地区进行更名，如2017年被列入国家级高新区创建计划的"台州高新技术产业园区"在2017年之前被称为"台州经济开发区"。

此外，二者地区分布存在较大差异，同时分析二者可以获得更多的处理组。1995—2013年，某地级市成立国家技术开发区的总样本219个，但

---

① 韩伯棠、方伟、王栋：《高新区与经开区的趋同趋势及两区合一的管理模式研究》，《特区经济》2007年第4期。

同时成立国家高新区和国家经开区的样本只有 6 个。后文将进一步对二者的创新效应进行区分。部分文献仅分析高新区[1][2]或经开区[3][4]。

（二）国家级开发区与非国家级开发区比较

本章仅分析国家开发区，而非省级及以下开发区，因为省级及以下开发区的设立很多是中央与地方之间"政治博弈"的结果，不一定能很好地体现创新政策的意图。2003 年中央发布《清理整顿现有各类开发区的具体标准和政策界限》（发改外资〔2003〕2343 号），对开发区进行了史上最严格的整顿，随后两年成立的省级开发区迅速下降，整顿即将结束时的 2006 年又呈现井喷式增长，2006 年成立的省级开发区超过此前成立的所有省级开发区的总和。此外，相比于国家开发区，省级及以下开发区在管理权限和税收优惠政策上都明显较弱。Alder 等[5]研究发现，省级开发区对地方经济的促进作用几乎没有。余淼杰等[6]研究指出，省级开发区存在如下方面的不足：在政策优惠上与区外的差异不明显，且区内的企业数量较少，不同地区的省级开发区在政策优惠上也参差不齐；仅扶持特定产业。相比之下，国家经开区则在政策优惠上对不同产业有相对一致的标准。

（三）国家技术开发区设立高潮及二次创业

2008 年国际金融危机之后，国家技术开发区出现有史以来规模最大的成立高潮。规模之大远超过 1992 年前后的第一波高潮。仅 2010—2013 年，就设立了国家经开区 154 家，占总数的比重高达 70.32%；国家高新区 58 家，占总数的比重为 37.18%。

2008 年国际金融危机前后，国家技术开发区进行二次创业。2005 年是中国入世"后过渡期"的开端，意味着国家高新区长期享受的过渡期保护性政策将大幅削弱。2006 年 1 月中央发布的《关于实施科技规划纲要增强自主创新能力的决定》明确提出以增强自主创新能力为核心的国家高新

---

[1] 孙劭方：《高新区创新网络的运行机制研究》，《决策探索》2003 年第 1 期。
[2] 陈家祥：《中国国家高新区功能偏离与回归分析》，《城市规划》2006 年第 6 期。
[3] 柏文喜、王彤：《西安经济技术开发区"二次创业"阶段招商引资战略研究》，《陕西经贸学院学报》2002 年第 1 期。
[4] 林毅夫、蔡昉、李周：《中国的奇迹：发展战略与经济改革》，格致出版社 2019 年版。
[5] Alder, S., Shao, L., Zilibotti, F., "Economic reforms and industrial policy in a panel of Chinese cities", *Journal of Economic Growth*, Vol. 21, No. 4, 2016.
[6] 余淼杰、户德月、向为：《国家级开发区对企业生产率的影响：来自中国企业层面的经验实证》，《区域与全球发展》2017 年第 1 期。

区的"二次创业"①，提出提高东部地区的自主创新能力，加强中西部地区的创新发展能力，并从优惠政策（财税、金融、政府采购）、制度（知识产权）、环境（人才、创新平台）三个方面提出了相应举措。

2005年科技部在国家高新区工作会议上提出国家高新区"二次创业"需要进行的"五个转变"②：（1）从要素（资金、土地）驱动转向创新驱动；（2）从优惠政策转向创新环境，从引进外资转向内生动力；（3）从全面产业发展转向注重主导产业为龙头的价值链升级；（4）从硬环境建设转向软环境建设；（5）从引进来转向引进来与走出去结合。2006年2月国务院印发的《实施〈国家中长期科学和技术发展规划纲要（2006—2020年）〉的若干配套政策》明确了国家高新区"四位一体"③的目标定位，突出了高新区在推动自主创新、经济转型升级、参与国际竞争和争夺世界技术前沿等方面的作用。2007年《国家高新技术产业开发区"十一五"发展规划纲要》提出建设"三类园区"④，对国家高新区的"二次创业"进行分类指导，进一步明确了"四位一体"和"五个转变"。

中国科技部在1993年首次针对国家高新区制定了评价指标体系，并分别于1999年、2004年、2008年、2013年进行了修订。前三次主要关注国家高新区的自然发展，即从无到有、从小到大；2008年的修订出现了本质性的转变，首次突出国家政策导向，指出国家高新区评价指标体系的设定要围绕"政策评价"⑤。这也使得国家高新区成为贯彻落实2006年提出的"自主创新道路"和2012年提出的"创新驱动发展战略"的重要政策工具。2008年国际金融危机后开启了新一轮国家技术开发区的成立高潮。辜胜阻、郑凌云⑥指出，国家高新区从"一次创业"转向"二次创业"是

---

① 2005年温家宝总理在全国科技大会上指出："国家高新技术开发区建设正步入一个新的阶段，面临着以增强自主创新能力为重点的二次创业。"
② https://www.gov.cn/ldhd/2005-08/27/content_26492.htm。
③ 2005年6月，时任温家宝总理在对中关村科技园进行考察时便首次提出了"四位一体"。即高新区成为促进技术进步和增强自主创新能力的重要载体，成为带动区域经济结构调整和经济增长方式转变的强大引擎，成为高新技术企业"走出去"参与国际竞争的服务平台，成为抢占世界高新技术产业制高点的前沿阵地。
④ 三类园区是指"一流园区""创新型科技园区""创新型特色园区"。
⑤ 冯海红、牟丹娅：《国家高新区20周年纪念主题文章之九 国家高新区评价：历史演进与未来趋势》，《中国高新区》2012年第10期。
⑥ 辜胜阻、郑凌云：《新型工业化与高技术开发区的二次创业》，《中国软科学》2005年第1期。

第四章　中观实证：国家技术开发区之创新繁荣与泡沫

适应从传统工业化向新型工业化转变的需要，并从六个方面揭示了"二次创业"的发展思路：从粗放发展到集约发展、从项目引进到环境改善、从优惠政策到制度创新、从模仿创新到模仿创新与自主创新结合、重视企业家精神、重视人才。许多文献也对国家经济技术开发区的"二次创业"进行了分析[1][2][3]。

因此，尽管"二次创业"在2001年就已提出，但真正在中央文件中全面落实这一战略还是在2006年之后。考虑到2008年国际金融危机之后，中国技术引进和自主开发发生的一系列新的变化，以及新一轮国家技术开发区成立高潮，本章将2008年作为国家技术开发区第一次创业和第二次创业的分水岭。

总之，在第一次创业过程中，国家技术开发区集聚了大量生产要素，促进了经济增长，并在招商引资和硬环境的建设（如"七通一平"）方面取得巨大成果。然而，国家技术开发区的首要目标应该是推动技术创新，这在历次修订的《国家高新区评价指标体系》中都体现得十分明显。为了更加突出技术创新目标，尤其是自主创新目标，与第一次创业相比，第二次创业更突出了如下特征：发展目标要从经济增长和模仿创新转向模仿创新与自主创新相结合；技术学习方式要从过去的注重技术引进转向注重自主开发；创新政策要从注重优惠政策转向注重制度完善，从注重硬环境建设转向注重软环境的建设（如人才的引进和培养等）。

第二节　研究设计

一　研究假设

本章旨在实证检验国家技术开发区的设立是否推动了企业创新。因

---

[1] 熊军、胡涛：《开发区"二次创业"的全球化视角——对长江三角洲开发区"二次创业"的分析》，《华中师范大学学报》（自然科学版）2001年第4期。
[2] 柏文喜、王影：《西安经济技术开发区"二次创业"阶段招商引资战略研究》，《陕西经贸学院学报》2002年第1期。
[3] 曾昭宁：《西安经济技术开发区二次创业发展阶段主导产业的选择及对策》，《西安石油学院学报》（社会科学版）2002年第4期。

此，不仅需要分析其对创新数量的影响，还需要分析其对创新质量的影响；不仅需要分析创新，还需要分析自主创新。由于国家技术开发区的首要目标之一是推动创新发展，笔者提出本章第一个研究假设：

研究假设1：国家技术开发区的设立促进了技术创新。

这里从创新和自主创新两个方面来分析技术创新。其中创新指标包括：创新数量、创新质量、创新（同时考虑创新数量和质量）。自主创新指标包括：原始创新和集成创新指标。

2008年国际金融危机暴发前后，国家技术开发区及创新发展都发生了重大阶段性变化。2008年国际金融危机后中央出台了一系列促进创新和自主创新的政策，国家技术开发区出现了新一轮设立高潮且经历了"二次创业"，技术创新经历了加速发展。为此，有必要研究金融危机前后国家技术开发区的创新效应发生了什么样的演化。第三章将2008年视为创造性模仿向自主创新跨越的开端，为此，本章提出第二个研究假设。

研究假设2：国家技术开发区在国际金融危机之后对技术创新的促进作用比国际金融危机之前更大。

上一节表明，自主开发和技术引进是国家技术开发区的两种常见技术学习机制。基于第二章创新阶梯模型的命题Ⅱ.1和Ⅲ.1，本章提出第三个研究假设。

研究假设3A：国家技术开发区通过自主开发和技术引进促进技术创新。

研究假设3B：自主开发是吸收引进技术的基础。

基于第二章创新阶梯模型的命题Ⅱ.2、命题Ⅱ.3、命题Ⅱ.4，结合基于创新从数量到质量的动态演化规律，本章提出第四个研究假设。

研究假设4A：与国际金融危机前相比，国际金融危机后，自主开发相对于技术引进对创新的促进作用不断增强。

研究假设4B：无形技术相对于有形技术引进对创新的促进作用不断增强。

研究假设4C：创造能力应从数量向质量创造能力演化。

二 实证方法与模型

本章旨在研究国家技术开发区设立对企业创新的影响。虽然专利申请

第四章　中观实证：国家技术开发区之创新繁荣与泡沫

人包括企业、高校、科研机构、个人等，本章仅研究企业创新，因为企业是最重要的市场主体和创新主体。1991—2018 年，企业的发明专利公开量占所有发明专利公开量的比重为 67.60%。为避免专利申请到专利公开的时滞误差，本章直接用专利公开量而非专利申请量。笔者将专利数据与企业数据进行匹配以获得更多变量。

　　DID 方法是评估政策效果的主流方法，即通过两次差分在一定程度上缓解内生性问题：一次是时间上的差分，即实验组在政策干预后与政策干预前的差分，另一次是个体上的差分，即实验组与对照组的差分。时间虚拟变量（处理前与处理后）与处理虚拟变量（处理组与对照组）的交互项即为 DID 变量。但与传统的一次性政策冲击不同，开发区的设立是分批进行的，不同开发区接受处理的时间并不一致，为此，许多文献采用渐进 DID 方法①②③④。

　　本章采用渐进 DID 方法进行估计。基本模型设定如下：

$$y_{it} = \beta_0 + \gamma\, did_{imt} + F_i + Y_t + YP_{ipt} + YS_{ist} + \sum \delta X_{it} + \varepsilon_{it} \quad (4.1)$$

　　其中，y_{it} 表示企业 i 在时间 t 的企业创新指标，以下如不作特别说明，因变量均为创新数量（发明专利的数量）、创新质量（平均专利质量）、创新（创新数量乘以创新质量）。准确测量创新是制定创新政策的基础。⑤ 本章通过整理高度细化的专利普查数据构造一系列指标测量创新质量和自主创新。为避免缺失值且使得系数值更大，因变量等于专利数加 1 再取对数，然后再乘以 100。β_0 是截距项，ε_{it} 为随机误差项。为缓解遗漏变量问题，采用双向固定效应模型，即同时控制个体固定效应 F_i 和时间固定效应 Y_t。此外，考虑到不同省份和行业的专利申请和授权情况差异较大，且随时间存在不同变化趋势，还控制了省份趋势 YP_{ipt}（省份虚拟变量与年份的

---

① Kudamatsu, M., "Has democratization reduced infant mortality in Sub-Saharan Africa? Evidence from micro data", *Journal of the European Economic Association*, Vol. 10, No. 6, 2012.
② Wang, J., "The economic impact of special economic zones: Evidence from Chinese municipalities", *Journal of Development Economics*, Vol. 101, 2013.
③ 郭峰、熊瑞祥：《地方金融机构与地区经济增长——来自城商行设立的准自然实验》，《经济学》（季刊）2017 年第 1 期。
④ Almond, D., Li, H., Zhang, S., "Land reform and sex selection in China", *Journal of Political Economy*, Vol. 127, No. 2, 2019.
⑤ 罗庆朗、蔡跃洲、沈梓鑫：《创新认知、创新理论与创新能力测度》，《技术经济》2020 年第 2 期。

乘积）和行业趋势YS_{ist}（行业虚拟变量与年份的乘积）。

  did是本章关注的核心解释变量，反映了国家技术开发区成立对企业创新的影响，但与传统DID方法不同，这里不需要单独设置时间变量和处理变量。Alder等[1]基于城市层面数据使用渐进DID方法验证了设立特殊经济区对城市经济增长的影响。参照该文的做法，本章将did变量的设置如下：1995—2013年从未成立国家技术开发区的地级市对应的did全为0；就1995—2013年成立过国家技术开发区的地级市而言，在成立开发区之前的did全为0，在成立开发区当年及之后的did全为非零。这216个国家技术开发区分布在164个地级市，这意味着有些地级市在不同年份分别设立了国家技术开发区。对于这类地级市，笔者采用三种处理方式：第一种方法是将第一次设立开发区及之后的年份设置为1，第二次设立开发区及之后的年份设置为2，以此类推；第二种方法考虑开发区数量，由于同一地级市在同一年成立的技术开发区数量可能超过1，将每次设立开发区之后的年份设置为1995年以来该地级市设立开发区的总数量；第三种方法进一步考虑开发区的面积，由于每个开发区的面积不同，将每次设立开发区之后的年份设置为1995年以来该地级市设立开发区的总面积。

  $\sum \delta X_{it}$表示一组可能影响企业创新的控制变量，结合现有文献和工业企业数据库特点，笔者选择如下企业控制变量：①企业规模[2]，用企业员工人数衡量，根据Schumpeter[3]的创新假说，规模越大的企业更能创新。②出口，用进行价格指数平减之后的实际出口交货值衡量，根据Schmookler[4]最早提出的"市场需求拉动创新"的著名假说，市场需求越大，越有利于创新，因此，出口可能通过扩大市场需求规模促进创新。③资本密集度，用企业总资产除以员工人数得到，一般而言，信息、通信等资本密集型行业申请的专利占专利申请总量比重很高，而食品、纺织等劳动密集型行业申请的专利则较少，因此，资本密集度越高

---

[1] Alder, S., Shao, L., Zilibotti, F., "Economic reforms and industrial policy in a panel of Chinese cities", *Journal of Economic Growth*, Vol. 21, No. 4, 2016.
[2] 曲如晓、李雪：《外国在华专利、吸收能力与中国企业创新——基于中国上市公司的实证研究》，《经济学动态》2020年第2期。
[3] Schumpeter, J. A., *Capitalism, socialism and democracy*, New York: Harper and Row, 1942.
[4] Schmookler, J., *Invention and economic growth*, Cambridge: Harvard University Press, 1966.

的企业可能更具有创新能力。④企业年龄[①][②]，用当年年份减去企业成立年份得到，根据 Schumpeter[③] 的"创造性毁灭"理论，创新是一个长江后浪推前浪的过程，旧的创新会随着时间推移不断被新的创新替代，年轻企业很可能比老企业更具有创新活力。⑤企业隶属关系包括如下十种：中央（10）、省（20）、地区（40）、县（50）、街道（61）、镇（62）、乡（63）、居委会（71）、村委会（72）、其他（90），括号内为代码。这是中国特色国情背景下的变量，一般而言，隶属关系越高，越能够得到更多政府资源，其对创新的利弊取决于企业对这些资源的利用。⑥企业所有制，可分为如下六种：国有企业（1）、集体企业（2）、港澳台企业（3）、外资企业（4）、法人企业（5）、民营企业（6），括号内为代码，这也是中国国情背景下的变量，中国经济转轨带来不同所有制类型的企业。

为减轻异常值影响，对企业规模、出口交货值、资本密集度、企业年龄进行 0.01 的缩尾处理，然后取对数。为获得更稳健的结果，采用企业层面的聚类标准误。变量的描述性统计见表 4-1。

表 4-1　　　　　基准回归中重要变量的描述性统计

	变量	观测值	均值	标准差	最小值	最大值
创新数量 （专利数量）	专利	4859810	7.606	39.62	0	985.5
	发明专利	4859810	2.905	21.93	0	903.9
	发明授权	4859810	1.824	16.45	0	849.5
	未授权发明公开	4859810	1.589	15.61	0	817.1
	实用新型	4859810	4.680	28.99	0	923.8
	外观设计	4859810	2.061	20.88	0	704.9
创新质量 （五年内发明 专利被引量）	发明专利	4859810	2.035	17.08	0	447.7
	发明授权	4859810	1.517	15.12	0	499.7
	未授权发明公开	4859810	1.052	12.08	0	420.5

---

① 张杰、陈志远、杨连星等：《中国创新补贴政策的绩效评估——理论与证据》，《经济研究》2015 年第 10 期。

② 曲如晓、李雪：《外国在华专利、吸收能力与中国企业创新——基于中国上市公司的实证研究》，《经济学动态》2020 年第 2 期。

③ Schumpeter, J. A., *The theory of economic development*, Cambridge, MA: Harvard University Press, 1934.

续表

	变量	观测值	均值	标准差	最小值	最大值
创新 (创新数量× 创新质量)	发明专利	4859810	4.500	32.95	0	1033.0
	发明授权	4859810	2.992	26.37	0	1004.0
	未授权发明公开	4859810	2.386	22.82	0	897.5
自主创新 (发明专利)	原始创新 (科学关联度)	4859810	5.437	44.29	0	1180.0
	集成创新(引证 专利行业离散度)	4859810	6.889	53.14	0	1202.0
DID 变量	DID 变量	4859810	0.286	0.61	0	4.0
控制变量	企业规模	4828657	4.853	1.17	1	7.9
	出口	4859810	2.043	4.01	0	12.6
	资本密集度	4779103	3.775	1.38	0	7.4
	企业年龄	4780459	2.038	0.87	0	3.9
	隶属关系	4859809	73.860	21.96	10	90.0
	所有制	4859384	4.421	1.78	1	6.0

资料来源：笔者计算而得。

三 渐进双差分法适用性前提检验

政策内生问题会造成对因变量的影响可能来自实验分组的非随机性，而非政策的作用，进而导致政策评估失败。Meyer[1]指出，内生性问题会直接造成评估结果无效。内生性问题主要有两个来源：①遗漏变量。本章做了较为细致的处理，不仅考虑了随个体而变化的固定效应，还考虑了随时间而变化的固定效应，而且加入了随时间和个体同时变化的企业控制变量。笔者还逐个加入企业控制变量进行回归，结果均比较稳健，为简化起见未列示结果。②互为因果。笔者接下来将对此进行详细分析。

根据商务部 2005 年发布的《国家级经济技术开发区扩建审批原则和审批程序》，要求申报之前的两年内主要经济发展指标出现持续增长，并对产值、税收、贸易、外资等指标提出了具体要求，但并未明确涉及创新

---

[1] Meyer, B. D., "Natural and quasi-experiments in economics", *Journal of Business & Economic Statistics*, Vol. 13, No. 2, 1995.

第四章　中观实证：国家技术开发区之创新繁荣与泡沫

指标。根据2012年发布的《省级开发区升级为国家级经济技术开发区的审核原则和标准》，审核标准中排在首位的依旧是经济发展指标，包括产值、税收、贸易、外资等。专利拥有量仅是18个审核指标中的1个，而且还没有明确要求是发明专利，这意味着，很多地区为了达到这一考核要求，可能申请大量实用新型或外观设计。

国家没有明确公布国家高新区的认定标准，但从各地方出台的《高新技术产业开发区认定和管理暂行办法》（简称《办法》）可以初步推断中央对国家高新区的认定标准。例如，重庆市2017年出台的《办法》从产业基础、创新能力、改革创新、对外开放、发展环境五个方面提出了具体要求，其中创新能力又包括11项具体要求，发明专利仅仅是其中的一项，且排在创新能力指标中第8位，足见其重要性并不十分突出。吉林省2018年出台的《办法》则从基础条件、产业特色、创新体系、保障措施四个方面提出了具体要求，但并没有对专利提出明确要求。

由此可以初步判断，发明专利难以成为国家技术开发区设立的重要先决条件。但为了稳健起见，本章进一步做实证检验。为识别政策内生性问题，本章先进行平行趋势检验，借鉴郑新业等[1]和郭峰和熊瑞祥[2]的做法，检验控制组是否为处理组合适的"反事实"。从图4-1可知，国家技术开发区的成立具有分批特征。本章将国家技术开发区的设立分为五批：第一批（1997—1999年），第二批（2000—2003年），第三批（2004—2007年），第四批（2008—2011年），第五批（2012—2013年）。对比处理组与对照组在冲击前的创新水平变化趋势。具体而言：

将第二批及以后设立国家技术开发区的城市作为对照组，检验在第一批国家技术开发区设立城市（处理组）成立国家技术开发区前（1995—1996年），处理组和对照组的创新水平增长趋势。将第三批及以后设立国家技术开发区的城市作为对照组，检验在第二批国家技术开发区设立城市（处理组）成立国家技术开发区前（1997—1999年），处理组和对照组的创新水平增长趋势。将第四批及以后设立国家技术开发区的城市作为对照组，检验在第三批国家技术开发区设立城市（处理组）成立国家技术开发

---

[1] 郑新业、王晗、赵益卓：《"省直管县"能促进经济增长吗？——双重差分方法》，《管理世界》2011年第8期。
[2] 郭峰、熊瑞祥：《地方金融机构与地区经济增长——来自城商行设立的准自然实验》，《经济学》（季刊）2017年第1期。

区前（2000—2006年），处理组和对照组的创新水平增长趋势。将第五批及以后设立国家技术开发区的城市作为对照组，检验在第四批国家技术开发区设立城市（处理组）成立国家技术开发区前（2007—2008年），处理组和对照组的创新水平增长趋势。

将样本期间从未设立过国家技术开发区的城市作为对照组，检验在第五批国家技术开发区设立城市（处理组）成立国家技术开发区前（2009—2011年），处理组和对照组的创新水平增长趋势。平行趋势检验结果见图4-2，可以看到，除了20世纪90年代中后期存在一定的非平行趋势之外，2000年之后的试点基本满足平行趋势。

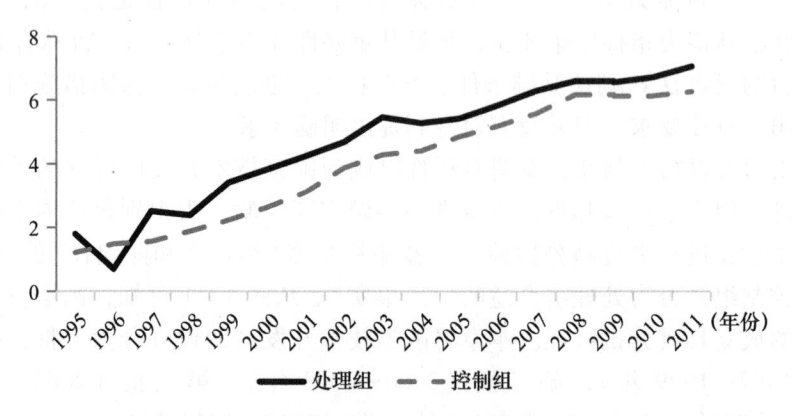

图4-2 处理组与对照组在冲击前的创新水平变化趋势（1995—2011年）
注：纵坐标为平均每个地级市的创新水平的对数，创新=创新数量×创新质量。

第三节 静态分析：国家技术开发区对创新的影响

一 国家技术开发区与创新数量增长

如表4-2所示，先以创新数量作为因变量，第2—7列分别表示使用专利数量、发明专利数量、发明授权专利数量、未授权发明公开专利数量、实用新型专利数量、外观设计专利数量作为因变量。结果显示，

第四章　中观实证：国家技术开发区之创新繁荣与泡沫

加入控制变量之前，这六类专利的 DID 系数均显著为正；加入控制变量之后，拟合优度有所上升，六类专利的 DID 系数依旧显著为正，系数值大小较为稳定。这意味着，国家技术开发区的成立推动了各类专利的数量增长。

观察各控制变量的系数发现，企业规模的系数显著为正，这与 Schumpeter 的创新理论假说一致，也与 Galbraith[①] 和 Kaplan[②] 的结论一致。附录 1 中的表 A1 显示，有近一半的企业专利来自 4.64% 的规模以上工业企业，在一定程度上也进一步验证了企业规模对技术创新的促进作用。出口交货值显著为正，验证了 Schmookler[③] 的"市场需求拉动创新"的假说，这也在一定程度上意味着，最近兴起的新贸易保护主义（new trade protectionism）可能不利于创新。资本密集度的系数在六个方程中均显著为正，这意味着，资本密集度越高的企业申请的专利数量越多。这在人口红利式微的背景下尤为重要，中国人口结构的重大转变使得廉价劳动力很难再成为中国的比较优势，中国正面临着从劳动密集型向资本密集型产业升级，从人口红利向创新红利转变的重要历史过程，人口红利的式微或倒逼中国创新发展。[④]

企业年龄的系数显著为负，这表明，年轻企业具有更强的创新活力，这在一定程度上说明中国长期以来的市场化改革取得良好成效，激发了新企业的创新积极性。企业隶属关系在发明专利的方程中不太显著，在实用新型和外观设计的回归方程中显著为负，这意味着，获取的政府资源越多可能的确促进了实用新型和外观设计专利数量的增长，但对发明专利数量无显著影响。企业所有制的系数在发明授权专利中显著为负，在未授权发明公开专利方程中不显著，这在一定程度上表明，相比非国有企业而言，国有企业在发明专利授权上更有优势，但在发明专利公开上不一定有优势。

---

① Galbraith, J. K., *American capitalism: Revised edition*, Boston: Houghton Mifflin, 1956.
② Kaplan, A. D., *Big enterprise in a competitive system*, Washington, D. C., 1954.
③ Schmookler, J., *Invention and economic growth*, Cambridge: Harvard University Press, 1966.
④ Wei, S. J., Xie, Z., Zhang, X., "From 'Made in China' to 'Innovated in China': Necessity, prospect, and challenges", *Journal of Economic Perspectives*, Vol. 31, No. 1, 2017.

表4-2　　　　　　　国家技术开发区对创新数量的影响

因变量	专利数量	发明专利数量	发明授权数量	未授权发明公开数量	实用新型数量	外观设计数量
面板A：无控制变量							
DID变量	2.2244***	1.0376***	0.3715***	0.8486***	1.3037***	0.5473***
	(0.1050)	(0.0644)	(0.0479)	(0.0483)	(0.0773)	(0.0567)
拟合优度	0.0365	0.0262	0.0183	0.0161	0.0322	0.0037
观测值	4859810	4859810	4859810	4859810	4859810	4859810
面板B：加入企业控制变量							
DID变量	2.2634***	1.0610***	0.3847***	0.8648***	1.3291***	0.5499***
	(0.1062)	(0.0653)	(0.0485)	(0.0491)	(0.0783)	(0.0577)
企业规模	2.1257***	0.6429***	0.3506***	0.3384***	1.1220***	0.8051***
	(0.0694)	(0.0432)	(0.0341)	(0.0307)	(0.0521)	(0.0356)
出口交货值	0.6151***	0.3048***	0.2097***	0.1732***	0.4270***	0.1578***
	(0.0145)	(0.0089)	(0.0069)	(0.0065)	(0.0108)	(0.0077)
资本密集度	1.8790***	0.8454***	0.5528***	0.4802***	1.2331***	0.5129***
	(0.0366)	(0.0221)	(0.0165)	(0.0161)	(0.0275)	(0.0185)
企业年龄	-1.2044***	-0.8104***	-0.5554***	-0.4824***	-0.9204***	-0.1049***
	(0.0689)	(0.0421)	(0.0322)	(0.0293)	(0.0513)	(0.0341)
企业隶属关系	-0.0083***	-0.0030	-0.0031*	-0.0017	-0.0063***	-0.0031**
	(0.0031)	(0.0021)	(0.0016)	(0.0015)	(0.0023)	(0.0015)
企业所有制	-0.0920**	-0.0555**	-0.0623***	-0.0211	-0.0890***	-0.0567***
	(0.0434)	(0.0269)	(0.0208)	(0.0183)	(0.0325)	(0.0203)
拟合优度	0.0406	0.0291	0.0205	0.0178	0.0356	0.0045
观测值	4701365	4701365	4701365	4701365	4701365	4701365

注：*、**、***分别表示在10%、5%和1%的水平上显著，括号内为稳健标准差。面板A是没有加入任何控制变量的结果，面板B中加入了上述企业控制变量。

二　国家技术开发区与创新质量提升

表4-2结果显示，国家技术开发区的设立显著促进了创新数量增长。然而，专利数量本身并不能很好地反映创新，有许多低质量专利不一定能

第四章　中观实证：国家技术开发区之创新繁荣与泡沫

代表创新，这是各界质疑中国创新泡沫的重要原因。为此，需要考虑专利质量。专利被引是反映专利质量的最常用指标。将专利被引作为专利价值衡量指标的讨论最早出现在文献计量学中[1][2]，Trajtenberg[3]首次将专利引用运用到经济学研究当中，之后这一指标被广泛运用。最常见的做法是以专利被引量作为权重，对专利数量进行加权，以评估专利的创新价值。[4][5][6]

使用专利被引数据时的最大问题在于被引截断，即数据截止时点之后的被引量永远无法获知，且越晚公开的专利其被引截断问题越严重。为此，本章参照Lanjouw和Schankerman[7]与Aghion等[8]的做法，使用企业五年内平均专利被引量作为创新质量的代理变量，一方面，由于本章工业企业数据与专利数据的时差最多为五年；另一方面，五年内发明专利被引占截至2018年年底被引的比重高达76.20%[9]，已经能在很大程度上说明总体的专利被引情况。以下如无特别说明，专利质量指标均为五年内专利被引量。由于实用新型和外观设计都仅有极少的专利被引，在分析专利质量时仅考虑发明专利。

笔者先将创新质量（发明专利质量）作为因变量，分析国家技术开发区的设立对创新质量的影响，结果见表4-3第2—4列。接下来同时考虑

---

[1] Campbell, R. S., Nieves, A. L., "Technology indicators based on patent data: the case of catalytic converters", *Phase I report: design and demonstration*, battelle, pacific northwest laboratories, 1979.

[2] Carpenter, M. P., Narin, F., "Validation study: patent citations as indicators of science and foreign dependence", *World Patent Information*, Vol. 5, No. 3, 1983.

[3] Trajtenberg, M., "A penny for your quotes: Patent citations and the value of innovations", *The Rand Journal of Economics*, Vol. 21, No. 1, 1990.

[4] Arora, A., Fosfuri, A., Gambardella, A., *Markets for technology: The economics of innovation and corporate strategy*, Massachusetts: MIT Press, 2001.

[5] Harhoff, D., Scherer, F. M., Vopel, K., "Citations, family size, opposition and the value of patent rights", *Research Policy*, Vol. 32, No. 8, 2003.

[6] Hsu, P. H., Tian, X., Xu, Y., "Financial development and innovation: cross-country evidence", *Journal of Financial Economics*, Vol. 112, No. 1, 2014.

[7] Lanjouw, J. O., Schankerman, M., "Patent quality and research productivity: Measuring innovation with multiple indicators", *The Economic Journal*, Vol. 114, No. 495, 2004.

[8] Aghion, P., Akcigit, U., Bergeaud, A., et al., "Innovation and top income inequality", *Review of Economic Studies*, Vol. 86, No. 2, 2019.

[9] 以截至2018年年底被引量不为零的发明专利为基础，计算每个专利的五年内发明专利被引占截至2018年年底被引的比重，然后求简单均值。

专利的数量和质量，参照Aghion等①的做法，用创新数量（发明专利数量）乘以创新质量（发明专利质量）作为创新的代理指标，以此作为因变量。回归结果见表4-3第5—7列。

回归结果显示，不管因变量是创新质量还是创新，三类专利的DID系数均显著为正；加入控制变量之后，三类专利的DID系数依旧显著为正，系数值比加入控制变量之前略有增大，回归拟合优度有所提升。控制变量的系数符号和显著性与表4-2基本一致。这意味着，国家技术开发区的设立促进了创新质量的提升。即便同时考虑创新数量和创新质量，国家技术开发区的设立依旧促进了创新。

表4-3 　　　　　国家技术开发区对创新质量的影响

因变量	创新质量			创新		
	发明专利	发明授权	未授权发明公开	发明专利	发明授权	未授权发明公开
面板A：无控制变量						
DID变量	0.1566***	0.0973***	0.1194***	1.1710***	0.4455***	0.9456***
	(0.0352)	(0.0318)	(0.0260)	(0.0851)	(0.0670)	(0.0626)
拟合优度	0.0087	0.0065	0.0052	0.0208	0.0140	0.0130
观测值	4859810	4859810	4859810	4859810	4859810	4859810
面板B：加入企业控制变量						
DID变量	0.1634***	0.1033***	0.1247***	1.2008***	0.4640***	0.9666***
	(0.0358)	(0.0324)	(0.0265)	(0.0861)	(0.0679)	(0.0635)
企业规模	0.8078***	0.5938***	0.4431***	1.2870***	0.8137***	0.6778***
	(0.0278)	(0.0252)	(0.0206)	(0.0615)	(0.0508)	(0.0434)
出口交货值	0.1520***	0.1236***	0.0951***	0.4302***	0.3087***	0.2471***
	(0.0060)	(0.0054)	(0.0043)	(0.0128)	(0.0105)	(0.0091)
资本密集度	0.4711***	0.3642***	0.2823***	1.2278***	0.8421***	0.6974***
	(0.0152)	(0.0135)	(0.0110)	(0.0320)	(0.0255)	(0.0228)

① Aghion, P., Akcigit, U., Bergeaud, A., et al., "Innovation and top income inequality", *Review of Economic Studies*, Vol. 86, No. 2, 2019.

第四章　中观实证：国家技术开发区之创新繁荣与泡沫

续表

因变量	创新质量			创新		
	发明专利	发明授权	未授权发明公开	发明专利	发明授权	未授权发明公开
企业年龄	-0.3417***	-0.2988***	-0.2084***	-1.0977***	-0.7960***	-0.6493***
	(0.0277)	(0.0248)	(0.0191)	(0.0613)	(0.0497)	(0.0416)
企业隶属关系	-0.0009	-0.0013	-0.0017	-0.0041	-0.0045*	-0.0031
	(0.0014)	(0.0013)	(0.0010)	(0.0030)	(0.0025)	(0.0021)
企业所有制	-0.0293	-0.0427**	-0.0090	-0.0825**	-0.0985***	-0.0291
	(0.0192)	(0.0169)	(0.0134)	(0.0402)	(0.0326)	(0.0270)
拟合优度	0.0099	0.0074	0.0060	0.0233	0.0158	0.0145
观测值	4701365	4701365	4701365	4701365	4701365	4701365

注：*、**、*** 分别表示在10%、5%和1%的水平上显著，括号内为稳健标准差。创新 = 创新数量 × （创新质量 + 1）。面板 A 是没有加入任何控制变量的结果，面板 B 中加入了上述企业控制变量。

三　国家技术开发区对自主创新的影响

（一）自主创新的测度

关于自主创新学界已做过大量研究，自主创新的衡量指标也千差万别，但关于中国自主创新的研究基本停留在专利数量指标。李兵等[1]与诸竹君等[2]直接用专利申请量作为自主创新的代理变量。隋广军等[3]与付明卫等[4]的做法更进一步，用发明专利申请量作为自主创新，相比于其他类型专利，发明专利更接近自主创新。范红忠[5]与吴丰华和刘瑞明[6]再进一步，

---

[1] 李兵、岳云嵩、陈婷：《出口与企业自主技术创新：来自企业专利数据的经验研究》，《世界经济》2016年第12期。
[2] 诸竹君、黄先海、余骁：《进口中间品质量、自主创新与企业出口国内增加值率》，《中国工业经济》2018年第8期。
[3] 隋广军、申明浩、宋剑波：《基于专利水平地区差异的高科技产业化问题研究》，《管理世界》2005年第8期。
[4] 付明卫、叶静怡、孟俣希等：《国产化率保护对自主创新的影响——来自中国风电制造业的证据》，《经济研究》2015年第2期。
[5] 范红忠：《有效需求规模假说、研发投入与国家自主创新能力》，《经济研究》2007年第3期。
[6] 吴丰华、刘瑞明：《产业升级与自主创新能力构建——基于中国省际面板数据的实证研究》，《中国工业经济》2013年第5期。

用发明专利授权量衡量自主创新，相比于发明专利申请，发明专利授权更接近自主创新。所有这些文献都是基于专利数量，然而，不管发明专利申请还是发明专利授权，其本身所能代表的自主创新水平都很有限，尤其对发展中国家，即便已授权的专利仍有大量属于模仿创新。

本章将原始创新和集成创新界定为自主创新。前者是基于科学知识创造新的产品或工艺；后者是基于不同类型的技术进行重组，形成新的产品或工艺。本章认为，引进吸收再创新更倾向于创造性模仿，因为它是基于已有技术，对产品价值链的某个环节进行改进。

原始创新的技术知识来源于科学，为此，本章使用科学关联度指标进行度量。专利引证包括科学文献和专利，其中，科学文献包括研究报告和学术论文等，科学关联度是指专利引证中的科学文献数量占所有引证的科学文献和专利数量的比重。这一指标已在国外许多文献中得到使用[1][2]。本章专利数据显示，发明专利科学关联度大于零的企业样本占所有工业企业样本的0.89%，占有发明专利的工业企业样本的比重为39.20%。

集成创新的技术知识来源于不同类别的已有技术，为此，本章使用引证专利行业离散度[3]进行度量。参照赫芬达尔—赫希曼指数（HHI）的计算原理，$X_i = 1 - \sum_{j=1}^{n} S_{ij}^2$，$S_{ij}$表示专利$i$的引证专利中，属于专利行业$j$的引证专利占所有引证专利的比重。$X_i$越大，说明引证的专利越分散，则该专利的原创性越高。"同一个行业"的定义：对发明专利和实用新型专利而言，如果专利属于同一个IPC大类，即认为属于同一个专利行业。例如，A01B1/00与A01D1/00属于同一个行业，因为它们属于同一个大类A01；对于外观设计而言，如果专利属于同一个LOC大类，即认为属于同一个专利行业。例如，01—01与01—06属于同一个行业，因为它们属于同一个大类01。

---

[1] Albert, M. B., Avery, D., Narin, F., et al., "Direct validation of citation counts as indicators of industrially important patent", *Research Policy*, Vol. 20, No. 3, 1991.

[2] Trajtenberg, M., Henderson, R., Jaffe, A. B., "University versus corporate patents: A window on the basicness of invention", *Economics of Innovation and New Technology*, Vol. 5, No. 1, 1997.

[3] 郝项超、梁琪、李政：《融资融券与企业创新：基于数量与质量视角的分析》，《经济研究》2018年第6期。

(二) 自主创新效应实证结果

先计算每个专利的科学关联度，再计算每个企业所有专利的平均科学关联度，即平均原始创新，再用该企业的平均原始创新乘以其专利数量得到原始创新①。先计算每个专利的引证专利行业离散度，再计算每个企业所有专利的平均引证专利行业离散度，即平均集成创新，再用该企业的平均集成创新乘以其专利数量得到总集成创新。分别用原始创新和集成创新作为因变量，估计模型（4.1）。

不管是以原始创新还是集成创新作为因变量，各类专利的 DID 系数均显著为正，这意味着，国家技术开发区促进了自主创新。

由于专利引证中有一部分属于自我引证，即引证专利申请人之前申请公开的专利②。自我引证与原始创新无关，为此，笔者在计算专利引证量时进一步将其删除，并重新计算科学关联度和引证专利行业离散度，然后据此重新回归，所得结果基本一致，为简化起见未列示。

表 4-4　　　　　国家技术开发区对自主创新的影响

因变量	原始创新			集成创新		
	发明专利	发明授权	未授权发明公开	发明专利	发明授权	未授权发明公开
面板 A：未加入控制变量							
DID 变量	1.1927***	0.4880***	0.9149***	2.0480***	0.9870***	1.5547***
	(0.1121)	(0.0915)	(0.0805)	(0.1466)	(0.1212)	(0.1053)
拟合优度	0.0165	0.0113	0.0096	0.0221	0.0157	0.0126
观测值	4859810	4859810	4859810	4859810	4859810	4859810
面板 B：加入控制变量							
DID 变量	1.2350***	0.5151***	0.9452***	2.0894***	1.0142***	1.5862***
	(0.1136)	(0.0927)	(0.0818)	(0.1486)	(0.1231)	(0.1071)

---

① 需要注意的是，在使用专利被引计算创新时，创新 =（平均专利被引量 +1）×专利数量，从而保证即便专利被引量为零依旧认为有一定价值；在使用科学关联度计算自主创新时，总自主创新 = 平均自主创新×专利数量，这一要求更为严格，因为若平均自主创新等于零，则总自主创新也为零，不管其专利数量有多少。

② 本章在计算自我引证时考虑所有申请人，而非仅考虑第一申请人。

续表

因变量	原始创新			集成创新		
	发明专利	发明授权	未授权发明公开	发明专利	发明授权	未授权发明公开
企业规模	1.4710***	0.8561***	0.7943***	1.5983***	0.8877***	0.9325***
	(0.0830)	(0.0699)	(0.0584)	(0.0982)	(0.0832)	(0.0690)
出口交货值	0.4862***	0.3496***	0.2690***	0.7391***	0.5503***	0.4134***
	(0.0172)	(0.0143)	(0.0123)	(0.0205)	(0.0172)	(0.0147)
资本密集度	1.5937***	1.1221***	0.8687***	1.9082***	1.3636***	1.0576***
	(0.0432)	(0.0354)	(0.0301)	(0.0513)	(0.0419)	(0.0366)
企业年龄	-1.5295***	-1.1207***	-0.9073***	-1.9496***	-1.4785***	-1.0879***
	(0.0853)	(0.0702)	(0.0576)	(0.0964)	(0.0793)	(0.0666)
企业隶属关系	-0.0086**	-0.0083**	-0.0064**	-0.0065	-0.0070*	-0.0048
	(0.0042)	(0.0035)	(0.0029)	(0.0046)	(0.0039)	(0.0033)
企业所有制	-0.0214	-0.0439	-0.0155	-0.2058***	-0.1891***	-0.0821*
	(0.0566)	(0.0465)	(0.0379)	(0.0617)	(0.0509)	(0.0426)
拟合优度	0.0183	0.0126	0.0106	0.0245	0.0175	0.0139
观测值	4701365	4701365	4701365	4701365	4701365	4701365

注：*、**、***分别表示在10%、5%和1%的水平上显著，括号内为稳健标准差。创新＝创新数量×（创新质量＋1）。

四 内生性问题处理：工具变量法

渐进DID适用性前提检验部分揭示了在早期可能存在部分内生性问题。本章所用渐进DID方法本身可以对内生性问题进行很大程度的控制。另外，从宏观层面而言，整个地区的创新能力很可能对本地能否成立国家技术开发区有一定影响，但本章使用的是微观企业数据，单个企业的创新能力与其所在地级市能否成立国家技术开发区的关系则没那么直接。当然，国家技术开发区成立和创新水平提升也可能受某些共同因素的影响，例如，一个地区的创新文化可能既有益于当地成立国家技术开发区，也有利于当地创新水平提升，进而导致前文结果的高估。

为了稳健起见，本章继续使用工具变量法缓解内生性问题。用地方主要官员在中央的人脉关系（以下简称"中央人脉"）作为成立国家技术开发区的工具变量。国家技术开发区的成立需要中央审批，国家经开区由商务部审核同意后报国务院审批，国家高新区由科技部审核同意后报国务院审批。因此，有中央人脉的地方官员更容易使得当地的国家技术开发区申请通过审批，因为他们具有更好的社会资本。

本章使用 Jiang[①] 搜集整理的 1995—2015 年地级市及以上主要官员简历信息 62742 条，主要官员包括地级市党委书记与市长（2000—2015年）、地级市常委（2000—2012年）、省委书记与省长（1995—2015年）、中央委员（1997—2015年），并对部分数据进行人工补充。

本章通过如下三个步骤计算中央人脉工具变量：①提取每个地级市每年的现任官员曾经在中央的任职经历，根据其中央任职的行政级别进行排序，共分为十个行政级别："无级别"（0）、"小于副处"（10）、"副处"（20）、"正处"（30）、"副厅"（40）、"正厅"（50）、"副部"（60）、"正部"（70）、"副国"（80）、"正国"（90），括号内为笔者对不同行政级别的赋值。

②由于国家技术开发区主要由商务部或科技部审核并由国务院审批，因此，除了考虑中央任职本身的行政级别，还应考虑任职部门是否直接或间接地影响国家技术开发区的成立，为此，笔者将部门分为四类：其他部门（0），科技相关部门（1），科技部、商务部（2），中央党政军部门（3），括号内为笔者对不同部门的赋值，由于行政级别的影响相对更大，笔者对行政级别赋值两位数，对部门赋值个位数。

③将行政级别的赋值与部门的赋值相加，得到每个地级市现任官员的中央人脉强度，取每个人的最高强度。然后将每个地级市每年所有在任官员的最高中央人脉强度进行排序，取强度最高者。

估计结果见表 4-5。使用工具变量法之前，先检验核心解释变量是否内生。由于传统的 hausman 检验仅在同方差下适用，故本章采用异方差稳健的 DWH 检验。结果表明，各个方程 DWH 检验均非常显著，强烈拒绝 DID 变量为外生变量的原假设。

[①] Jiang, J., "Making bureaucracy work: Patronage networks, performance incentives, and economic development in China", *American Journal of Political Science*, Vol. 62, No. 4, 2018.

表4-5　　　　国家技术开发区对创新的影响（工具变量法）

因变量	发明专利	发明授权	未授权发明公开	发明专利	发明授权	未授权发明公开
面板A：创新数量						
DID变量	5.0827***	3.6490***	2.7934***	3.6936***	2.6338***	2.0705***
	(0.1554)	(0.1129)	(0.1132)	(0.1610)	(0.1168)	(0.1178)
控制变量	无	无	无	有	有	有
拟合优度	0.0331	0.0213	0.0229	0.0531	0.0402	0.0340
观测值	4859810	4859810	4859810	4701365	4701365	4701365
面板B：创新质量						
DID变量	3.1182***	2.6056***	1.6902***	2.2000***	1.8475***	1.2000***
	(0.1204)	(0.1068)	(0.0845)	(0.1253)	(0.1113)	(0.0881)
控制变量	无	无	无	有	有	有
拟合优度	0.0163	0.0115	0.0097	0.0308	0.0240	0.0183
观测值	4859810	4859810	4859810	4701365	4701365	4701365
面板C：创新						
DID变量	7.6668***	5.7730***	4.1463***	5.5284***	4.1521***	3.0406***
	(0.2313)	(0.1820)	(0.1619)	(0.2395)	(0.1885)	(0.1684)
控制变量	无	无	无	有	有	有
拟合优度	0.0291	0.0185	0.0200	0.0502	0.0374	0.0322
观测值	4859810	4859810	4859810	4701365	4701365	4701365
工具变量	0.0036***	0.0036***	0.0036***	0.0035***	0.0035***	0.0035***
	(0.0000)	(0.0000)	(0.0000)	(0.0000)	(0.0000)	(0.0000)

注：*、**、***分别表示在10%、5%和1%的水平上显著，括号内为稳健标准差。创新=创新数量×（创新质量+1）。表中第2—4列是未加入控制变量的结果，第5—7列是加入控制变量的结果。

最后一行的工具变量系数显示，不管是否加入企业控制变量，工具变量的系数均显著为正，①这证明了工具变量与内生解释变量的相关性。

进一步检验工具变量的有效性。先进行不可识别检验，加入控制变量

---

① 不管因变量是专利数量、质量还是创新，2SLS第一阶段回归的系数和工具变量检验都是一样的，为节约篇幅仅将工具变量系数列示在最后一行，工具变量检验未列示在表中。

前后，Kleibergen-Paap rk LM 统计量分别为 77700.05 和 71620.29，均在 1% 水平下显著，强烈拒绝不可识别的原假设。

再进行弱工具变量检验，未加入控制变量时，Cragg-Donald Wald F 统计量（假设扰动项独立同分布）和 Kleibergen-Paap rk Wald F 统计量（不假设扰动项独立同分布）分别为 96429.33 和 81475.65；加入控制变量后，这两个 F 统计量分别为 89245.08 和 74908.75。均远大于 10% 显著性水平下的临界值 16.38，强烈拒绝弱工具变量的原假设。由于只有一个工具变量，不存在过度识别问题。

本地在任官员曾经的中央任职经历与本地创新能力无直接关系，可以认为该工具变量具有外生性。工具变量法估计结果显示，DID 系数在各个方程中均显著为正，这进一步表明，国家技术开发区的成立促进了创新。

从 DID 系数值大小看，本章工具变量法估计结果的确比未使用工具变量的结果大很多，这可能是由局部平均处理效应所致。Jiang[1] 通过分析 2003—2014 年发表在三本金融顶级期刊的 255 篇使用工具变量的论文发现，平均而言，工具变量法估计结果是未使用工具变量的估计结果的 9 倍，即便大部分未使用工具变量的估计结果本身可能存在高估，并认为局部平均处理效应是工具变量估计结果更大的重要原因之一。Card[2] 分析大量劳动经济学文献后也发现，工具变量回归系数普遍比未加入工具变量的回归系数值大。

本章所使用的中央人脉工具变量也可能带来局部平均处理效应问题。设想有四类地区：①不管是否有中央人脉，都积极申请国家技术开发区；②不管是否有中央人脉，都不申请国家技术开发区；③有中央人脉就积极申请国家技术开发区，无中央人脉就不申请国家技术开发区；④有中央人脉就不积极申请国家技术开发区，无中央人脉才积极申请国家技术开发区。工具变量法估计结果只能反映③和④两种情况，情况④比较少见，可以忽略，因而工具变量法估计结果实际上只能反映③，这是一种局部平均处理效应，其结果可能比考虑所有情况的结果明显偏大。

由于在使用工具变量之前，本章估计结果可能存在高估；使用工具变

---

[1] Jiang, W., "Have instrumental variables brought us closer to the truth", *Review of Corporate Finance Studies*, Vol. 6, No. 2, 2017.

[2] Card, D., "Estimating the return to schooling: Progress on some persistent econometric problems", *Econometrica*, Vol. 69, 2001.

量之后,估计结果更大,这意味着,未使用工具变量的估计结果可能更接近真实情况,与Jiang[①]的结论一致,为此,本章主要参考未使用工具变量的DID系数估计结果。不管怎样,使用工具变量之后DID系数值依旧显著为正,这进一步验证了国家技术开发区的设立促进了创新的结论的稳健性。

此外,为避免中央任职行政级别和部门分类的具体赋值可能对结果造成的影响,笔者还对中央任职行政级别赋值个位数,结果表明,工具变量通过了一系列检验,DID系数依旧显著为正,但系数值仍明显偏大。考虑到中央任职行政级别和部门分类的赋值之间可能是相乘的关系,同时可能只有科技部和商务部两个审查部门比较特殊。笔者对中央任职行政级别赋值个位数;对部门赋值0和1,如果是科技部或商务部则赋值1,否则为0,将中央任职行政级别和部门分类的赋值进行相乘得到中央人脉强度变量。结果表明,工具变量通过了一系列检验,DID系数依旧显著为正,但系数值仍明显偏大。

五 稳健性检验

(一)分别分析国家经开区或国家高新区

上文分析同时考虑了国家经开区或国家高新区,因为这两类开发区的首要目标之一都是促进技术创新。为进一步识别这两类开发区在推动创新方面的差异,将两类开发区分开进行回归,重复基准回归的估计方程。为简化起见仅列示加入控制变量之后的结果,且不列示控制变量回归系数。

表4-6结果显示,国家经开区和国家高新区均显著促进了创新。当然,国家高新区对创新质量的影响不显著,这可能是由于样本期间(1995—2013年)绝大部分国家高新区均在国际金融危机之后设立。实际上,国际金融危机后国家经开区对创新质量的影响显著为负,为简化起见未列示结果。后文将对国际金融危机前后的效应进行详细对比分析。

[①] Jiang, W., "Have instrumental variables brought us closer to the truth", *Review of Corporate Finance Studies*, Vol. 6, No. 2, 2017.

表 4-6　仅考虑国家经开区或国家高新区的创新效应

因变量	仅考虑国家经开区			仅考虑国家高新区		
	发明专利	发明授权	未授权发明公开	发明专利	发明授权	未授权发明公开
面板 A：创新数量						
DID	1.2824***	0.4838***	1.0561***	0.9924***	0.3389***	0.7996***
	(0.0726)	(0.0523)	(0.0561)	(0.1100)	(0.0805)	(0.0825)
Controls	有	有	有	有	有	有
R square	0.0292	0.0206	0.0179	0.0288	0.0205	0.0174
Obs	4701365	4701365	4701365	4701365	4701365	4701365
面板 B：创新质量						
DID	0.2436***	0.1523***	0.2003***	0.1011	0.0876	0.0430
	(0.0381)	(0.0343)	(0.0288)	(0.0673)	(0.0607)	(0.0496)
Controls	有	有	有	有	有	有
R square	0.0099	0.0074	0.0060	0.0099	0.0074	0.0060
Obs	4701365	4701365	4701365	4701365	4701365	4701365
面板 C：创新						
DID	1.4956***	0.6070***	1.2200***	1.0706***	0.3886***	0.8392***
	(0.0948)	(0.0729)	(0.0718)	(0.1506)	(0.1181)	(0.1103)
Controls	有	有	有	有	有	有
R square	0.0234	0.0158	0.0146	0.0231	0.0158	0.0143
Obs	4701365	4701365	4701365	4701365	4701365	4701365

注：*、**、*** 分别表示在 10%、5% 和 1% 的水平上显著，括号内为稳健标准差。创新 = 创新数量 × （创新质量 + 1）。

（二）新的创新指标：生产率

1. 关键指标计算

Wei 等[1]从专利、研发投入、生产率三个方面分析了中国的创新发展。由于地级市的研发投入的数据难以获得，本章基于生产率指标进一步对国

---

[1] Wei, S. J., Xie, Z., Zhang, X., "From 'Made in China' to 'Innovated in China': Necessity, prospect, and challenges", *Journal of Economic Perspectives*, Vol. 31, No. 1, 2017.

家技术开发区的创新效应进行分析。

在计算生产率指标之前需要计算生产函数的投入产出变量。产出用增加值表示,但2008—2013年没有增加值数据,为此需要结合投入产出表进行估算。资本存量根据永续盘存法进行计算,劳动力用年末员工人数表示。下面对增加值和资本存量的计算进行具体说明。

增加值计算。2008—2013年没有中间投入数据,因而无法计算增加值,这对生产率估算造成较大障碍。为此,笔者基于投入产出比对中间投入进行估算。由于数据库中应交增值税的数据比较齐全,笔者还尝试过用增值税率(应交增值税/增加值)进行估算,算出的增值税率在各年份差异较大,不可取。先基于2000—2007年的数据计算分省份四位数行业的平均投入产出比,以总产出为权重对企业的投入产出比进行加权平均。分省份四位数行业的投入产出比共12168个单元,其中,585个单元的投入产出比为缺失值,笔者用分省份三位数行业投入产出比补充了480个;用分省份两位数行业进一步补充了105个。结果显示,历年全国制造业投入产出比均稳定在0.76左右。2004年投入产出比为0.72,这是由于2004年没有总产值变量,笔者参照常见做法用产品销售额减去期初存货再加上期末存货进行了代替。为避免这一偏误对结果造成的影响,笔者在计算分省份四位数行业投入产出比时剔除了2004年的数据。笔者还使用《2007年投入产出表》和《2012年投入产出表》计算了投入产出比,结果分别为0.76和0.77,与基于工业企业数据计算的结果接近。同样分别基于工业企业数据、《2007年投入产出表》和《2012年投入产出表》,笔者进一步计算分省份行业的投入产出比[①],结果显示,除废品废料行业(43)存在一定差异外,其他行业均比较接近;西藏数据存在大量缺失。因此,本章最终样本将剔除废品废料行业(43)和西藏数据。用投入产出比乘以总产值得到中间投入,再据此计算增加值,即增加值=总产值-中间投入+应交增值税。总产值和应交增值税用工业品出厂价格指数进行平减,中间投入用购进价格指数进行平减,由于改革开放后投入价格比产出价格上涨快很多,对投入和产出进行分项平减非常重要,否则会导致生产率增速的低估。平减指数来自2016年《中国价格统计年鉴》,部分平减指数缺失,笔

[①] 需要先进行行业匹配,将企业数据库中的两位数行业和《2012投入产出表》均按照《2007年投入产出表》的行业进行重新分类。

者用相邻省份的均值代替。

资本存量计算。资本存量的计算一般都是采用永续盘存法，有三个要点：初始资本存量的确定、投资的计算和折旧率的确定。笔者获得1995—2013年的长期历史数据，实际初始资本存量可以直接使用企业在数据库中出现第一年的实际固定资产合计代替；投资取前后两年名义固定资产合计之差，再用当年固定资产投资价格指数平减得到实际投资；折旧率取5%；以此为基础进行永续盘存。

2. 生产率估计方法

准确估计生产函数是分析生产率的关键，因此结合数据特征选择合适的估计方法至关重要。传统的普通最小二乘（OLS）估计方法无法解决企业进出导致的样本选择偏差和内生要素投入导致的联立性问题，固定效应回归（FE）和工具变量法（IV）在一定程度上解决了联立性问题[1]。但由于无法解决选择性问题，当它们用于非平衡面板时往往会导致劳动系数高估和资本系数低估。

Olley和Pakes[2]（以下简称OP法）假设投资大于零且投资与生产率之间存在严格的单调关系，用一种半参数估计方法有效解决了选择偏误和联立问题。然而，如果删掉投资为零或缺失的数据，将损失一半以上的样本；而且对于占数据库相当比重的国企而言，投资往往是寻租或政策驱动的，与生产率之间并不存在严格单调关系。Levinsohn和Petrin[3]（以下简称LP法）提出用中间投入代替投资作为生产率冲击的代理变量，从而有效缓解了OP的缺陷。

本章分别采用OLS、FE、OP、LP方法对生产函数进行估计，并据此计算生产率。然后以生产率代替专利作为因变量，对回归模型（1）进行重新估计，结果见表4-7。

---

[1] 由于这两种方法的要求都较为苛刻，在实操中并不能很好地解决联立问题。例如，FE法要求不可观测变量是不随时间变化的；IV法要求找到一个工具变量，与可观测的要素投入有关但与不可观测的生产率无关。

[2] Olley, S., Pakes, A., "The dynamics of productivity in the telecommunications equipment industry", *Econometrica*, Vol. 64, 1996.

[3] Levinsohn, J., Petrin, A., "Estimating production functions using inputs to control for unobservables", *Review of Economic Studies*, No. 2, 2003.

3. 实证结果

回归结果显示，不加入控制变量时，四种生产率对应的 DID 系数均显著为正，且 OLS 和 OP 生产率对应的系数接近，FE 和 LP 的系数接近。加入控制变量之后，拟合优度有所提升，各回归模型的 DID 系数依旧显著为正，且四个系数的值均非常接近。这意味着，国家技术开发区的设立显著促进了生产率提升，与 Wang[1]和 Lu 等[2]的结论一致。进一步表明，国家技术开发区的设立促进了创新。

表4-7　　　　　　　　国家技术开发区对生产率的影响

因变量	OLS 生产率	FE 生产率	OP 生产率	LP 生产率
\	\	未加入控制变量	\	\
DID 变量	0.0378*** (0.0010)	0.0499*** (0.0010)	0.0327*** (0.0010)	0.0477*** (0.0010)
控制变量	无	无	无	无
拟合优度	0.1334	0.1490	0.1381	0.1433
观测值	4500931	4500931	4500931	4500931
\	\	加入控制变量	\	\
DID 变量	0.0499*** (0.0010)	0.0500*** (0.0010)	0.0499*** (0.0010)	0.0500*** (0.0010)
控制变量	有	有	有	有
拟合优度	0.1734	0.1633	0.1848	0.1624
观测值	4425832	4425832	4425832	4425832

注：*、**、***分别表示在10%、5%和1%的水平上显著，括号内为稳健标准差。上半部分表示未加入控制变量的结果，下半部分表示加入控制变量之后的结果。OLS、FE、OP、LP 分别为生产率估计方法。

（三）城市间的创新外部性

国家技术开发区在城市间的外部性包括两种：一是负外部性（以邻为壑效应），即成立开发区之后会吸引相邻城市的创新企业或创新要素；二

---

[1] Wang, J., "The economic impact of special economic zones: Evidence from Chinese municipalities", *Journal of Development Economics*, Vol. 101, 2013.

[2] Lu, Y., Wang, J., Zhu, L., "Place-based policies, creation, and agglomeration economies: Evidence from China's economic zone program", *American Economic Journal: Economic Policy*, No. 11, 2019.

第四章　中观实证：国家技术开发区之创新繁荣与泡沫

是正外部性（溢出效应），即开发区通过创新溢出促进相邻城市的企业创新。

Alder 等①研究发现，特殊经济区的成立不会通过吸引资源而给相邻城市产生负向的以邻为壑效应（beggar-thy-neighbor effects），但会产生正向的溢出效应（spillover effects）。国家技术开发区设立早期可能是为了引进外资，但引进外资的目的是学习其技术和管理经验，并对周边地区企业形成技术溢出。②

国家技术开发区成立之后，本地企业创新水平的变化可能是由于吸引了邻区企业的流入所带来的，而非本地企业自身创新水平的变化。为控制这一因素的影响，笔者考虑邻区是否成立国家技术开发区。由于中国的地方分割，企业的省内流动可能比跨省流动更为容易，因此，本章根据行政管辖范围，而非地理距离来定义邻区，即同一省份内的其他城市都属于邻区。李善同等③基于调研数据分析指出，中国的省级地方保护主义依旧是影响企业活动的重要因素之一。笔者加入一个新的控制变量"邻区开发区"：假设第 t 年 A 地级市成立国家技术开发区，如果第 t 年或之后年份邻区也有国家技术开发区，则从邻区成立国家技术开发区的那一年（第 t 年或之后）起及之后年份，对"邻区开发区"变量赋值为 1，否则赋值为 0。

如表 4-8 所示，同时考虑创新数量与质量时，创新变量的估计结果显示，邻区是否有开发区变量对应的系数均不显著，这意味着，邻区给本地带来的正外部性和负外部性几乎相互抵消，溢出效应和以邻为壑效应相互抵消。因此，国家技术开发区对所在城市的创新效应便基本能够反映其对全国的创新效应。DID 系数均显著为正，这表明，即便考虑国家技术开发区在城市间的外部性，本地设立开发区依旧显著促进本地创新。

---

① Alder, S., Shao, L., Zilibotti, F., "Economic reforms and industrial policy in a panel of Chinese cities", *Journal of Economic Growth*, Vol. 21, No. 4, 2016.
② 余森杰、户德月、向为：《国家级开发区对企业生产率的影响：来自中国企业层面的经验实证》，《区域与全球发展》2017 年第 1 期。
③ 李善同、侯永志、刘云中等：《中国国内地方保护问题的调查与分析》，《经济研究》2004 年第 11 期。

表4-8　　　　　　国家技术开发区在城市间的创新外部性

因变量	发明专利	发明授权	未授权发明公开	发明专利	发明授权	未授权发明公开
面板A：创新数量							
DID变量	1.1348*** (0.0869)	0.4553*** (0.0638)	0.9165*** (0.0666)	1.1539*** (0.0876)	0.4695*** (0.0644)	0.9271*** (0.0673)
邻区开发区	-0.2783** (0.1206)	-0.2400*** (0.0892)	-0.1948** (0.0919)	-0.2681** (0.1221)	-0.2447*** (0.0904)	-0.1796* (0.0933)
控制变量	无	无	无	有	有	有
拟合优度	0.0262	0.0183	0.0161	0.0291	0.0206	0.0178
观测值	4859810	4859810	4859810	4701365	4701365	4701365
面板B：创新质量							
DID变量	-0.0103 (0.0443)	-0.0124 (0.0402)	0.0279 (0.0333)	-0.0025 (0.0448)	-0.0048 (0.0409)	0.0321 (0.0337)
邻区开发区	0.4782*** (0.0699)	0.3143*** (0.0636)	0.2622*** (0.0525)	0.4787*** (0.0713)	0.3119*** (0.0650)	0.2672*** (0.0535)
控制变量	无	无	无	有	有	有
拟合优度	0.0088	0.0065	0.0053	0.0099	0.0074	0.0060
观测值	4859810	4859810	4859810	4701365	4701365	4701365
面板C：创新							
DID变量	1.1315*** (0.1118)	0.4384*** (0.0873)	0.9406*** (0.0844)	1.1584*** (0.1126)	0.4598*** (0.0880)	0.9549*** (0.0852)
邻区开发区	0.1132 (0.1606)	0.0202 (0.1270)	0.0143 (0.1208)	0.1225 (0.1626)	0.0120 (0.1288)	0.0337 (0.1226)
控制变量	无	无	无	有	有	有
拟合优度	0.0208	0.0140	0.0130	0.0233	0.0158	0.0145
观测值	4859810	4859810	4859810	4701365	4701365	4701365

注：*、**、***分别表示在10%、5%和1%的水平上显著，括号内为稳健标准差。创新=创新数量×（创新质量+1）。表中第2—4列是未加入控制变量的结果，第5—7列示是入控制变量的结果。

（四）城市内的创新外部性

与城市间的创新外部性一样，国家技术开发区在城市内部的创新外部性也包括两种：一是负外部性（以邻为壑效应）[1]，二是正外部性（溢出效应）。为了研究这一问题，需要识别哪些企业在国家技术开发区内，哪些企业在国家技术开发区外。

向宽虎和陆铭[2]根据企业地址中是否含有"开发""工业园""工业区""园区""高新"字段来判断企业是否位于开发区内。这会大大低估开发区内的样本数，也难以识别属于技术开发区还是其他类型开发区，属于国家技术开发区还是省级技术开发区。

王永进和张国峰[3]先根据开发区管委会所在地确定开发区的县级代码（6位数代码），再将企业的县级代码与开发区进行匹配，匹配成功的样本即为开发区内的企业。然而，很多开发区的范围超越了县级范围，管委会的地址并不能完全代表所有开发区的区域。

余淼杰等[4]使用邮编来识别企业是否在开发区内。他们使用了同一城市内企业周围的开发区数量作为解释变量，来分析开发区对开发区外企业的创新外部性。这种做法存在比较严重的内生性问题，因为设立开发区越多的城市其整体创新水平本来就高，区外也是如此，很可能与开发区本身无关，因此，需要利用开发区设立这一政策冲击进行分析。林毅夫等[5]在余淼杰等[6]的基础上加入企业周围开发区数量与企业是否在开发区内的交互项，进而区分开发区对开发区外企业和同一城市其他开发区内企业的溢出效应，结果表明，开发区对区外企业存在正向溢出效应，对同一城市其他开发区的溢出效应为负。

本章综合上述方法，并做进一步识别。具体而言，分为如下四步。第

---

[1] 以邻为壑效应包括高效率的企业和优质要素资源流入开发区，或低效率的企业或低质的要素资源从开发区流出（王永进、张国峰，2016）。因此，仅识别企业在开发区内外的流入流出并不能完整地识别以邻为壑效应。

[2] 向宽虎、陆铭：《发展速度与质量的冲突——为什么开发区政策的区域分散倾向是不可持续的》，《财经研究》2015年第4期。

[3] 王永进、张国峰：《开发区生产率优势的来源：集聚效应还是选择效应？》，《经济研究》，2016年第7期。

[4] 余淼杰、户德月、向为：《国家级开发区对企业生产率的影响：来自中国企业层面的经验实证》，《区域与全球发展》2017年第1期。

[5] 林毅夫、向为、余淼杰：《区域型产业政策与企业生产率》，《经济学》（季刊）2018年第2期。

[6] 余淼杰、户德月、向为：《国家级开发区对企业生产率的影响：来自中国企业层面的经验实证》，《区域与全球发展》2017年第1期。

一步：邮编。通过各开发区官网或者百度查询获得开发区所在地的邮编，将其与企业的邮编进行匹配，匹配成功的样本即为在开发区内的企业。第二步：县级代码。通过各开发区官网或者百度查询获得开发区管委会所在地，根据国家统计局的行政区划代码获得其县级代码，将其与剩余企业的县级代码进行匹配，匹配成功的样本即为在开发区内的企业。第三步：地址名称。对剩下未识别的样本作进一步识别，提取其企业地址中含有"经开""高新""园区""工业园""科技园""开发"等字样的样本，将这些样本按照邮编或县级代码与前面已经识别的样本进行匹配，若匹配成功，则将所有同类字段的企业都视为国家技术开发区内企业。若未匹配成功，则通过搜索引擎逐一确认每个地址是否在国家技术开发区内。第四步：官网信息。部分国家技术开发区官网公布了其部分企业名录，如中关村科技园；还可以通过一些官方平台网站，如北京市企业信用信息网，输入"开发区"等关键词查询相关企业信息。

识别结果显示，1995—2013 年，在国家技术开发区内的规模以上企业占其所在城市规模以上企业数量的比重为 11.84%。

本章参照林毅夫等[①]的做法，设定如下回归模型：

$$y_{ict} = \beta_0 + \beta_1 num_{it} + \beta_2 num_{it} \times NTZ_{it} + \beta_3 NTZ_{it} + \sum \delta X_{it} + \varepsilon_{it} \tag{4.2}$$

其中，因变量 y_{ict} 表示城市 c 企业 i 在时间 t 的企业创新指标，分别用创新数量、创新质量或创新（数量乘以质量）。为避免缺失值且使得系数值更大，因变量等于创新指标加 1 再取对数，然后再乘以 100。β_0 是截距项，ε_{it} 为随机误差项。num_{it} 表示企业 i 在时间 t 所在城市内的国家技术开发区个数，对国家技术开发区外的企业而言，是指实际个数；对国家技术开发区内的企业而言，是指实际个数减去 1。NTZ_{it} 是虚拟变量，如果企业 i 在时间 t 位于国家技术开发区内部则为 1，否则为 0。$num_{it} \times NTZ_{it}$ 反映的是创新外部性对国家技术开发区内部和外部企业的影响差异。$\sum \delta X_{it}$ 是与基准回归相同的控制变量，这里使用固定效应回归。

这里的样本仅包括 1995—2013 年成立过开发区的 164 个城市中的企

---

① 林毅夫、向为、余淼杰：《区域型产业政策与企业生产率》，《经济学》（季刊）2018 年第 2 期。

业。左边是未加入控制变量的情况；不管是以创新数量、创新质量还是创新作为因变量，其观测值均相同，为节约空间，仅在面板 C 列示是否加入控制变量的说明和观测值。

实证结果表明，num 的系数显著为正，这意味着，国家技术开发区对同一城市内的开发区外企业带来了正外部性。num × NTZ 的系数也基本显著为正，这意味着，在同一城市设立新的国家技术开发区将对原有国家技术开发区带来正的外部性，这与林毅夫等[1]的发现不一致。原因可能在于新成立的国家技术开发区一方面给原有国家技术开发区内的企业形成竞争，竞相提升创新水平以获取更多政策资源；另一方面，同一城市内不同国家技术开发区内的企业之间形成合作。交互项对创新数量的影响非常显著，但对创新质量的影响的显著性则相对微弱，尤其对质量相对更高的发明授权专利的影响不显著。这意味着，新成立的国家技术开发区很可能与原有国家技术开发区内的企业形成竞争，争相申请发明专利（却较少关注专利质量），以获取更多财政资源。NTZ 的系数显著为正，这意味着，相比于开发区外的企业而言，开发区的确提升了开发区内企业的创新水平，与基准回归的结论一致。

总之，虽然国家技术开发区在城市间的外部性可以忽略，但其在城市内的外部性则显著为正。这意味着，如果仅仅分析国家技术开发区内企业的创新影响，将低估其对全国创新水平的促进作用。这也是为什么本章将研究单元放在城市层面，而非开发区层面，这与 Alder 等[2]的做法是一致的。

表 4 – 9　　　　国家技术开发区在城市内的创新外部性

因变量	发明专利	发明授权	未授权发明公开	发明专利	发明授权	未授权发明公开
面板 A：创新数量							
num	0.6332 ***	0.2702 ***	0.5096 ***	0.6356 ***	0.2709 ***	0.5130 ***
	(0.0580)	(0.0398)	(0.0460)	(0.0587)	(0.0403)	(0.0467)

---

[1] 林毅夫、向为、余淼杰：《区域型产业政策与企业生产率》，《经济学》（季刊）2018 年第 2 期。
[2] Alder, S., Shao, L., Zilibotti, F., "Economic reforms and industrial policy in a panel of Chinese cities", *Journal of Economic Growth*, Vol. 21, No. 4, 2016.

续表

因变量	发明专利	发明授权	未授权发明公开	发明专利	发明授权	未授权发明公开
$num \times NTZ$	0.5131***	0.3584***	0.3359***	0.5001***	0.3519***	0.3278***
	(0.0853)	(0.0608)	(0.0685)	(0.0863)	(0.0615)	(0.0694)
NTZ	1.0574***	0.4382***	0.8563***	1.0145***	0.4100***	0.8309***
	(0.1119)	(0.0819)	(0.0863)	(0.1126)	(0.0825)	(0.0873)
拟合优度	0.0281	0.0192	0.0177	0.0310	0.0216	0.0194
面板B：创新质量						
num	0.0835***	0.0696***	0.0605***	0.0891***	0.0714***	0.0666***
	(0.0297)	(0.0264)	(0.0231)	(0.0302)	(0.0269)	(0.0235)
$num \times NTZ$	0.0933**	0.0473	0.0962**	0.0798*	0.0374	0.0871**
	(0.0465)	(0.0424)	(0.0383)	(0.0471)	(0.0430)	(0.0389)
NTZ	0.3860***	0.2553***	0.2722***	0.3706***	0.2381***	0.2638***
	(0.0705)	(0.0637)	(0.0544)	(0.0712)	(0.0645)	(0.0550)
拟合优度	0.0091	0.0067	0.0055	0.0105	0.0077	0.0064
面板C：创新						
num	0.7120***	0.3257***	0.5625***	0.7195***	0.3286***	0.5709***
	(0.0756)	(0.0557)	(0.0589)	(0.0765)	(0.0564)	(0.0599)
$num \times NTZ$	0.5841***	0.3926***	0.4054***	0.5601***	0.3778***	0.3901***
	(0.1113)	(0.0855)	(0.0887)	(0.1124)	(0.0864)	(0.0898)
NTZ	1.3822***	0.6323***	1.0800***	1.3261***	0.5901***	1.0476***
	(0.1549)	(0.1221)	(0.1174)	(0.1558)	(0.1230)	(0.1186)
控制变量	无	无	无	有	有	有
拟合优度	0.0224	0.0146	0.0143	0.0250	0.0165	0.0159
观测值	3427399	3427399	3427399	3328707	3328707	3328707

注：*、**、***分别表示在10%、5%和1%的水平上显著，括号内为稳健标准差。创新=创新数量×（创新质量+1）。表中第2—4列是未加入控制变量的结果，第5—7列是加入控制变量的结果。

（五）考虑开发区数量或面积

前文分析的DID变量设定中，只要某地级市在某一年设立开发区就设

第四章 中观实证：国家技术开发区之创新繁荣与泡沫

定为1，然而同一地级市可能在同一年设立多个国家技术开发区，这可能给创新效应带来不同的结果，为此笔者进一步考虑同一地级市同一年设立的开发区的数量，基于此设定新的DID变量。此外，不同开发区的面积也不相同，这也可能给创新效应带来不同的结果，笔者同时考虑开发区的数量和面积，基于此设定新的DID变量。现有文献[1][2]未将地级市的开发区数量和面积纳入考量，本章分别根据国家技术开发区的数量和面积重新设定DID变量，重复基准回归的估计方程。

结果如表4-10所示，考虑开发区数量或面积之后，各类发明专利的创新数量、创新质量、创新对应的DID系数依旧显著为正。控制变量回归系数的符号与显著性与基准回归基本一致，为简化起见未列示。这进一步验证了上述结果的稳健性。

表4-10　　　　　　　　考虑开发区数量或面积的创新效应

因变量	考虑开发区数量			考虑开发区面积		
	发明专利	发明授权	未授权发明公开	发明专利	发明授权	未授权发明公开
面板A：创新数量							
DID变量	0.9136***	0.3596***	0.7405***	0.4316***	0.2367***	0.2950***
	(0.0508)	(0.0359)	(0.0396)	(0.0330)	(0.0253)	(0.0242)
控制变量	有	有	有	有	有	有
拟合优度	0.0293	0.0206	0.0180	0.0289	0.0206	0.0175
观测值	4701365	4701365	4701365	4701365	4701365	4701365
面板B：创新质量							
DID变量	0.1672***	0.1125***	0.1294***	0.0522***	0.0414**	0.0314**
	(0.0255)	(0.0228)	(0.0197)	(0.0185)	(0.0169)	(0.0136)
控制变量	有	有	有	有	有	有
拟合优度	0.0099	0.0074	0.0060	0.0099	0.0074	0.0060

---

[1] Wang, J., "The economic impact of special economic zones: Evidence from Chinese municipalities", *Journal of Development Economics*, Vol. 101, 2013.

[2] Alder, S., Shao, L., Zilibotti, F., "Economic reforms and industrial policy in a panel of Chinese cities", *Journal of Economic Growth*, Vol. 21, No. 4, 2016.

续表

因变量	考虑开发区数量			考虑开发区面积		
	发明专利	发明授权	未授权发明公开	发明专利	发明授权	未授权发明公开
观测值	4701365	4701365	4701365	4701365	4701365	4701365
面板C：创新						
DID变量	1.0598*** (0.0659)	0.4483*** (0.0496)	0.8481*** (0.0506)	0.4738*** (0.0436)	0.2664*** (0.0351)	0.3187*** (0.0316)
控制变量	有	有	有	有	有	有
拟合优度	0.0234	0.0159	0.0146	0.0232	0.0158	0.0143
观测值	4701365	4701365	4701365	4701365	4701365	4701365

注：*、**、***分别表示在10%、5%和1%的水平上显著，括号内为稳健标准差。创新=创新数量×（创新质量+1）。

（六）新的专利质量指标：一年内被引量或权利要求数

1. 一年内专利被引量

尽管五年内专利被引占截至2018年年底被引的比重较高，但仍不能代表所有的专利被引。为避免被引指标选择的任意性对结果带来的影响，进一步使用一年内专利被引作为专利质量的代理指标。估计结果见表4-11。所得结果与使用五年内专利被引量作为专利质量代理指标时基本一致。唯一的不同在于发明授权专利质量的DID系数在加入控制变量之前仅微弱显著，这可能是由于一年内专利被引量太少[①]，这也进一步说明本章使用五年内专利被引量的必要性。

表4-11　国家技术开发区对创新的影响（一年内专利被引量）

因变量	创新质量			创新		
	发明专利	发明授权	未授权发明公开	发明专利	发明授权	未授权发明公开
面板A：无控制变量						
DID变量	0.0582*** (0.0155)	0.0228 (0.0142)	0.0573*** (0.0115)	1.0876*** (0.0715)	0.3885*** (0.0544)	0.8964*** (0.0530)

---

① 一年内发明专利被引占截至2018年年底被引的比重仅为17.82%。

续表

因变量	创新质量			创新		
	发明专利	发明授权	未授权发明公开	发明专利	发明授权	未授权发明公开
拟合优度	0.0070	0.0051	0.0039	0.0263	0.0182	0.0162
观测值	4859810	4859810	4859810	4859810	4859810	4859810
面板 B：加入企业控制变量							
DID 变量	0.0625***	0.0257*	0.0613***	1.1145***	0.4039***	0.9159***
	(0.0158)	(0.0145)	(0.0118)	(0.0725)	(0.0552)	(0.0539)
企业规模	0.0928***	0.0664***	0.0395***	0.7109***	0.3966***	0.3655***
	(0.0105)	(0.0097)	(0.0083)	(0.0485)	(0.0390)	(0.0344)
出口交货值	0.0435***	0.0354***	0.0261***	0.3401***	0.2375***	0.1929***
	(0.0021)	(0.0020)	(0.0016)	(0.0100)	(0.0079)	(0.0072)
资本密集度	0.1363***	0.1083***	0.0775***	0.9535***	0.6365***	0.5382***
	(0.0058)	(0.0052)	(0.0043)	(0.0248)	(0.0190)	(0.0179)
企业年龄	−0.1233***	−0.1038***	−0.0701***	−0.9091***	−0.6356***	−0.5364***
	(0.0094)	(0.0086)	(0.0068)	(0.0470)	(0.0367)	(0.0324)
企业隶属关系	−0.0003	−0.0004	−0.0004	−0.0034	−0.0035*	−0.0021
	(0.0005)	(0.0005)	(0.0003)	(0.0023)	(0.0019)	(0.0016)
企业所有制	−0.0089	−0.0149***	0.0002	−0.0639**	−0.0744***	−0.0212
	(0.0063)	(0.0056)	(0.0046)	(0.0301)	(0.0237)	(0.0204)
拟合优度	0.0077	0.0055	0.0043	0.0292	0.0203	0.0178
观测值	4701365	4701365	4701365	4701365	4701365	4701365

注：*、**、*** 分别表示在10%、5%和1%的水平上显著，括号内为稳健标准差。面板 A 是没有加入任何控制变量的结果，面板 B 中加入了上述企业控制变量。第2—4列以各类专利的平均质量作为因变量，第5—7列以考虑创新质量之后的创新作为因变量。

2. 权利要求数

除专利被引外，还有其他反映专利质量的指标，如权利要求数。专利被引有很多零值，相比之下，权利要求数的观测值则更全，除外观设计专利外，几乎每件专利都有权利要求。权利要求书是专利申请时与专利申请书一并提交的重要法律文件，明确了专利的权利保护范围。Gilbert 和 Shapiro[1]、Lanjouw 等[2]与 Bessen[3]等研究均表明，权利要求数越多，该专利的质量越高。

现有文献使用的中国微观专利数据没有权利要求数这一变量，为此，Dang 和 Motohashi[4]通过程序识别并计算权利要求书中的名词数量，以此作为权利要求数的替代。这些做法具有一定价值，但在获取权利要求数变量之后，结果将更为准确。重复表 4-3 中的 6 个回归，结果见表 4-12，DID 系数和控制变量系数的符号与显著性均与表 4-3 的结果基本一致。这进一步表明，国家技术开发区的设立促进了专利质量提升，同时考虑创新数量和质量之后国家技术开发区的设立依旧显著促进了创新。

总之，不管使用何种专利质量指标，国家技术开发区的设立都显著促进了创新。

表 4-12　　　　国家技术开发区对创新的影响（权利要求数）

因变量	创新质量			创新		
	发明专利	发明授权	未授权发明公开	发明专利	发明授权	未授权发明公开
面板 A：无控制变量							
DID 变量	1.0188***	0.5004***	0.9188***	1.9221***	0.7672***	1.6296***
	(0.0691)	(0.0586)	(0.0578)	(0.1187)	(0.0932)	(0.0928)
拟合优度	0.0221	0.0155	0.0147	0.0269	0.0185	0.0171
观测值	4859810	4859810	4859810	4859810	4859810	4859810
面板 B：加入企业控制变量							

---

[1] Gilbert, R., Shapiro, C., "Optimal patent length and breadth", *The Rand Journal of Economics*, Vol. 21, No. 1, 1990.

[2] Lanjouw, J. O., Pakes, A., Putnam, J., "How to count patents and value intellectual property: the uses of patent renewal and application data", *Journal of Industrial Economics*, Vol. 46, No. 4, 1998.

[3] Bessen, J., "The value of US patents by owner and patent characteristics", *Research Policy*, Vol. 37, No. 5, 2008.

[4] Dang, J., Motohashi, K., "Patent statistics: a good indicator for innovation in China? Patent subsidy program impacts on patent quality", *China Economic Review*, Vol. 35, 2015.

续表

因变量	创新质量			创新		
	发明专利	发明授权	未授权发明公开	发明专利	发明授权	未授权发明公开
DID 变量	1.0326 *** (0.0700)	0.5095 *** (0.0595)	0.9324 *** (0.0588)	1.9580 *** (0.1202)	0.7885 *** (0.0945)	1.6573 *** (0.0943)
企业规模	1.0405 *** (0.0447)	0.6778 *** (0.0386)	0.6299 *** (0.0368)	1.4610 *** (0.0784)	0.8630 *** (0.0642)	0.8174 *** (0.0589)
出口交货值	0.3536 *** (0.0095)	0.2701 *** (0.0082)	0.2460 *** (0.0078)	0.6040 *** (0.0164)	0.4317 *** (0.0132)	0.3736 *** (0.0124)
资本密集度	0.9700 *** (0.0243)	0.7045 *** (0.0203)	0.6775 *** (0.0199)	1.6556 *** (0.0410)	1.1248 *** (0.0321)	1.0228 *** (0.0312)
企业年龄	-0.7762 *** (0.0440)	-0.6239 *** (0.0374)	-0.5657 *** (0.0344)	-1.4785 *** (0.0767)	-1.0691 *** (0.0613)	-0.9511 *** (0.0556)
企业隶属关系	0.0006 (0.0022)	-0.0004 (0.0019)	-0.0014 (0.0018)	-0.0030 (0.0038)	-0.0038 (0.0031)	-0.0029 (0.0028)
企业所有制	-0.0763 *** (0.0295)	-0.0872 *** (0.0249)	-0.0406 * (0.0232)	-0.1257 ** (0.0500)	-0.1371 *** (0.0401)	-0.0592 * (0.0359)
拟合优度	0.0244	0.0172	0.0163	0.0298	0.0206	0.0189
观测值	4701365	4701365	4701365	4701365	4701365	4701365

注：*、**、*** 分别表示在10%、5%和1%的水平上显著，括号内为稳健标准差。创新=创新数量×（创新质量+1）。面板A是没有加入任何控制变量的结果，面板B中加入了上述企业控制变量。

（七）新的控制组

1995年之前有63个地级市成立过开发区，这些城市可能与那些从未设立过国家技术开发区的城市具有不同特征，不适合统一放入控制组。为此，笔者删除这63个地级市，获得新的控制组。回归结果依旧稳健，详见表4-13。

1995年之前成立过国家技术开发区的地级市大多为发达城市，包括四个直辖市和一些沿海城市，这些城市的创新能力较强。如果删除这些城市，则意味着处理组（1995年之后成立国家技术开发区的城市）将比控制组（从未设立过国家技术开发区的城市）更加具有创新能力，从而内生性问题将会更加严重。因此，笔者保留这些样本。后文事件研究法的结果显示，国家技术开发区的设立对创新的影响是逐年增强的，这意味着，保留这63个城市，只会低估，而不是高估国家技术开发区对创新的影响。

表4–13　　　国家技术开发区对创新的影响（新的控制组）

因变量	发明专利	发明授权	未授权发明公开	发明专利	发明授权	未授权发明公开
面板A：创新数量							
DID变量	0.8665***	0.4093***	0.5935***	0.9329***	0.4426***	0.6389***
	(0.0765)	(0.0574)	(0.0529)	(0.0783)	(0.0591)	(0.0549)
控制变量	无	无	无	有	有	有
拟合优度	0.0195	0.0128	0.0121	0.0218	0.0144	0.0135
观测值	2353845	2353845	2353845	2269704	2269704	2269704
面板B：创新质量							
DID变量	0.2289***	0.1443***	0.1809***	0.2560***	0.1636***	0.1991***
	(0.0531)	(0.0478)	(0.0371)	(0.0545)	(0.0493)	(0.0381)
控制变量	无	无	无	有	有	有
拟合优度	0.0066	0.0048	0.0039	0.0076	0.0055	0.0044
观测值	2353845	2353845	2353845	2269704	2269704	2269704
面板C：创新							
DID变量	1.0574***	0.5289***	0.7334***	1.1461***	0.5773***	0.7937***
	(0.1098)	(0.0880)	(0.0742)	(0.1123)	(0.0905)	(0.0768)
控制变量	No	No	No	Yes	Yes	Yes
拟合优度	0.0152	0.0097	0.0096	0.0172	0.0111	0.0108
观测值	2353845	2353845	2353845	2269704	2269704	2269704

注：*、**、***分别表示在10%、5%和1%的水平上显著，括号内为稳健标准差。创新=创新数量×（创新质量+1）。表中第2—4列是未加入控制变量的结果，第5—7列是加入控制变量的结果。

第四章　中观实证：国家技术开发区之创新繁荣与泡沫

第四节　动态效应分析

一　事件研究法

前文从静态层面实证表明，成立国家技术开发区可以促进创新。为更好地了解国家技术开发区设立对创新的动态影响，将 DID 变量替换为一系列年份虚拟变量 $\sum_{T=-10, T \neq -1}^{10} D_i^T$，即地级市 i 在开发区成立前（后）第 T 年。如果 $year - year_{i0} = T$，则 $D_i^T = 1$，否则为 0。其中，$year$ 表示当年，$year_{i0}$ 表示地级市 i 成立开发区的年份。由于时间跨度太长容易导致较大误差，参照现有文献[①][②]的做法，本章仅考虑开发区成立前（后）10 年，将 10 年及以上统一划归为 10 年，即如果 $year - year_{i0} \leq -10$，则 $D_i^{-10} = 1$，否则为 0；如果 $year - year_{i0} \geq 10$，则 $D_i^{10} = 1$，否则为 0。忽略开发区成立前一年的虚拟变量 D_i^{-1}，从而所有其他虚拟变量的系数都是相对于成立开发区前一年的效应。由于部分地级市在不同年份分别成立了开发区，$year_{i0}$ 遵循就近原则，即第一次与第二次成立开发区的年份之间以第一次为基准，第二次与第三次之间以第二次为基准，以此类推；对开发区成立前的时隔以第一次成立开发区的年份为基准。

虚拟变量的系数和 95% 置信区间的估计结果见图 4-3。可以发现，创新在成立开发区之后迅速出现了显著正向变化，这说明，国家技术开发区的成立对创新的促进作用是立竿见影的。创新效应不断增强，这可能是由于随着开发区成立的时间越长，在不断试错过程中政府与市场关系变得更加协调。Alder 等[③]研究也发现，特殊经济区的政策效果有一定时滞，在成

[①] Beck, T., Levine, R., Levkov, A., "The big bad Banks? The winners and losers from bank deregulation in the United States", *The Journal of Finance*, Vol. 65, No. 5, 2010.

[②] Wang, J., "The economic impact of special economic zones: Evidence from Chinese municipalities", *Journal of Development Economics*, Vol. 101, 2013.

[③] Alder, S., Shao, L., Zilibotti, F., "Economic reforms and industrial policy in a panel of Chinese cities", *Journal of Economic Growth*, Vol. 21, No. 4, 2016.

立后的第十年效果最为明显。此外，成立开发区之前各变量的系数则不显著异于零，且无明显变化趋势，这进一步说明前文所用的渐进 DID 估计的内生性问题并不严重。

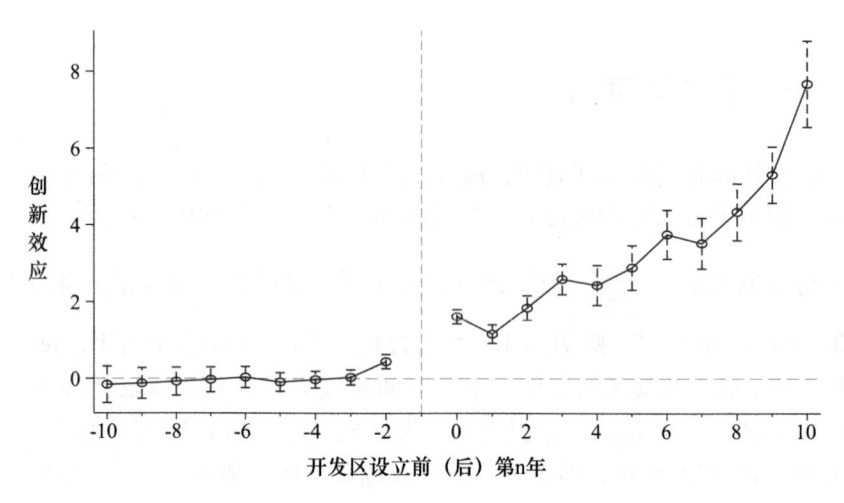

图 4-3　国家技术开发区设立前后创新效应的变化

二　国际金融危机前后效应比较

（一）国际金融危机前后的创新效应

现有相关文献①②③均未对比分析国际金融危机前后中国设立的开发区对技术创新产生的影响有何差异。基于前文分析，这里将国家技术开发区的成立分为两个阶段：国际金融危机前（1995—2008 年）和国际金融危机后（2009—2013 年）。回归结果见表 4-14，国际金融危机之前，各类专利的数量、质量、创新对应的 DID 系数均显著为正，这意味着，这期间

---

① Wang, J., "The economic impact of special economic zones: Evidence from Chinese municipalities", *Journal of Development Economics*, Vol. 101, 2013.
② Moberg, L., "The political economy of special economic zones", *Journal of Institutional Economics*, Vol. 11, No. 1, 2015.
③ Zheng, G., Barbieri, E., Di, Tommaso, M. R., et al., "Development zones and local economic growth: Zooming in on the Chinese case", *China Economic Review*, Vol. 38, No. C, 2016.

成立的国家技术开发区促进了各类发明专利数量增长和质量提升。实际上，1997—2009年，只是零星地设立国家技术开发区，更多是为了适应经济发展需要，国家技术开发区的设立更加理性。

国际金融危机之后，各类专利数量对应的DID系数均显著为正，但各类专利质量对应的DID系数均不显著，这意味着，这期间盲目成立的国家技术开发区的确促进了创新数量的增长，却抑制了平均创新质量的提升。同时考虑创新数量和质量之后，国家技术开发区的设立对创新依旧有显著正向的影响。国际金融危机后专利质量的显著为负很大程度上可能是由这一期间国家技术开发区成立的非理性所导致的。当然，也可能由于本章样本仅截止到2013年，时间太短效果尚未显现，但事件研究法的结果表明，国家技术开发区的创新效应基本是立竿见影的。此外，对创新数量的影响显著为正，这进一步说明与时间短的关系不大。因此，其原因仍可归结为开发区设立的非理性。这实际上可视为一种创新泡沫，即低质量创新的大量增长。

总之，国际金融危机之前成立的国家技术开发区较好地促进了创新质量提升，但国际金融危机之后兴起的国家技术开发区成立高潮却抑制了创新质量。

表4-14　　国家技术开发区的创新效应（国际金融危机前后）

因变量	国际金融危机前（1995—2008年）			国际金融危机后（2009—2013年）		
	发明专利	发明授权	未授权发明公开	发明专利	发明授权	未授权发明公开
面板A：创新数量						
DID变量	1.1466***	0.7022***	0.6458***	0.5059***	0.1913***	0.4255***
	(0.1143)	(0.0881)	(0.0764)	(0.0712)	(0.0506)	(0.0594)
控制变量	有	有	有	有	有	有
拟合优度	0.0113	0.0083	0.0066	0.0082	0.0055	0.0050
观测值	3019015	3019015	3019015	1682350	1682350	1682350
面板B：创新质量						
DID	1.0170***	0.7074***	0.6059***	-0.1766***	-0.1057**	-0.1067***
	(0.0939)	(0.0818)	(0.0637)	(0.0506)	(0.0464)	(0.0402)

续表

因变量	国际金融危机前（1995—2008 年）			国际金融危机后（2009—2013 年）		
	发明专利	发明授权	未授权发明公开	发明专利	发明授权	未授权发明公开
控制变量	有	有	有	有	有	有
拟合优度	0.0079	0.0059	0.0046	0.0009	0.0005	0.0007
观测值	3019015	3019015	3019015	1682350	1682350	1682350
面板 C：创新							
DID	1.9415 ***	1.2441 ***	1.0994 ***	0.3749 ***	0.1179	0.3406 ***
	(0.1828)	(0.1481)	(0.1197)	(0.0976)	(0.0761)	(0.0799)
控制变量	有	有	有	有	有	有
拟合优度	0.0114	0.0083	0.0067	0.0030	0.0015	0.0024
观测值	3019015	3019015	3019015	1682350	1682350	1682350

注：*、**、*** 分别表示在 10%、5% 和 1% 的水平上显著，括号内为稳健标准差。创新 = 创新数量 ×（创新质量 + 1）。

（二）国际金融危机前后的自主创新效应

上一小节验证了国家技术开发区的创新效应，接下来进一步验证其自主创新效应。以自主创新作为因变量，对国际金融危机前后进行分组回归。与前文一致，分别用原始创新或集成创新表示自主创新。结果见表 4-15。

以原始创新作为因变量时，国际金融危机前后的 DID 系数都显著为正。当然，国际金融危机后的系数值明显小于国际金融危机前。当然，这也可能是由于国际金融危机后的政策评估时间太短，事件研究法结果表明，随着时间推移，创新效应会更加明显。

以集成创新作为因变量时，国际金融危机前的 DID 系数都显著为正，但国际金融危机后的 DID 系数不全显著，且系数值明显小于金融危机前。这进一步说明，国际金融危机后，国家技术开发区对自主创新的促进作用并不比之前更好。

由此可以得出初步结论，在样本期间，国家技术开发区"二次创业"的成效似乎并不理想。

表4-15　国家技术开发区的自主创新效应（国际金融危机前后）

因变量	国际金融危机前（1995—2008年）			国际金融危机后（2009—2013年）		
	发明专利	发明授权	未授权发明公开	发明专利	发明授权	未授权发明公开
原始创新							
DID变量	2.4858***	1.6021***	1.3465***	0.5143***	0.3295***	0.3120***
	(0.2522)	(0.2043)	(0.1639)	(0.1322)	(0.1080)	(0.1639)
控制变量	有	有	有	有	有	有
拟合优度	0.0083	0.0059	0.0050	0.0027	0.0018	0.0018
观测值	3019015	3019015	3019015	1682350	1682350	1682350
集成创新							
DID变量	2.4838***	1.6804***	1.3132***	0.4361**	0.1903	0.2724*
	(0.2392)	(0.1907)	(0.1645)	(0.1752)	(0.1466)	(0.1408)
控制变量	有	有	有	有	有	有
拟合优度	0.0097	0.0068	0.0060	0.0035	0.0027	0.0021
观测值	3019015	3019015	3019015	1682350	1682350	1682350

注：*、**、***分别表示在10%、5%和1%的水平上显著，括号内为稳健标准差。

第五节　异质性分析

本章从三个方面对国家技术开发区影响创新的效应进行异质性分析。第一是分行业。考虑到国家技术开发区更多是针对高技术产业，笔者区分高技术产业和非高技术产业。中国高技术产业起步落后于西方发达国家。1986年3月中国正式启动《国家高技术研究发展计划》（"863计划"），拉开了高技术研发的序幕，并在短短三十年间实现了飞跃式发展。尽管中国高技术产业增加值和高技术产品出口增加值均已超过美国，但高技术产业劳动生产率却没有产生明显的赶超趋势。中国相对于美国的高技术产业劳动生产率,从2000年的8.36%上升至2013年的8.66%[①],仅提高了0.3个百分点,仍与美国存在巨大落差。高技术产业创新能力的不足已成为制约高技术产业竞争力提升和进一步发展的重要瓶颈。

第二是分企业所有制。2014年时任李克强总理在夏季达沃斯论坛上首次提出"大众创业,万众创新"新理念,随后这一理念进入《政府工作报告》等中央官方文件。这里的"万众创新"便包括各种所有制类型的企业。中国创新政策是否促进了各类企业(尤其是民营企业)的创新?

第三是分地区。改革开放以来中国地区经济差距存在拉大趋势,那么中国的创新差距是否也会出现类似的结果。本章根据"四大板块"区分东部、中部、西部、东北;并根据城市级别区分直辖市、副省级城市、较大的城市、一般的城市,检验国家技术开发区的设立是否扩大了地区创新差距。

一 国家技术开发区促进了各类所有制企业的创新吗?

笔者将企业所有制分为三类分别进行回归,即国有企业、民营企业与外资企业。由于不同所有制企业在经营目标、管理水平、政策待遇等方面都存在较大差异,国家技术开发区的成立可能会对这些企业的创新造成不同的影响。

回归结果见表4-16。对国有企业而言,各种专利的DID系数均显著为正。这意味着,国家技术开发区的设立促进了国有企业创新,不仅促进了创新数量增长,也促进了创新质量提升。对民营企业而言,各类专利的DID系数均显著为正,唯一例外是发明授权专利质量对应的DID系数不显著。相对未授权发明公开专利而言,发明授权专利的质量更高,这意味着,国家技术开发区的成立对民营企业创新数量增长有显著促进作用,但其对民营企业创新质量的促进作用逊于国有企业。

对外资企业而言,各类专利数量对应的DID系数均显著为正,但各类

[①] 中国、美国高技术产业增加值数据来源为美国国家科学基金会,现价美元;中国高技术产业就业人员数来源为《中国高技术产业统计年鉴》,美国高技术产业从业人员数来源为美国国家科学基金会。

专利质量对应的 DID 系数均不显著。这意味着，国家技术开发区的设立对外资企业创新数量的增长有显著促进作用，但并没有很好地提升外资企业的创新质量，这可能是由于外资企业与内资企业之间的不公平竞争抑制了外资企业创新质量的提升。

总之，国家技术开发区的设立很好地促进了国有企业创新，但对于提升民营企业和外资企业创新的促进作用则相对比较有限。

表 4 - 16　　　　　　　不同所有制企业的创新效应

被解释变量	国有企业			民营企业			外资企业		
	发明专利	发明授权	未授权发明公开	发明专利	发明授权	未授权发明公开	发明专利	发明授权	未授权发明公开
面板 A：创新数量									
DID 变量	1.4332*** (0.2115)	0.9617*** (0.1687)	0.7679*** (0.1490)	1.1740*** (0.0774)	0.3433*** (0.0542)	1.0458*** (0.0610)	0.6254*** (0.1349)	0.2541** (0.1060)	0.4804*** (0.0982)
控制变量	有	有	有	有	有	有	有	有	有
拟合优度	0.0321	0.0252	0.0224	0.0275	0.0188	0.0170	0.0266	0.0200	0.0151
观测值	937542	937542	937542	2888567	2888567	2888567	875256	875256	875256
面板 B：创新质量									
DID 变量	0.5577*** (0.1231)	0.4888*** (0.1137)	0.2200** (0.0870)	0.1179** (0.0458)	0.0613 (0.0414)	0.1264*** (0.0345)	0.1031 (0.0682)	0.0556 (0.0618)	0.0802 (0.0504)
控制变量	有	有	有	有	有	有	有	有	有
拟合优度	0.0110	0.0095	0.0075	0.0086	0.0063	0.0052	0.0097	0.0074	0.0056
观测值	937542	937542	937542	2888567	2888567	2888567	875256	875256	875256
面板 C：创新									
DID 变量	1.8850*** (0.2921)	1.3562*** (0.2458)	0.9349*** (0.2010)	1.2845*** (0.1035)	0.3928*** (0.0790)	1.1556*** (0.0793)	0.7152*** (0.1739)	0.2977** (0.1416)	0.5438*** (0.1249)
控制变量	有	有	有	有	有	有	有	有	有
拟合优度	0.0256	0.0200	0.0178	0.0214	0.0139	0.0135	0.0219	0.0158	0.0126
观测值	937542	937542	937542	2888567	2888567	2888567	875256	875256	875256

注：*、**、*** 分别表示在 10%、5% 和 1% 的水平上显著，括号内为稳健标准差。创新 = 创新数量 × (创新质量 +1)。

二 国家技术开发区促进了高技术产业创新吗？

为识别对高技术产业的创新促进作用，设置中低技术产业虚拟变量（以下简称"中低技术变量"），若企业不属于高技术产业，则该变量为1，否则为0，然后计算其与DID变量的交互项，将此交互项作为解释变量加入模型（1）进行回归，其他变量保持不变。高技术产业分类来自《高技术产业统计分类目录》，为统一历次版本的分类，"核燃料加工"不作为高技术产业。

估计结果见表4-17，就发明专利整体而言，不管是否加入控制变量，创新数量、创新质量和创新对应的DID系数均显著为正，这意味着，国家技术开发区的设立显著促进了高技术产业的创新。

DID系数与中低技术变量系数之和即为中低技术产业对应的DID系数，从数值大小看，二者之和始终为正，这意味着，国家技术开发区的设立也促进了中低技术产业的创新。但二者之和远小于DID系数值，这意味着，相比于高技术产业，国家技术开发区对中低技术产业创新的促进作用非常小，这可能是由于国家技术开发区的主要目标是推动高技术产业发展，但这也在一定程度上表明，高技术产业对中低技术产业的创新溢出仍不充分。

总之，国家技术开发区的设立显著促进了高技术产业的发展，但其对中低技术产业的创新溢出较小。

表4-17　　国家技术开发区对高技术产业创新的影响

被解释变量	发明专利	发明授权	未授权发明公开	发明专利	发明授权	未授权发明公开
面板A：创新数量						
DID变量	5.6602***	3.7266***	3.5223***	5.5985***	3.6929***	3.4782***
	(0.2554)	(0.1981)	(0.1926)	(0.2570)	(0.2002)	(0.1940)
DID×中低技术	-5.0777***	-3.6855***	-2.9371***	-4.9888***	-3.6372***	-2.8732***
	(0.2562)	(0.1984)	(0.1932)	(0.2580)	(0.2007)	(0.1948)
控制变量	无	无	无	有	有	有

续表

被解释变量	发明专利	发明授权	未授权发明公开	发明专利	发明授权	未授权发明公开
拟合优度	0.0276	0.0196	0.0169	0.0304	0.0218	0.0186
观测值	4859810	4859810	4859810	4701365	4701365	4701365
面板 B：创新质量							
DID 变量	0.8234*** (0.1183)	0.7107*** (0.1093)	0.6097*** (0.0893)	0.7918*** (0.1196)	0.6797*** (0.1107)	0.5916*** (0.0901)
DID×中低技术	−0.7324*** (0.1187)	−0.6738*** (0.1096)	−0.5385*** (0.0896)	−0.6909*** (0.1199)	−0.6338*** (0.1110)	−0.5134*** (0.0904)
控制变量	无	无	无	有	有	有
拟合优度	0.0088	0.0065	0.0053	0.0099	0.0074	0.0060
观测值	4859810	4859810	4859810	4701365	4701365	4701365
面板 C：创新							
DID 变量	6.3618*** (0.3197)	4.2963*** (0.2593)	3.9978*** (0.2385)	6.2713*** (0.3213)	4.2365*** (0.2617)	3.9385*** (0.2401)
DID×中低技术	−5.7019*** (0.3206)	−4.2300*** (0.2598)	−3.3528*** (0.2394)	−5.5748*** (0.3223)	−4.1477*** (0.2623)	−3.2675*** (0.2410)
控制变量	无	无	无	有	有	有
拟合优度	0.0216	0.0147	0.0135	0.0240	0.0164	0.0149
观测值	4859810	4859810	4859810	4701365	4701365	4701365

注：*、**、*** 分别表示在10%、5%和1%的水平上显著，括号内为稳健标准差。创新=创新数量×（创新质量+1）。

三 国家技术开发区促进了各地区的创新吗？

本章从两个方面考察创新发展的地区差距，一是不同级别城市之间的差距，二是四大板块（东部、中部、西部、东北部）之间的差距。

根据地级市的行政地位可以将其分为四种类型：直辖市（4个）、副省级城市（15个）、较大的城市（19个）、一般的城市（306个），分别赋值1、2、3、4的级别变量①，计算城市级别变量与DID变量的交互项，将这个交互项作为解释变量加入模型（1）进行回归，其他变量保持不变。

城市级别的估计结果见表4-18第2—4列。创新数量的城市级别变量显著为负，这意味着，城市级别越高，成立国家技术开发区越能促进创新数量提升，从而拉大地区差距。但创新质量的城市级别变量不显著，这表明，尽管大城市成立国家技术开发区带来其创新数量的更快增长，但并没有带来其创新质量的更快提升。以创新作为因变量时，城市级别变量依旧显著为负，这意味着，国家技术开发区的设立的确扩大了创新发展的地区差距。

为了进一步验证上述结论的可靠性，本章根据中国区域发展战略将全国划分为四大板块：东部、中部、西部、东北部②。由于东部地区创新能力最强，以东部地区作为参照，考察其他地区对东部地区的追赶效应。其他三个地区并不存在明显的等级关系，故此处不用等级变量，而分别设置中部、西部和东北地区的虚拟变量，并分别计算其与DID变量的交互项，将这三个交互项作为解释变量加入模型（1）进行回归，其他变量保持不变。

四大板块的估计结果见表4-18第6—8列。各类发明专利数量、质量、创新对应的DID系数均显著为正，进一步验证了基准回归估计结果的稳健性。先看看创新数量估计结果（见面板A），就发明专利整体而言，中部、西部、东北的系数均显著为负，这意味着，国家技术开发区的成立导致其他三大板块的创新数量与东部地区的差距拉大。再看看创新质量估计结果（见面板B），就发明专利整体而言，中部的系数显著为正，西部的系数也微弱显著为正，这意味着，中部和西部地区创新质量对东部地区存在追赶趋势，从另一方面也说明，东部地区成立的国家技术开发区存在盲目追求创新数量增长，忽视创新质量提升的状况；东北的系数显著为负，这说明，国家技术开发区的成立使得东北地区的创新质量与其他三个地区的差距拉大。东北地区的问题值得引起高度重视，尤其是近几年东北

---

① 其中，副省级城市与较大的城市有4个重复，归入副省级城市。
② 东部地区包括10个省份：北京、天津、河北、上海、江苏、浙江、福建、山东、广东、海南；中部地区包括6个省份：山西、安徽、江西、河南、湖北、湖南；西部地区包括12个省份：内蒙古、广西、重庆、四川、贵州、云南、西藏、陕西、甘肃、青海、宁夏、新疆；东北地区包括3个省份：辽宁、吉林、黑龙江。鉴于数据可得性，不包括香港、澳门和台湾地区。

地区的 GDP 增速排名连续垫底。最后看看创新的估计结果（见面板 C），就发明专利整体而言，中部的系数不显著，西部和东北的系数显著为负，这意味着，国家技术开发区的成立并没有带来其他地区对东部地区的创新追赶，反而还抑制了西部和东北对东部地区的追赶，整体上扩大了创新发展的不平衡。

总之，国家技术开发区的设立扩大了创新发展的不平衡，不仅扩大了不同城市间的创新差距，也抑制了其他地区对东部地区的创新追赶。这与 Zheng 等[①]结论比较类似，该文研究表明，特殊经济区对发达地区的经济发展促进作用更大。

表 4-18　　　　　　　　　　　不同地区的创新效应

被解释变量	不同城市级别			被解释变量	四大板块		
	发明专利	发明授权	未授权发明公开		发明专利	发明授权	未授权发明公开
面板 A：创新数量							
DID 变量	2.8411***	1.5909***	2.0080***	DID 变量	1.1953***	0.4525***	0.9497***
	(0.1590)	(0.1178)	(0.1212)		(0.0705)	(0.0520)	(0.0533)
城市级别×DID	-0.6392***	-0.4331***	-0.4105***	中部	-0.3250*	-0.1646	-0.1288
	(0.0467)	(0.0344)	(0.0354)		(0.1696)	(0.1278)	(0.1255)
控制变量	Yes	Yes	Yes	西部	-0.7368***	-0.0631	-0.8082***
拟合优度	0.0294	0.0208	0.0180		(0.1887)	(0.1469)	(0.1305)
观测值	4701365	4701365	4701365	东北部	-2.4282***	-1.6172***	-1.2178***
					(0.2042)	(0.1417)	(0.1624)
				控制变量	Yes	Yes	Yes
				拟合优度	0.0292	0.0207	0.0179
				观测值	4701365	4701365	4701365
面板 B：创新质量							
DID 变量	0.1189	0.1401*	0.1540**	DID 变量	0.1637***	0.1049***	0.1193***
	(0.0816)	(0.0743)	(0.0599)		(0.0376)	(0.0341)	(0.0280)

[①] Zheng, G., Barbieri, E., Di, Tommaso, M. R., et al., "Development zones and local economic growth: Zooming in on the Chinese case", *China Economic Review*, Vol. 38, No. C, 2016.

续表

被解释变量	不同城市级别			被解释变量	四大板块		
	发明专利	发明授权	未授权发明公开		发明专利	发明授权	未授权发明公开
城市级别×DID	0.0160 (0.0245)	-0.0132 (0.0223)	-0.0105 (0.0180)	中部	0.2962*** (0.0984)	0.1276 (0.0879)	0.2886*** (0.0728)
控制变量	Yes	Yes	Yes	西部	0.2255* (0.1158)	0.2351** (0.1063)	0.0773 (0.0822)
拟合优度	0.0099	0.0074	0.0060	东北部	-0.7425*** (0.1096)	-0.5374*** (0.0993)	-0.3805*** (0.0780)
观测值	4701365	4701365	4701365	控制变量	Yes	Yes	Yes
				拟合优度	0.0099	0.0074	0.0060
				观测值	4701365	4701365	4701365

面板 C：创新

DID 变量	2.9511*** (0.2042)	1.6960*** (0.1609)	2.1360*** (0.1529)	ID 变量	1.3345*** (0.0923)	0.5308*** (0.0723)	1.0480*** (0.0685)
城市级别×DID	-0.6285*** (0.0603)	-0.4424*** (0.0474)	-0.4199*** (0.0450)	中部	-0.0772 (0.2303)	-0.0459 (0.1826)	0.0997 (0.1683)
控制变量	Yes	Yes	Yes	西部	-0.5637** (0.2626)	0.1335 (0.2169)	-0.7741*** (0.1786)
拟合优度	0.0234	0.0159	0.0146	东北部	-3.0058*** (0.2697)	-2.0145*** (0.2054)	-1.5077*** (0.2047)
观测值	4701365	4701365	4701365	控制变量	Yes	Yes	Yes
				拟合优度	0.0234	0.0159	0.0145
				观测值	4701365	4701365	4701365

注：*、**、***分别表示在10%、5%和1%的水平上显著，括号内为稳健标准差。创新=专利数量×（创新质量+1）。

第四章　中观实证：国家技术开发区之创新繁荣与泡沫

第六节　技术学习机制及其演化

一　模型设定

第二章对自主开发与技术引进的互动演化进行了深入的理论分析。也有不少文献对自主开发与技术引进的互动关系进行了模型化。

张海洋[1]用两位数行业研发投入表示自主开发，用两位数行业外资活动表示技术引进，并用自主开发和技术引进的交互项衡量吸收能力（技术溢出效应），用自主开发的一次项表征创造能力，用技术引进的一次项表示技术引进的竞争效应等，分析其对两位数行业生产率的影响。

曲如晓和李雪[2]用企业研发投入表示自主开发，用（两位数行业）外国在华专利表示技术引进，并用自主开发和技术引进的交互项分析吸收能力（即引进技术的溢出效应），用自主开发的一次项表征创造能力，用技术引进的一次项表示竞争效应等其他途径，分析其对上市企业发明申请量的影响。

Griliches[3]的知识生产函数较早提出了研发投入对创新的影响，Moreno 等[4]、Eaton 和 Kortum[5]等进一步考虑了外部技术知识的重要性。据此，本章可得出如下简化模型。

$$Inn = A(Dev)^{\gamma_1}(Acq)^{\gamma_2} \quad (4.3)$$

其中，Inn 表示创新（Innovation）Dev 表示自主开发（Develop），Acq 表示技术引进（Acquire）。两边取对数之后得到如下模型：

$$\ln(Inn) = \ln A + \gamma_1 \ln(Dev) + \gamma_2 \ln(Acq) \quad (4.4)$$

---

[1] 张海洋：《R&D 两面性、外资活动与中国工业生产率增长》，《经济研究》2005 年第 5 期。
[2] 曲如晓、李雪：《外国在华专利、吸收能力与中国企业创新——基于中国上市公司的实证研究》，《经济学动态》2020 年第 2 期。
[3] Griliches, Z., "Issues in assessing the contribution of R&D to productivity growth", *Bell Journal of Economics*, Vol. 10, No. 1, 1979.
[4] Moreno, R., Paci, R., Usai, S., "Spatial spillovers and innovation activity in European regions", *Environment and Planning A*, Vol. 37, No. 10, 2005.
[5] Eaton, J., Kortum, S., "Patents and information diffusion", *Frontiers of Economics and Globalization*, Vol. 2, No. 7, 2007.

Cohen 和 Levinthal[1]开创性地指出,自主开发除了具备创造能力,还具备吸收能力。后来许多文献也研究了自主开发通过提升吸收能力促进技术引进的消化吸收[2][3][4]。因此,可以加入第三项:自主开发与技术引进的交互项。

$$\ln(Inn) = \ln A + \gamma_1 \ln(Dev) + \gamma_2 \ln(Acq) + \gamma_3 \ln(Dev)\ln(Acq) \quad (4.5)$$

基于上述理论分析可知,γ_1反映的是自主开发的创造能力,γ_3反映的是自主开发的吸收能力或技术引进的溢出效应,γ_2反映的是技术引进的竞争效应等。[5]

将上述理论模型合并到实证模型(4.1),便得到如下实证模型(4.6):

$$\begin{aligned} y_{it} = & \beta_0 + \gamma\, did_{imt} + \gamma_1\, did_{imt} * \ln(Dev_{it}) + \gamma_2\, did_{imt} * \ln(Acq_{it}) + \\ & \gamma_3\, did_{imt} * \ln(Dev_{it}) * \ln(Acq_{it}) + F_i + Y_t + YP_{ipt} + YS_{ist} + \\ & \sum \delta\, X_{it} + \varepsilon_{it} \end{aligned} \quad (4.6)$$

各相关变量的解释与实证模型(4.1)相同。

二 变量说明

为保证结果的统一性,这里使用的控制变量与基准回归相同。核心解释变量依旧是反映国家技术开发区设立的 DID 项,新加入三个核心解释变量:自主开发与 DID 项的交互项,技术引进与 DID 项的交互项,自主开发、技术引进与 DID 项的交互项。

自主开发用每个地级市层面的产学研合作专利数;技术引进用每个地级市的 FDI 表示;无形技术的引进用国外关联度衡量,即专利引证的外文科学文献和外国专利占其所有引用的科学文献和专利的比重,同样归总到

---

[1] Cohen, W., Levinthal, D., "Innovation and learning: The two faces of R&D", *Economic Journal*, Vol. 99, 1989.

[2] Nonaka, I., Takeuchi, H., *The knowledge-creation company: How Japanese companies create the dynamics of innovation*, Oxford: Oxford University Press, 1995.

[3] 张海洋:《R&D 两面性、外资活动与中国工业生产率增长》,《经济研究》2005 年第 5 期。

[4] 曲如晓、李雪:《外国在华专利、吸收能力与中国企业创新——基于中国上市公司的实证研究》,《经济学动态》2020 年第 2 期。

[5] 需要说明的是,仅从公式中的交互项很难看出到底是自主开发还是技术引进起基础性作用,这需要通过理论分析和实证结果进行识别。

第四章　中观实证：国家技术开发区之创新繁荣与泡沫

地级市层面。

需要说明的是，由于本章自主开发变量使用的是地级市层面的产学研合作专利数，而因变量是企业层面的专利数量、专利质量等，二者之间存在的内生性相对较小。实际上，在现有文献中，宏观层面的均值常常作为微观企业层面的工具变量，以缓解内生性问题。[①] 本章没有使用地级市的高校科研机构数量或者其科研人员数量衡量自主开发，因为这些变量无法反映高校科研机构的技术知识是否真正为企业所用，而产学研合作专利则反映了这一因素。此外，合作申请专利的含义并不仅局限于这一行为本身，其背后可能存在更为广泛的创新合作。根据作者的调研经历，专利合作背后往往还会有其他各方面的合作，如合作承担研发项目、联合设立研究机构等正式合作，以及人才网络、知识交流与共享等非正式合作。

三　假设检验

先分别加入自主开发与 DID 交互项（以下简称"自主开发交互项"）或技术引进与 DID 交互项（以下简称"技术引进交互项"）进行作用机制检验，结果分别见表 4-19 第 2—4 列和第 5—7 列。因变量分别使用创新数量、创新质量、创新（同时考虑创新数量和质量）、原始创新、集成创新，结果分别见表 4-19 面板 A、面板 B、面板 C、面板 D、面板 E。

先看看整个样本期间的结果（第 2 列和第 5 列）。各回归模型中的交互项系数基本显著为正，这意味着，自主开发和技术引进都是国家技术开发区促进创新的重要机制。唯一的例外是，当创新质量作为因变量时，技术引进交互项的系数不显著，但国际金融危机前该系数是显著为正的。与基准回归中不同，加入机制之后 DID 项显著为负，这进一步表明，这两种机制能够解释国家技术开发区创新效应的大部分内容。研究假设 3A 得到验证。

为了识别两种机制的演化，需要区分国际金融危机前后的效应。就自主开发而言（第 3—4 列），几乎所有的交互项系数都显著为正。唯一的例外是创新质量对应的交互项系数在国际金融危机后显著为负。这意味着，国际金融危机后，自主开发促进创新质量的作用没有得到很好的发挥。

[①] 李春涛、宋敏：《中国制造业企业的创新活动：所有制和 CEO 激励的作用》，《经济研究》2010 年第 5 期。

就技术引进而言（第6—7列），几乎所有的交互项系数都显著为正。有两个例外：（1）国际金融危机后创新质量对应的交互项系数显著为负，这也直接导致了国际金融危机后创新对应的交互项系数不显著；（2）自主创新（包括原始创新和集成创新）对应的交互项系数不显著。考虑到国际金融危机后技术引进速度明显放缓的大环境（见第一章第三节），这意味着，技术引进已经难以成为中国技术创新的关键动力，尤其在提升创新质量和推动自主创新方面更是如此。这也意味着中国必须尽快从模仿创新向自主创新转型。这也表明，随着技术学习能力的提升，技术引进相对于自主开发的重要性不断下降。研究假设4A得到验证。

正如第四章第一节所述，国家技术开发区"二次创新"更加注重自主开发。Kim[1]也分析指出，当一个国家从模仿创新转向自主创新时，自主开发相对于技术引进的重要性会日益突出。本章的实证结果已经揭示了技术引进的作用相对下降。然而，自主开发在推动创新质量方面的作用却没有很好地发挥出来，弥补技术引进作用的相对下降。

表4-19　　　　　　　　　　机制：自主开发或技术引进

因变量	自主开发			技术引进		
	1995—2013年	1995—2008年	2009—2013年	1995—2013年	1995—2008年	2009—2013年
面板A：创新数量						
DID变量	-1.5344***	-0.7961***	-0.4876***	-3.1168***	-1.4706***	-0.8943***
	(0.0981)	(0.1240)	(0.1097)	(0.1575)	(0.2047)	(0.1668)
技术学习机制*DID	0.7925***	0.7920***	0.2908***	0.7704***	0.5211***	0.2540***
	(0.0324)	(0.0671)	(0.0335)	(0.0326)	(0.0535)	(0.0333)
拟合优度	0.0299	0.0117	0.0083	0.0302	0.0117	0.0083
观测值	4701365	3019015	1682350	4502701	2858408	1644293
面板B：创新质量						
DID变量	-0.1775***	-0.5313***	0.5398***	-0.0150	-1.1277***	1.3638***
	(0.0623)	(0.1256)	(0.0897)	(0.0949)	(0.1960)	(0.1376)

---

[1] Kim, L., *Imitation to innovation: The dynamics of Korea's technological learning*, Boston: Harvard Business School Press, 1997.

续表

因变量	自主开发			技术引进		
	1995—2013年	1995—2008年	2009—2013年	1995—2013年	1995—2008年	2009—2013年
技术学习机制*DID	0.1041***	0.6312***	-0.2097***	0.0284	0.4238***	-0.2835***
	(0.0177)	(0.0564)	(0.0247)	(0.0175)	(0.0453)	(0.0253)
拟合优度	0.0099	0.0081	0.0010	0.0100	0.0081	0.0011
观测值	4701365	3019015	1682350	4502701	2858408	1644293
面板C：创新						
DID变量	-1.7027***	-1.2689***	-0.0381	-3.1838***	-2.3933***	0.2252
	(0.1359)	(0.2129)	(0.1592)	(0.2130)	(0.3436)	(0.2412)
技术学习机制*DID	0.8866***	1.3088***	0.1209***	0.8053***	0.8610***	0.0237
	(0.0428)	(0.1074)	(0.0468)	(0.0425)	(0.0861)	(0.0466)
拟合优度	0.0238	0.0118	0.0030	0.0240	0.0118	0.0030
观测值	4701365	3019015	1682350	4502701	2858408	1644293
面板D：自主创新（原始创新）						
DID变量	-2.0523***	-1.1897***	-0.2526	-3.3692***	-2.2559***	0.6311*
	(0.1884)	(0.3158)	(0.2278)	(0.2986)	(0.5139)	(0.3491)
技术学习机制*DID	1.0038***	1.4984***	0.2245***	0.8460***	0.9231***	-0.0252
	(0.0574)	(0.1486)	(0.0644)	(0.0577)	(0.1223)	(0.0654)
拟合优度	0.0186	0.0086	0.0027	0.0188	0.0086	0.0027
观测值	4701365	3019015	1682350	4502701	2858408	1644293
面板E：自主创新（集成创新）						
DID变量	-3.7490***	-1.9373***	-0.7112**	-6.3960***	-2.9486***	-0.1528
	(0.2328)	(0.2848)	(0.2823)	(0.3682)	(0.4638)	(0.4332)
技术学习机制*DID	1.7827***	1.8023***	0.3358***	1.5596***	1.0844***	0.1002
	(0.0742)	(0.1439)	(0.0838)	(0.0734)	(0.1139)	(0.0837)
拟合优度	0.0252	0.0100	0.0035	0.0253	0.0100	0.0035
观测值	4701365	3019015	1682350	4502701	2858408	1644293

注：所有回归结果都是加入了所有控制变量的结果。*、**、***分别表示在10%、5%和1%的水平上显著，括号内为稳健标准差。创新=创新数量×（创新质量+1）。

接下来同时加入三个交互项：自主开发交互项，技术引进交互项，自主开发、技术引进与 DID 的交互项。因变量分别使用创新（创新数量、创新质量、创新）和自主创新（原始创新、集成创新），分别见表 4-20 和表 4-21。下面对这两个表同时进行分析。

就自主开发交互项而言，基本显著为正，这意味着，自主开发的创造能力效应为正。唯一的例外是创新质量作为因变量时，国际金融危机后自主开发交互项的系数显著为负，这意味着，国际金融危机后创造能力在提升创新质量方面的作用相对变弱。这可能是由国际金融危机后的宏观规划中所提出的一系列创新数量增长目标所致。杨永恒[1]指出，发展规划在实现战略目标方面的作用不可替代，是中国取得重要成就的"秘诀"。国际金融危机后，中国出台了一系列重要创新战略，提出了一系列创新规划目标。2008 年国务院发布《国家知识产权战略纲要》，首次将知识产权上升到国家战略层面，并明确提出"将知识产权指标纳入科技计划实施评价体系和国有企业绩效考核体系"。这是创新数量目标考核的开端。随后，2010 年发布的"十二五"规划、2010 年国家知识产权局发布的《全国专利事业发展战略（2011—2020 年）》、2011 年国家知识产权局等 10 个部委联合发布的《国家知识产权事业发展"十二五"规划》都仅确立了创新数量发展目标。直到 2015 年才逐步提出创新质量目标，2015 年国家知识产权局等 28 个部门联合发布的《深入实施国家知识产权战略行动计划（2014—2020 年）》、2016 年国务院发布的《"十三五"国家知识产权保护和运用规划（2016—2020 年）》提出了专利维持年限、技术合同交易总额、知识产权使用费出口额、知识产权质押融资金额一系列创新质量目标，详见程文银[2]的讨论。俞立平等[3]研究也发现，自主研发对创新质量的促进作用远小于创新数量。这意味着，中国的创新发展违背了自主性引进原则，数量创造能力没有及时向质量创造能力演化，研究假设 4C 被证伪。

就技术引进交互项而言，国际金融危机后，不管因变量是创新（创新数量、创新质量、创新）还是自主创新（原始创新、集成创新），系数均显著为负，这意味着，国际金融危机后，技术引进对创新和自主创新产生

---

[1] 杨永恒：《发展规划定位的理论思考》，《中国行政管理》2019 年第 8 期。
[2] 程文银：《国家技术开发区与技术创新：基于自主性引进的视角》，博士学位论文，清华大学，2020 年。
[3] 俞立平、龙汉、彭长生：《创新数量与质量下自主研发与协同创新绩效研究》，《上海大学学报》（社会科学版）2020 年第 3 期。

了负面竞争效应。在国际金融危机前,创新数量和创新对应的系数均显著为正,但创新质量对应的系数不显著,自主创新对应的系数显著为负,这意味着,国际金融危机前,引进技术带来的竞争还是促进了国内创新,但在促进创新质量提升和推动自主创新方面的作用比较有限。

就自主开发、技术引进与 DID 的交互项而言,该系数均显著为正,这意味着,自主开发促进了引进技术的吸收,自主开发的吸收能力效应(或技术引进的溢出效应)为正。

总之,自主开发在技术学习过程中具有基础性作用,不仅能够直接促进创新(创造能力效应),还能够吸收引进的技术(吸收能力效应),因而是提升技术学习能力(创造能力和吸收能力)的基础。吸收能力是保证技术引进溢出效应为正的关键。至此,研究假设3B得到验证。

当然,为了更好地理解技术引进本身的演化,还需要进一步区分有形技术与无形技术的引进。需要说明的是,在表 4 - 20 中,以创新质量为因变量时,国际金融危机后自主开发交互项系数显著为负。这与表 4 - 21 中自主创新的自主开发交互项系数显著为正并不冲突。因为"创新质量"实际上包含了模仿创新,而"自主创新"也包含了创新数量。

表 4 - 20　　　　　创新效应机制:自主开发与技术引进

因变量	创新数量			创新质量		
	1995—2013 年	1995—2008 年	2009—2013 年	1995—2013 年	1995—2008 年	2009—2013 年
DID 变量	-2.6650*** (0.1555)	-0.5079*** (0.1865)	-0.8000*** (0.1667)	0.1544 (0.0947)	-0.3610* (0.1899)	1.3809*** (0.1378)
自主开发 * DID	0.4271*** (0.0423)	0.7632*** (0.0836)	0.1735*** (0.0448)	0.1408*** (0.0243)	0.5984*** (0.0792)	-0.0666** (0.0314)
技术引进 * DID	0.3867*** (0.0424)	0.1041** (0.0443)	-0.0990* (0.0591)	-0.1058*** (0.0237)	-0.0673 (0.0605)	-0.2533*** (0.0320)
自主开发 * 技术引进 * DID	9.1785*** (0.4329)	17.5506*** (0.5245)	5.7400*** (0.3027)	4.0259*** (0.2805)	15.0191*** (0.9230)	2.2583*** (0.2403)
控制变量	有	有	有	有	有	有
拟合优度	0.0449	0.0242	0.0166	0.0137	0.0149	0.0029
观测值	4502701	2858408	1644293	4502701	2858408	1644293

续表

因变量	创新数量 1995—2013年	创新数量 1995—2008年	创新数量 2009—2013年	创新质量 1995—2013年	创新质量 1995—2008年	创新质量 2009—2013年
	创新					
DID变量	-2.4098*** (0.2053)	-0.6871** (0.3089)	0.3437 (0.2338)	-2.5897*** (0.2098)	-0.7915** (0.3174)	0.3344 (0.2414)
自主开发*DID	0.5353*** (0.0549)	1.1901*** (0.1385)	0.1411** (0.0589)	0.5406*** (0.0561)	1.2586*** (0.1379)	0.1201** (0.0611)
技术引进*DID	0.2808*** (0.0543)	-0.1559 (0.0995)	-0.1120* (0.0588)	0.3112*** (0.0552)	0.1676* (0.1006)	-0.1025* (0.0604)
自主开发*技术引进*DID	12.8430*** (0.6398)	30.5394*** (1.0570)	7.7443*** (0.4781)	12.7106*** (0.6363)	30.4498*** (1.0530)	7.6510*** (0.4766)
控制变量	无	无	无	有	有	有
拟合优度	0.0337	0.0217	0.0096	0.0361	0.0237	0.0099
观测值	4648879	2946938	1701941	4502701	2858408	1644293

注：*、**、***分别表示在10%、5%和1%的水平上显著，括号内为稳健标准差。创新=创新数量×（创新质量+1）。

表4-21　自主创新效应机制：自主开发与技术引进

因变量	原始创新 1995—2013年	原始创新 1995—2008年	原始创新 2009—2013年	集成创新 1995—2013年	集成创新 1995—2008年	集成创新 2009—2013年
DID变量	-2.5618*** (0.2950)	-0.2494 (0.4910)	0.8260** (0.3494)	-5.2354*** (0.3635)	-0.6170 (0.4382)	0.0422 (0.4334)
自主开发*DID	0.6749*** (0.0761)	1.4937*** (0.1957)	0.3291*** (0.0835)	1.2612*** (0.0954)	1.9009*** (0.1911)	0.4026*** (0.1069)
技术引进*DID	-0.2045*** (0.0763)	-0.3412** (0.1528)	-0.3178*** (0.0846)	-0.4917*** (0.0931)	-0.4328*** (0.1387)	-0.2354** (0.1059)
自主开发*技术引进*DID	19.0877*** (0.9746)	47.3130*** (1.8738)	12.2313*** (0.7356)	18.6066*** (0.9356)	36.6983*** (1.6387)	11.3250*** (0.7351)
控制变量	有	有	有	有	有	有
拟合优度	0.0328	0.0225	0.0115	0.0346	0.0186	0.0081
观测值	4502701	2858408	1644293	4502701	2858408	1644293

注：*、**、***分别表示在10%、5%和1%的水平上显著，括号内为稳健标准差。

前文已经验证了研究假设4A，即与国际金融危机前相比，国际金融危机后,自主开发相对于技术引进对创新的促进作用不断增强;但证伪了研究假设4C,这意味着,中国自主开发形成的创造能力并没有及时从数量向质量创造能力演化。接下来对研究假设4B进行检验,即与国际金融危机前相比,国际金融危机后,无形技术相对于有形技术引进对创新的促进作用不断增强。

FDI反映的是综合性的技术引进,外资引进的同时一般会伴随国外技术设备、技术原料等有形技术的进口,也会带来技术资料(专利、科学文献等)、技术人才等无形技术的引进。[①]

第三章的理论部分表明,随着技术学习能力的提升,引进的技术会逐渐从有形技术向无形技术转变。为了更好地分析无形技术的引进,本章使用专利数据中的外国关联度指标作为无形技术引进的代理变量,即专利引证的外文科学文献和外国专利占其所有引证的科学文献和专利的比重。用国外关联度代替FDI,重复表4-20和表4-21中的回归。

估计结果见表4-22。为了更好地理解技术引进形式的演化,笔者将表4-22和表4-23与表4-20和表4-21进行对照分析。

就自主开发交互项而言,国际金融危机后其系数在以创新数量和创新为因变量时显著为正,但在以创新质量为因变量时显著为负(见表4-22),在以集成创新为因变量时仅在10%水平显著为正(见表4-23)。这进一步证伪了研究假设4C,这意味着,国际金融危机后国家技术开发区对创新质量和自主创新促进作用的不足来自自主开发形成的创造能力不足。然而,国际金融危机后自主开发形成的创造能力效应在促进创新数量增长方面的作用比国际金融危机前更为显著。这进一步表明,国际金融危机后的创造能力主要体现为数量创造能力,而非质量创造能力。

就无形技术引进交互项而言,其系数基本显著为正,这意味着,无形技术的引进能带来正向的竞争效应。这可能是由于,相比于有形技术,无形技术的引进并不会抢占产品市场,因而一般不会给国内企业带来直接的竞争压力。与表4-20和表4-21对比,这意味着,随着技术创新的发展,无形技术引进相对有形技术引进而言越来越重要。研究假设4B得到验证。

就自主开发、技术引进与DID交互项而言,其系数均显著为正,这意味

---

① 朱平芳、李磊:《两种技术引进方式的直接效应研究——上海市大中型工业企业的微观实证》,《经济研究》2006年第3期。

着无形技术的引进能带来较大的技术溢出效应，也意味着自主开发带来的吸收能力有助于吸收引进的无形技术，与表4-20和表4-21的结果一致。

表4-22　　　　　　创新效应机制：自主开发与无形技术引进

因变量	创新数量			创新质量		
	1995—2013年	1995—2008年	2009—2013年	1995—2013年	1995—2008年	2009—2013年
DID变量	-1.2444***	-0.6414***	-0.7000***	-0.1149*	-0.4064***	0.5789***
	(0.0957)	(0.1212)	(0.1096)	(0.0621)	(0.1234)	(0.0904)
自主开发*DID	0.2079***	0.1164*	0.5591***	0.0148	0.0853	-0.1850***
	(0.0415)	(0.0644)	(0.0462)	(0.0264)	(0.0620)	(0.0348)
技术引进*DID	0.1013***	0.2287***	0.0920***	0.0062***	0.1848***	-0.0048
	(0.0036)	(0.0204)	(0.0041)	(0.0023)	(0.0196)	(0.0030)
自主开发*技术引进*DID	1.2535***	7.5229***	0.7798***	0.4523***	6.0744***	0.2414***
	(0.0650)	(0.3333)	(0.0451)	(0.0391)	(0.4919)	(0.0336)
控制变量	有	有	有	有	有	有
拟合优度	0.0420	0.0234	0.0159	0.0118	0.0137	0.0019
观测值	4701365	3019015	1682350	4701365	3019015	1682350
	创新					
DID变量	-1.3271***	-0.9501***	-0.2862*	-1.3558***	-1.0054***	-0.2218
	(0.1294)	(0.2064)	(0.1535)	(0.1335)	(0.2079)	(0.1596)
自主开发*DID	0.2333***	0.1827*	0.6738***	0.2019***	0.1821*	0.7196***
	(0.0560)	(0.1068)	(0.0623)	(0.0575)	(0.1080)	(0.0648)
技术引进*DID	0.1100***	0.3636***	0.0872***	0.1078***	0.3796***	0.0892***
	(0.0048)	(0.0339)	(0.0055)	(0.0049)	(0.0342)	(0.0056)
自主开发*技术引进*DID	1.6716***	12.8729***	0.9938***	1.6543***	12.8231***	0.9834***
	(0.0932)	(0.6468)	(0.0694)	(0.0927)	(0.6461)	(0.0692)
控制变量	无	无	无	有	有	有
拟合优度	0.0302	0.0206	0.0080	0.0326	0.0226	0.0084
观测值	4859810	3118316	1741494	4701365	3019015	1682350

注：*、**、***分别表示在10%、5%和1%的水平上显著，括号内为稳健标准差。创新=创新数量×（创新质量+1）。

表 4-23　　自主创新效应机制：自主开发与无形技术引进

因变量	原始创新			集成创新		
	1995—2013年	1995—2008年	2009—2013年	1995—2013年	1995—2008年	2009—2013年
DID 变量	-1.5935*** (0.1853)	-0.7914** (0.3090)	-0.4069* (0.2279)	-3.1599*** (0.2289)	-1.6138*** (0.2782)	-1.0577*** (0.2837)
自主开发 * DID	0.2429*** (0.0782)	0.7061*** (0.1559)	0.7408*** (0.0895)	0.2890*** (0.0971)	1.1259*** (0.1162)	0.2428* (0.1404)
技术引进 * DID	0.1187*** (0.0066)	0.4590*** (0.0452)	0.0988*** (0.0076)	0.2107*** (0.0085)	0.5382*** (0.0481)	0.1570*** (0.0102)
自主开发 * 技术引进 * DID	2.4660*** (0.1417)	19.4781*** (1.2181)	1.5855*** (0.1058)	2.4893*** (0.1403)	15.6816*** (1.0251)	1.4919*** (0.1072)
控制变量	有	有	有	有	有	有
拟合优度	0.0284	0.0204	0.0094	0.0325	0.0180	0.0073
观测值	4701365	3019015	1682350	4701365	3019015	1682350

注：*、**、*** 分别表示在 10%、5% 和 1% 的水平上显著，括号内为稳健标准差。

第七节　小结：突破中等技术陷阱的启示

一　本章小结

近年来，中国技术创新飞速发展，作为中国技术创新的重要引擎，国家技术开发区是否推动了创新发展？基于中国工业企业数据库（1995—2013 年）与中国专利普查数据库（1991—2018 年）的匹配数据，本章采用渐进双差分方法对国家技术开发区试点的创新成效进行政策评估。核心解释变量是国家技术开发区的设立，因变量是技术创新，包括创新数量、创新质量、创新（同时考虑创新数量与质量）。为了缓解可能存在的内生性问题，笔者进一步使用工具变量法进行回归；为了排除一系列竞争性解释，笔者进行了 7 个方面的稳健性检验；为了分析创新效应可能存在的异质性，笔者分所有制、分行业、分地区进行了检验。

本章核心结论是：自主性引进是国家技术开发区推动技术创新的核心

机制，违背这一原则将抑制创新。具体而言，体现在如下两个方面。

一方面，国家技术开发区推动了整体创新追赶，即国家技术开发区在国际金融危机前后都促进了创新和自主创新。国际金融危机后的创新和自主创新主要源于自主开发和无形技术引进；国际金融危机后创新数量加速增长的政策动因在于2008年后的宏观规划数量目标。这一结论主要来自如下实证结果：（1）国家技术开发区促进了所在城市的企业创新，这一结论通过了一系列稳健性检验。此外，国家技术开发区也促进了所在城市的企业自主创新，包括原始创新和集成创新。国际金融危机前后都显著促进了创新和自主创新。（2）国际金融危机后，自主开发与DID交互项对创新质量的影响显著为负，对集成创新的影响仅在10%水平显著为正。[①]

另一方面，国家技术开发区也带来了部分创新泡沫，即国际金融危机后（2009—2013年）的创新质量和自主创新效应不如国际金融危机前（1995—2008年）。这源于国际金融危机后自主开发形成的创造能力不足，即没有及时从数量向质量创造能力演化。这一结论主要来自如下实证结果：（1）国家技术开发区设立在国际金融危机后对创新质量和自主创新（集成创新）的影响不如国际金融危机前。（2）创造能力对创新质量的影响显著为负，对集成创新的影响不显著。

最后指出关于"部分创新泡沫"的三点理解。第一，从时间维度看，创新泡沫仅体现在国际金融危机后，是相对于国际金融危机前而言的。第二，从空间维度看，创新泡沫体现在创新质量上，国际金融危机后对创新质量显著为负，但对创新的影响依旧显著为正。创新泡沫还体现在自主创新中的集成创新上，对发明授权专利而言，国家技术开发区对集成创新影响不显著，但对未授权发明公开而言，仍是显著为正的。第三，从政策维度看，国际金融危机后出台了一系列促进创新和自主创新的重大举措，但其效果似乎低于预期。

二　政策启示

国际金融危机后的创新质量和自主创新效应不如国际金融危机前，这意味着，中国从创造性模仿向自主创新跨越的成效并不理想，面临着中等

---

① 此为考虑无形技术引进时的情况。

技术陷阱的挑战。这一挑战或来自日益严重的国际技术保护对技术引进的阻碍，或源于中国自主开发没有成功实现从数量向质量的转型，创造能力和吸收能力不足。基于本章的实证分析结果，至少可以得出跨越中等技术陷阱的如下四点政策启示。

第一，自主开发并**不一定**能够提升创新质量或促进自主创新，这取决于自主开发的目标是否从提升吸收能力转向提升创造能力，创造能力是否从数量转向质量创造能力。这需要提升人才培养质量、加强基础研究、产学研深度合作甚至创新链合作等。

第二，转向自主创新并**不意味**着技术引进不重要，实际上，无形技术的引进日益重要，应重视技术人才、技术资料等的引进。

第三，促进创新发展的政策**不仅限于**市场机制或直接干预政策，还可以通过宏观规划这一间接干预方式，但宏观规划作用的恰当发挥要求量化考核指标随着技术学习能力的提升或创新的发展从数量调整为质量。

第四，积极构建**技术学习型社会**，创造有利于各类创新主体竞相进行技术学习的社会环境。不仅限于"构建学习型社会"中所强调的国民教育，还应包括企业内部学习、企业之间甚至产业之间的学习、企业与高校科研机构之间的学习、中国与国外之间的学习等。

第五章 微观案例：中国核电技术的演化逻辑

第一节 研究对象：中国核电技术

一 问题提出

发展核电是实现"双碳"目标的重要方式。党的二十大报告明确提出，深入推进能源革命，积极安全有序发展核电。2020年中国明确提出"双碳"目标，即2030年与2060年分别实现"碳达峰"与"碳中和"。2021年《政府工作报告》在关于碳达峰的重点工作中提出积极有序发展核电。随着中国"双碳"任务的推进，核电技术的重要性将日益突出。相比于其他发电来源，核电的优势比较明显。第一，发电成本低，作为一种非化石燃料，核燃料能量密度极高，甚至是化石燃料的数十万甚至百万倍。换言之，就同样功率的核电厂和火电厂而言，前者消耗的核燃料比后者消耗的化石燃料要少很多。已有很多文献分析了核电在优化能源结构和减少碳排放方面的经济优势[1][2]。第二，核燃料体积小，运输成本低，存储也十分方便。第三，核电属于清洁能源，对环境的污染非常小，姜子英[3]深入分析了核电与煤电相比所具有的环境优势。第四，核电的有效运行时

---

[1] 杨光：《低碳发展模式下中国核电产业及核电经济性研究》，博士学位论文，华北电力大学，2010年。
[2] 张生玲、李强：《低碳约束下中国核电发展及其规模分析》，《中国人口·资源与环境》2015年第6期。
[3] 姜子英：《中国核电与煤电环境影响的外部成本比较》，《环境科学研究》2010年第8期。

第五章　微观案例：中国核电技术的演化逻辑

间较长，部分核电机组甚至能达到满功率运行，这远比光伏和风电等发电来源更具优势。

中国核电技术创造了发展奇迹。中国核电技术起步比发达国家晚三十多年。经过三十余年的发展，从第一代、第二代的落伍者，到第三代的跟随和并跑者，最终成为第四代核电技术的引领者。中国第四代核电于2021年12月20日正式并网发电，领先世界，其国产化率高达93.4%。2020年国家最高科学技术奖授予中国第四代核电技术领军人物王大中院士①。《中国核能发展报告2023》显示：中国在建核电机组24台，总装机容量2681万千瓦，继续保持全球第一；商运核电机组54台，总装机容量5682万千瓦，位列全球第三。这为吸收不同类型核电技术提供了平台和基础。

然而技术创新不是一蹴而就的，是一个持续进行技术学习的过程。②为更好地理解为何中国核电技术取得显著成就，就必须深入探究中国核电技术经历了哪些形式的技术学习，其演化过程和背后原因是什么？中国核电技术发展过程中走了哪些弯路？

已有不少文献对核电技术进行了研究。路风③鲜明地批判了中国核电技术发展过程中，曾一度出现的过度依赖技术引进而忽视自主开发的做法。邹长城④对核电产业自主化发展的内涵、影响因素及评价体系进行了研究，但缺乏动态分析。曾建新和王铁骊⑤基于技术轨道理论分析了中国循序渐进和换道超车两种核电技术发展模式。曾建新⑥研究了产权结构视角对核电技术创新的影响。就国外相关研究而言，Cowan⑦研究了核电技

---

① 另一位获奖人为顾诵芬院士。
② Ali，M.，"Imitation or innovation：To what extent do exploitative learning and exploratory learning foster imitation strategy and innovation strategy for sustained competitive advantage？" Technological Forecasting and Social Change，165，120527，2021.
③ 路风：《被放逐的"中国创造"——破解中国核电谜局》，《商务周刊》2009年第2期。
④ 邹长城：《中国核电产业自主化发展研究》，博士学位论文，中南大学，2011年。
⑤ 曾建新、王铁骊：《基于技术轨道结构理论的核电堆型技术演变与中国的选择》，《中国软科学》2012年第3期。
⑥ 曾建新：《中国核电技术创新动力的产权结构因素研究》，博士学位论文，中南大学，2013年。
⑦ Cowan，R.，"Nuclear power reactors：a study in technological lock-in"，The Journal of Economic History，Vol. 50，No. 3，1990.

术锁定，Black等[1]讨论了核反应堆的技术设计和商业化过程，Chachuli和Idris[2]研究了研发和创新政策对核电技术的影响。然而，这些文献均未对核电技术学习的阶梯特性进行动态分析，尤其没有抽象出技术学习能力这一核心变量，也未对自主开发与技术引进的互动演化进行深入研究，这为本章提供了研究空间。

本章至少有三个方面的研究贡献。第一，从微观案例层面验证了本书提出的创新阶梯模型，对发展阶段理论、演化经济学和技术学习理论做了一定的拓展。第二，本章系统地分析了中国（世界上最大的发展中国家之一）的核电技术追赶过程。现有关于核电技术发展的研究缺乏对技术学习复杂性的深入探讨。鉴于中国不仅在核电机组数量上，而且在核电技术进步方面都处于全球领先地位，通过研究中国如何从核电技术后发国家转变为领先国家的过程，对其他后发国家具有重要启示意义。第三，本研究在总结中国核电技术发展经验和教训的基础上，为推动突破性技术的发展提出了实质性的政策建议。由于缺乏对自主开发重要性的认识，后发国家过度依赖外国技术的情况并不少见。此外，本研究还强调，自主创新并不排斥技术引进，尤其是无形技术的引进。因此，正确理解自主开发和技术引进在创新发展各阶段的不同作用以及技术学习的不同内容，对于政府作出理性决策至关重要。

二 核电技术发展概览

（一）世界核电技术发展

1951年美国的实验增殖堆1号（EBR-1）开启了核电的新纪元，随后核电技术不断发展，至今已发展出四代核电技术。第一代核电技术（20世纪50—60年代）主要是验证核电的可行性。这一阶段出现了苏联的沸水堆、美国的压水堆、加拿大的重水堆、法国的气冷堆。比较发现，相比

---

[1] Black, G., Shropshire, D., Araújo, K. et al., "Prospects for nuclear microreactors: A review of the technology, economics, and regulatory considerations", *Nuclear Technology*, 209 (sup1), 2023, pp. S1–S20.

[2] Chachuli, F. S. M., Idris, F. M, "The impact of policy toward R&D and innovation on nuclear technology in Malaysia", in: IOP Conference Series: Materials Science and Engineering, Vol. 1285, No. 1, July, IOP Publishing, 2023.

于重水堆和气冷堆而言，轻水堆（压水堆和沸水堆）具有更明显的优势。第一代核电技术尚未实现商业化。

第二代核电技术（20世纪60年代中期至今）对第一代核电技术的机组功率进行了大幅提升，将核电技术进行了标准化，以轻水堆为主，重水堆为辅。三次石油危机的发生也为第二代核电技术带来了空前机遇，在高潮时期，平均每个月就有一两座核电站投入商业运营。美国和苏联均批量建设了大量核电站机组，日本和法国也在引进美国轻水堆技术的基础上发展了大量核电站。1979年的美国三哩岛核事故和1986年苏联切尔诺贝利核事故催生了第二代加核电技术，对第二代核电技术的安全性进行了改进，包括增设安全壳泄压装置、氢气控制系统等。

第三代核电技术（21世纪之初至今）在安全性方面进一步提升，可以仅依靠自然力而非人力来实现安全功能，其机组功率也更高。主要包括美国的AP1000、法国的EPR、韩国的APR1400、中国的华龙一号、中国的CAP1400等。目前广泛使用的是第二代改进型核电技术和第三代核电技术。

第四代核电技术（2021年以后）基本依旧处于试验开发阶段，只有中国于2021年并网发发电。2001年由美国牵头成立第四代核能系统国际论坛（GIF），初始成员国包括十个：美国、英国、瑞士、韩国、南非、日本、法国、加拿大、巴西、阿根廷。中国并未在列。2006年，中国正式加入GIF。2002年该论坛明确了六种候选第四代核电技术，包括三种快中子堆（钠冷快堆SFR、气冷快堆LFR、铅冷快堆GFR）和三种热中子堆（超高温气冷堆VHTR、熔盐堆MSR和超临界轻水堆SCWR）。与前三代核电技术的"概率安全"相比，第四代核电技术的重要特征是"固有安全"（inherently safe），这意味着，核反应堆的堆芯在任何情况下都不会熔化，可防止核扩散。

（二）中国核电技术发展

上述四代核电技术目前在中国同时存在。第一代核电技术是秦山一期自主研发的CNP300。中国的核电发展始于1970年2月28日周恩来总理作出的发展核电的重要批示。这便是"728工程"和"728院"的由来。尽管1974年就被批准工程上马，但由于当时国际社会对中国进行技术封锁，自主研发难度非常大，这一工程一直推迟到1985年才开工。建造秦山核电站时，中国内部存在着巨大争议，到底用压水堆还是重水堆，这主要源于国际上第一代核电技术和第二代核电技术的多样性。1983年北京回龙观会议最终确定采用压水堆。总体来看，第一代核电技术仍是一种试验阶段，并未进行商业化。

第二代核电技术始于1997年开工建设的大亚湾核电站，该核电站主要使用法国的第二代核电技术M310。在此基础上，中核和中广核对第二代核电技术开始了一系列的改进，形成了自主研发的各种堆型，尤其是中核的CNP系列（如CNP650、CNP1000等）和中广核的CPR系列（CPR1000、CPR1000+）。第二代核电技术依旧是目前中国核电站的主打机组。

第三代核电技术主要是2013年中核的ACP1000和中广核的ACPR1000融合而成的华龙一号（HPR1000）。华龙一号已经开始批量生产和使用，2015年和2016年在福清核电站和防城港核电站进行开工建造4台机组，2018—2020年又陆续在漳州、昌江、宁德、惠州开工建造的7台机组，均使用华龙一号；同时华龙一号还出口到巴基斯坦、英国、阿根廷等国家，成为中国第三代核电技术的绝对主力，未来有望进一步取代第二代核电技术成为中国核电站的主力机组堆型。此外，还有中国进口的第三代核电技术，一是美国AP1000，目前在海阳核电站的2台机组（分别于2009年和2010年开工）和三门核电站的2台机组（均于2009年开工）中使用；二是法国EPR，目前在台山核电站的2台机组（分别于2009年和2010年开工）中使用。AP1000与EPR在设计理念上存在明显差异，AP1000主张越简单越安全，EPR主张越备份越安全。中国核电技术相关专家在经过激烈讨论之后，最终决定选择AP1000作为中国第三代核电技术的重要模仿对象，并曾经尝试用AP1000来统一中国的核电技术，直到自主研发的华龙一号出现之后，才逐渐将主要注意力转向华龙一号。国家核电技术公司在消化吸收AP1000的基础上开发了CAP1400，并在石岛湾核电站开始了CAP1400示范工程，2018年和2019年分别开工1台机组。

第四代核电技术就是清华大学自主研发的高温气冷堆。作为第四代核电技术的高温气冷堆在世界上基本仍处于实验堆阶段，就其商业化示范核电站而言，中国石岛湾核电站尚属世界首座。石岛湾核电站于2012年开工，2021年12月20日正式并网发电，是全世界最先进的安全型核电站。该核电站有三家主要投资方：中核建设集团、华能集团和清华大学。此外，还有中核旗下的中国原子能科学研究院自主研发的实验快中子反应堆

BN20，单个机组功率 25 兆瓦，地址在北京房山，2000 年 5 月 10 日开工，2011 年 7 月 21 日并网发电，至今尚未投入商业运营。

截至 2022 年 12 月 22 日，拥有在建或已投入商业运营机组的核电厂基本分布在沿海地区，尤其是浙江、广东。其中，秦山系统的核电厂是中国最早的核电厂，也是机组最多的核电厂，它包括秦山核电厂、秦山第二核电厂、秦山第三核电厂和方家山核电厂，共 9 台机组。秦山核电厂于 1985 年 3 月 2 日开工，1994 年 4 月 1 日投入商业运营。方家山核电厂是秦山一期的扩建项目。一般而言，核电厂在最初设计时都考虑最多可容纳 6 个机组。部分核电厂目前已经建了 6 个核电厂，如红沿河核电厂、田湾核电厂、福清核电厂、阳江核电厂。

中核作为主要股东的核电站集中在浙江（秦山、三门）、江苏（田湾），此外还有福建福清、海南昌江、山东石岛湾的高温气冷堆。中广核作为主要股东的核电站集中在广东（大亚湾、岭澳、阳江、台山）、广西（防城港）、辽宁（红沿河）、福建宁德等。剩下便是北京的实验快堆和中电投（国家电投）控股的海阳核电站。总之，经过几十年的发展，中国核电技术从无到有、从弱到强，如今基本形成了三大核电巨头鼎足之势：中核、中广核、国家电投。

第二节　核电案例设计

一　分析单位

本章选择中国核电技术作为单案例（嵌入型）研究设计[①]，该案例具有如下两个特征：（1）典型性。就中国目前创新发展水平而言，处于世界前沿的技术并不多，如高铁、核电、5G 等，这些都可以作为国家名片。将核电技术作为案例，可以分析自主创新，进而深入研究中国从技术落后者走向技术领先者的全历程。（2）特殊性。这一案例内部具有不同类型和

[①] Yin, R.K., *Case study research: Design and methods*, Inc: SAGE Publications, Fifth edition, 2014.

不同层次的嵌入型分析单位，可以进行逐项复制和差别复制，对比分析不同的技术学习模式，并分析不同的创新阶段。

本章分析单位为核电技术，次级分析单位为四家主要核电技术负责单位：中核、中广核、国家电投、清华大学核能与新能源技术研究院（以下简称"清华核研院"）。最底层的分析单位为单个核电机组，重点关注单个核电机组的如下信息：技术类型、国产化率、主要股东、开工和投入商运时间等。

二 研究假设

与第二章的创新阶梯模型的三个理论命题相对应，本章提出如下几个研究假设[①]：

研究假设Ⅰ（阶段）

研究假设Ⅰ.1：创新发展是从仿制到创造性模仿再到自主创新的阶段性演化过程，每个阶段都有不同的典型特征。

研究假设Ⅰ.2：技术创新的阶段性演化可以是循序渐进的，也可以换道超车。

研究假设Ⅱ（机制）：自主开发与技术引进

研究假设Ⅱ.1：自主开发与技术引进两种机制并存于技术创新的每个阶段。

研究假设Ⅱ.2：随着技术创新的发展，自主开发相对于技术引进的相对重要性呈现"U"形变化趋势。

研究假设Ⅱ.3：就技术引进的演化而言，无形技术相对有形技术的引进呈现"U"形变化趋势。有形技术是指技术设备、技术原料等；无形技术是指技术人才、技术知识等。

研究假设Ⅲ（动力）：技术学习能力与技术学习意愿

研究假设Ⅲ.1：自主开发是提升技术学习能力的基础，技术学习能力是吸收引进技术的关键。

研究假设Ⅲ.2：国家战略需求和市场制度建设是影响技术学习意愿的

[①] 本章没有基于命题Ⅱ.4提出研究假设，因为该研究假设的验证比较直观，却难以找到充分的数据资料支撑。

重要因素。国家战略需求能转化为一系列的规划与政策，体现为推动创新发展的政府之手。例如，核电技术是一种需要政府支持的重大突破性技术，国家战略需求是极其重要的。[①][②] 20世纪90年代欧洲反核运动盛行，德国逐渐放弃了核电技术的发展；相比之下，中国则对核电技术表现出巨大的战略需求，这在历次五年规划及相关专项规划中都有充分体现。

三 连接逻辑与解释标准

核电技术提供了一个非常好的案例，有许多资料和数据支撑，能够对上述研究假设一一进行检验。

就研究假设Ⅰ.1而言，根据核电技术的代别（第一代、第二代、第三代、第四代）识别技术学习的三个阶段。核电技术的代别可以根据核电技术审查单位确认该项技术是否符合第几代核电技术的标准来判定。

就研究假设Ⅰ.2而言，相比于前三代而言，第四代核电技术属于技术范式的转变，从概率安全转变为固有安全，可以不经过前三代核电技术而直接跨越到第四代。

就研究假设Ⅱ.1而言，根据不同核电技术对引进技术的吸收采纳情况识别技术引进和自主开发。

就研究假设Ⅱ.2而言，根据核电机组国产化率的变化可以识别自主开发与技术引进相对重要性的演化。

就研究假设Ⅱ.3而言，根据有形技术与无形技术引进的相对比例变化进行判断。

就研究假设Ⅲ.1而言，根据三大核电巨头的技术引进和发展情况识别技术学习能力及其在技术引进的重要性。

就研究假设Ⅲ.2而言，根据中国核电发展规划与政策的出台及其背景发掘国家战略需求的重要意义，根据不同核电技术供应商之间的竞争分析市场制度建设。

---

① D'Amato, A., Engel, K., "State responsibility for the exportation of NPT", Virginia Law Review, Vol. 74, No. 6, 1988.
② Sung, C. S., Hong, S. K., "Development process of nuclear power industry in a developing country: Korean experience and implications", Technovation, Vol. 19, No. 5, 1999.

创新的阶梯：跨越"中等技术陷阱"

第三节 阶段：中国核电技术的三个阶段

中国核电技术发展从来就不是闭门造车，从整体来看，中国在核电技术发展方面始终坚持着自主开发和技术引进并进。1983年北京回龙观会议就明确提出引进国外先进的压水堆技术，并逐步实现国产化。1996年在上海召开的"核电国产化和技术政策研讨会"就进一步提出四个自主的核电发展路线"自主设计、自产设备、自主建造、自主营运"。长期以来，中国核电发展遵循着"以我为主、中外合作、引进技术、推进自主化"的指导方针。尽管在不同时期，自主开发与技术引进的侧重不同，其间也走过不少弯路，但总体上基本坚持着两条腿走路。根据中国核电技术的演变特征，可以将其分为三个发展阶段：仿制阶段（1985—1992年）、创造性模仿阶段（1993—2012年）、自主创新阶段（2013年至今）。在这三个阶段，中国始终坚持着自主开发与技术引进并进。

一 仿制阶段（1985—1992年）

中国核电站建设始于1985年开工的秦山一期。这是中国进行第一代核电技术的探索创新，主要是探索核电技术的可行性，没有实行商业化。到1991年并网发电，意味着中国进入将核能技术从军用转为民用的新纪元。秦山一期从1985年开工到1994年投入运营共花了长达9年的时间，如果从1974年工程上马算起，则共花了近20年时间。1958年，苏联便帮助中国建造了第一座重水反应堆，之后由于苏联专家撤走，没有给中国留下关于重水堆的具体技术细节。中国只能在黑暗中独自摸索，直到1964年才自主建成第一座小型的游泳池式反应堆。相比之下，苏联援助的许多其他项目则在苏联专家指导下非常快地就掌握了其中的技术。由此可见，在中国核电技术起步初期，技术学习能力非常薄弱，对"手把手教"的依

第五章 微观案例：中国核电技术的演化逻辑

赖性较强。为此，笔者将1985—1992年划分为仿制阶段①。

二 创造性模仿阶段（1993—2012年）

尽管秦山一期取得了巨大成功，但它毕竟使用的是第一代技术，主要目的是检验中国发展核电技术的可行性，难以满足中国工业快速发展对电力产生的巨大需求。为此，中国引进当时最先进的第二代核电技术，在1987年开始建设大亚湾核电站，并于1993年并网发电，1994年5月投入商业运营。

然而，大亚湾核电站基本是"交钥匙工程"，几乎完全使用法国第二代核电技术M310，基本不存在自主开发，其综合国产化率不到1%。随后，中核与中广核在大亚湾核电站的基础上开启了核电技术模仿学习的历程。2005年之前，主要以第二代核电技术模仿学习为主，重点在法国M310基础上进行改进。2005—2012年，逐渐转向第三代核电技术模仿学习，吸取了部分美国AP1000的非能动设计理念以及日本福岛核辐射的教训。中核研发出了CNP系列（包括CNP650和CNP1000），中广核研发出了CPR系列（包括CPR1000和CPR1000+）。2013年，中核和中广核开发出华龙一号核反应堆，华龙一号已经在中国甚至许多其他国家得到广泛使用。为此，笔者将1993年视为创造性模仿的开端，并将2012年前后视为创造性模仿的结束。

（一）中广核的模仿创新过程

随着1994年5月大亚湾核电站投入商业运营，中广核于1994年9月从中核独立出来成立新的公司，负责大亚湾核电站的运营和M310核电技术的消化吸收。随后中广核对M310做出技术改进52项，形成M310+中广核改进型，并在1997年开工建设的岭澳核电站一期2台机组中使用，核电站的综合国产化率达到30%。在岭澳一期的基础上，中广核进一步做了45项技术改进，其中15项为重要技术改进，最终形成自主品牌CPR1000，在2005年和2006年开工的岭澳二期2台机组中使用，核电站

---

① 当然，1985年之前中国也做了许多相关工作。1958年，苏联便在中国建造了第一座重水堆并首次临界，并建造了第一台回旋加速器，即"一堆一器"。1971年中国的第一艘核潜艇下水，负责核潜艇设计的中国核动力研究设计院随后便主要从事核电技术研发。

· 157 ·

的综合国产化率进一步提升至 64%。阳江核电站 1、2 号机组（2008 年和 2009 年开工）也是用 CPR1000。与 M310 和 M310＋相比，CPR1000 在许多方面都有显著改进，包括增加了发电量（1.08 千兆瓦）、延长了反应堆芯的换料周期（首炉即采用 18 个月的方案）、设计了寿命更长的反应堆压力容器（60 年）。此外，CPR1000 还融合了多项先进技术：使用数字仪控系统；采用半速汽轮发电机组，与 M310 和 M310＋中的全速发电机组形成对比；采用了主回路应用 LBB（Leak Before Break）的设计原则；实施了坑内注水技术；等等。

2009 年，中广核成立了核电设备国产化联合研发中心。随后中广核对 CPR1000 做了 25 项技术改进，形成 CPR1000＋，在阳江核电站 3、4 号机组（2010 年和 2012 年开工）中使用。之后进一步结合 AP1000 进行了 31 项重大技术改进，包括堆芯采用了 14 英尺燃料组件、实行单堆布置、使用双层安全壳等，形成了 ACPR1000。这一堆型实际上已基本满足第三代核电技术的要求，在阳江核电站 5、6 号机组（均在 2013 年开工）中使用，这两台机组的综合国产化率已经高达 85%。随后进一步改进为华龙一号，其国产化率已高达 87%。中广核的华龙一号拟在如下国内核电站使用：防城港核电站二期的 2 台机组（2015 年和 2016 年开工）、惠州核电站（2019 年开工）、宁德核电站 5、6 号机组（尚未开工）。在国际市场上，中广核在 2015 年签署协议拟将华龙一号出口到英国，并以防城港核电站二期作为参考。中广核的创造性模仿过程详见表 5-1。

表 5-1　　　　　　　　中广核的模仿创新过程

技术代别	堆型	典型核电站机组	开工年份
第一代	CNP300	秦山一期	1985
第二代	M310	大亚湾	1987
第二代	M310＋	岭澳一期 2 台机组	1997
二代加	CPR1000	岭澳二期 2 台机组	2005、2006
二代加	CPR1000＋	阳江 3、4 号机组	2010、2012
第三代	ACPR1000	阳江 5、6 号机组	2013
第三代	华龙一号	防城港二期 2 台机组	2015、2016

资料来源：笔者搜集整理。

（二）中核的模仿创新过程

由于中广核主要负责 M310 技术的消化吸收，其模仿创新过程相对简单清晰，主要是在 M310 基础上形成了 CPR 系列核电技术。相比之下，中核由于还担负着许多政治任务，其引进过程相对较为复杂，但总体路径也较为清晰，主要是在 M310 基础上形成了 CNP 系列核电技术。大亚湾核电站投入商业运营之后，M310 技术的消化吸收工作就从中核剥离出去了，中核仍主要在 CNP300 的基础上进行自主开发。尽管如此，中核还是吸收了大量 M310 的经验，形成了自主研发的第二代核电技术 CNP600，在秦山第二核电厂的 1 号机组（1996 年开工）、2 号机组（1997 年开工）使用，这两个机组的综合国产化率分别为 55% 和 70%。1997 年，中国核动力研究设计院在 CNP650 和 CPR1000 的基础上，设计出 CNP1000（2007 年更名为 CP1000），2005 年 10 月，通过国家环保总局的安全评审，将其确定为第二代改进型，其国产化率高达 80%。CNP600 与 M310 相比，在多个方面有显著的进步，特别是在减小反应堆尺寸、简化电路数量、延长反应堆设计寿命以及延长燃料循环周期方面。CNP600 和 CPR1000 都是从法国引进的 M310 型号衍生出来的。但是，它们的核心设计，特别是燃料组件设计和制造技术方面，缺乏全面的自主知识产权，这使得出口变得不可行。为了解决这一问题，CNP1000 率先采用并实施了"177 堆芯"的概念。

之后，中核进一步吸收了 AP1000 的非能动设计理念，并结合福岛核辐射的经验，自主设计出 ACP1000。2013 年 11 月，国际原子能机构（IAEA）对 ACP1000 进行了长达一年的安全评估，最终确认 ACP1000 满足第三代核电技术安全要求，2014 年 8 月通过了国家核安全局与国家能源局的联合评审。随后，中核的 ACP1000 与中广核的 ACPR1000 融合，形成中国第三代核电技术自主品牌华龙一号（HPR1000），其国产化率高达 87%。中核的华龙一号已（拟）在国内许多核电站使用，包括：福清核电站的 5、6 号机组（2015 年开工），漳州核电站 1、2 号机组（分别于 2019 年、2020 年开工），昌江二期 1、2 号机组（分别于 2019 年、2020 年开工），在国际市场上，已进入巴基斯坦（K2、K3 机组）和阿根廷。

需要说明的是，尽管华龙一号是中核的 ACP1000 与中广核的 ACPR1000 融合的产物，但由于两家机构在一些设计上未能完全达成一致，中核的华龙一号与中广核的华龙一号仍存在略微的差异。

创新的阶梯:跨越"中等技术陷阱"

由于中核由原核工业部演化而来,又直属国务院,中核承担着很多政治任务。秦山三期的2台机组(1998年开工)引进加拿大的重水堆CANDU6。田湾一期的2台机组(1999年开工)和田湾二期的2台机组(2012年、2013年开工)均引进了俄罗斯的AES91(VVER-1000改进型核电机组)。这些引进协议并不包含技术转让的内容,一方面是出于政治外交的目的;另一方面,也是为了增加国内核电机组容量,满足国内核电需求。中核从CNP300到华龙一号的核电技术演进路径中很少从俄罗斯AES91和加拿大CANDU6消化吸收核电技术,大多数技术还是源自法国M310,并从美国AP1000中吸取了一些经验。中核的创造性模仿过程见表5-2。

表5-2　　　　　　　　　中核的模仿创新过程

技术代别	堆型	典型核电站机组	开工年份
第一代	CNP300	秦山一期	1985
第二代	M310	大亚湾	1987
第二代	CNP600	秦山二期1、2号机组	1996、1997
二代加	CNP1000（CP1000）	方家山1、2号机组	2008、2009
第三代	ACP1000		2013
第三代	华龙一号	福清1、2号机组	2015

资料来源:笔者搜集整理。

总体来说,中核和中广核通过模仿创新形成的华龙一号取得了巨大成功。华龙一号有可能统一中国的核电技术,改变中国目前核电技术"万国牌"的混乱局面。2015年后新开工的核电站机组均使用中国自主设计的华龙一号堆型。包括已开工的4台机组:福清核电站的第5、6号机组(中广核控股),防城港核电厂的第3、4号机组(中广核控股)。此外,还有2019年后(计划)开工的14台机组均(拟)使用华龙一号:昌江核电厂二期建设的3、4号机组,漳州核电厂的1、2号机组,惠州核电厂的1、2号机组,福建宁德核电站第5、6号机组,广东陆丰核电5、6号机组,三澳核电项目一期工程1、2号机组,广东太平岭核电1、2号机组。

2015年后新开工的核电站中,未使用华龙一号的只有6台,即石岛湾核电站CAP1400示范工程中的2台机组使用的是CAP1400,在AP1000基

第五章 微观案例：中国核电技术的演化逻辑

础上改进；田湾三期的第5、6号机组使用的是M310+中核改进堆型，在法国M310基础上改进。红沿河第5、6号机组使用中广核自主设计的ACPR1000。选择什么技术还需要考虑核电站已有的建造、运营经验和人才情况。

（三）国家电投的模仿创新过程

国家电投的创造性模仿过程最为简单。2007年新成立的国家核电技术公司代表国家与外方签约，负责第三代核电技术AP1000的引进消化吸收再创新。分别由中国电力投资和中核作为主要投资方在海阳和三门建造核电站，各2台机组，使用AP1000。2015年中国电力投资集团公司与国家核电技术公司实施重组，成立国家电投。

新成立的国家核电技术公司收编了具有自主研发能力的上海核工程研究设计院，以便对引进的技术AP1000进行消化吸收，最终形成了CAP1400。CAP1400示范工程2台机组在石岛湾核电站已经分别于2018年和2019年开工。

总之，在创造性模仿阶段，三大核电巨头就开始出现分化：中广核研发出CPR系列，中核研发出CNP系列，二者均从模仿第二代发展到模仿第三代核电技术。国家电投研发出CAP1400，直接模仿第三代核电技术。来自法国的M310和美国的AP1000在中国核电技术模仿创新中发挥了重要作用。

三 自主创新阶段（2013年之后）

笔者将2013年视为自主创新阶段的开端，主要有两个标志性事件：一是前文介绍的华龙一号于2013年开始投入使用，华龙一号已成为中国第三代核电技术的主力，日后将更多使用国内自主研发的第三代核电技术，而不是模仿国外的第三代核电技术。二是石岛湾核电站的第四代核电技术高温气冷堆[①]于2012年开工。模仿创新所形成的华龙一号和CAP1400仍属于第三代核电技术，是一种创造性模仿，并未创造世界前所未有的技术。相比之下，中国自主研发的第四代核电技术高温气冷堆则完全处于世界前沿，其研发过程能够较好地说明中国核电技术的自主创新。高温气冷

---

① 高温气冷堆是GIF确定的六种第四代核电技术之一。

堆在2021年12月成功实现并网，在第四代核电技术上已领先世界其他国家，尤其是在安全方面。此外，它在电力生成和热供应效率方面表现卓越，处于世界前沿。实际上，在核反应堆方面，清华核研究院创造了多项第一，中国第一座屏蔽试验堆（1964年）、世界第一座5兆瓦低温核供热堆（1989年）、世界第一座10兆瓦高温气冷实验堆（2000年）。尽管清华核研究院在初期从德国于利希研究所学习了很多，甚至在20世纪90年代从德国免费获得了大量高温气冷堆生产线。但德国的高温气冷堆尚未投入商业运营，还不是一个成熟的技术，中国在对这些不成熟技术进行了适当的仿制，之后的研发则主要靠黑暗中探索。

第四代核电技术的发展意味着，中国可以从仿制阶段直接跳跃到自主创新阶段，实现换道超车。清华核研究院的仿制阶段受益于早期屏蔽试验堆和5兆瓦低温供热堆的研发过程中的技术学习。由于中国的第四代核电技术处于世界前沿，没有成熟对象可以模仿，只能在黑暗中摸索，跳过创造性模仿阶段，直接进入自主创新阶段。相比于三大核电巨头的循序渐进型创新，清华核研究院属于换道超车型创新。

至此，研究假设Ⅰ.1和研究假设Ⅰ.2得到验证。

第四节 机制：两种技术学习机制的互动演化

一 自主开发与技术引进的相对演化

基于表5-3的国产化率数据可以看出，不管在哪个技术创新阶段，国产化率都不可能是100%，也不可能是0%。这意味着，自主开发和技术引进并存于技术创新的各个阶段。但在不同阶段自主开发与技术引进的比重存在着规律性的变化。在仿制阶段，国产化率约达到70%。该核电站引进了一些当时中国无法提供的关键设备，国产和进口设备的资金比例为7∶3，国产和进口设备的台（件）数比例为19∶1。在这一阶段，通过自主开发进行学习的重要性大于通过技术引进进行的技术学习。

过渡到创造性模仿阶段时，可以明显看到技术引进的激增，导致国产化率初期有所下降。然而，随着核电技术的发展，这一比率稳步上升，从 M310 的 1% 和 M310 + 的 30% 不断攀升至华龙一号的 87%。

到了自主创新阶段，国产化率高达 95%。这是典型的自主创新的结果，对国外技术的依赖较低。然而，这并不意味着就不需要向国外学习。"七五"期间，清华核研院通过评审的高温气冷堆方案中有 43 个子课题，但其中只有 15 个达到国际先进水平，尽管这一经历意味着中国的高温气冷堆整体上已经领先世界，但这并不意味着所有的子技术都领先世界。因此，其中的许多子技术仍需要借鉴国外的经验。

总之，自主开发与技术引进并存于技术创新的三个阶段。随着技术创新的发展，自主开发相对于技术引进的重要性呈现"U"形变化趋势。换言之，在仿制阶段和自主创新阶段，自主开发的相对重要性更加突出；在创造性模仿阶段，技术引进的相对重要性则更加突出。研究假设Ⅱ.1 和研究假设Ⅱ.2 得到验证。

表 5 – 3　　　　　　　　中国核电技术国产化率的演化

创新阶段	技术代别	堆型	国产化率（%）
模仿创新	仿制	第一代	CNP300	70
		第二代	M310	1
		第二代	M310 +	30
	创造性模仿	二代加	CPR1000/CNP600	50、70
		二代加	CNP1000（CP1000）	80
		二代加	CPR1000 +	83
		第三代	ACPR1000/ACP1000	85
		第三代	华龙一号	87
自主创新		第四代	高温气冷堆	95

资料来源：笔者搜集整理而得。

二　技术引进的演化

前文分析的国产化率只能反映有形技术，即技术设备和原料。无形技术的作用没有体现。为此还需进一步揭示有形技术和无形技术引进之间的相对变化。

创新的阶梯:跨越"中等技术陷阱"

在仿制阶段,对有形技术的引进相对较少,秦山一期的进口设备资金占比仅为30%。重心放在无形技术的引进,尤其是人才和资料的引进,这些无形技术的引进有利于"手把手教"式的学习,大批人才的出国留学和国外教材的引进便是例证。尽管大多数人认为秦山一期是自主开发的结果,但实际上,其引进了很多技术,尤其是无形技术。无数核电技术领域的专家都直接或者间接具有国外的工作或教育经历。例如,秦山一期的总设计师欧阳予和首席技术顾问彭士禄都在苏联学习多年。在那期间的核电技术相关教材都主要翻译自苏联。秦山一期主要采用的是"196"核潜艇反应堆的技术,在民用技术细节和安全方面做了一些改进。值得注意的是,中国核潜艇的四大元勋(彭士禄、赵仁恺、黄旭华、黄纬禄)都于20世纪50年代在苏联或英国进行过核电技术相关学习或工作。

在创造性模仿阶段,有形技术的引进发挥着重要作用,尤其是大亚湾核电站建造时引进的法国M310,为日后中国发展出自己的第二代核电技术提供了很好的模仿创新对象。2007年之后引进的美国AP1000则为中国第三代核电技术的研发提供了许多技术参考。中核与中广核同时吸收了M310和AP1000的技术,国家电投则主要以消化吸收AP1000为主。

在自主创新阶段,高温气冷堆技术也得益于从技术引进中进行学习,尤其是无形技术的引进。例如,通过对德国机械传动方法的不足的思考,清华核研院发明了脉冲气动方法,可以实现连续装料和卸料;作为10兆瓦高温气冷实验堆的关键核心技术,清华核研院自主研发的全陶瓷型包覆颗粒球形燃料元件[①]在进行辐照考验阶段便借鉴了德国于利希研究中心和俄罗斯动力工程研究和发展研究所的经验。20世纪五六十年代,清华核研院的吕应中教授在领导学生研发屏蔽试验反应堆的同时,大量组织翻译和引进苏联的相关教材和研究成果。

此外,长期以来,清华核研院与德国于利希核研究所进行了紧密合作。1981年德国苏尔登教授(于利希核研究中心反应堆发展研究所所长)提出模块式高温气冷堆的概念。20世纪七八十年代,吕应中领导的清华核研院与德国高温气冷堆之父苏尔登研究团队保持着密切的学术交流。1981年王大中教授前往德国学习研究模块式中小型高温气冷堆,随后提出了环形堆芯模块式高温气冷堆的概念并完成实际设计,获得多国(德国、美

---

① 不仅可以实现连续换料,而且将裂变物阻留在颗粒内,从而保障安全性。

国、日本等）发明专利。清华核研院也从德国于利希核研究所获得了大量与高温气冷堆相关的设备和原料。

至此，研究假设Ⅱ.3得到验证，即就技术引进的演化而言，无形技术的引进相对有形技术的引进呈现"U"形变化趋势。

第五节 动力：技术学习能力与意愿

技术学习能力和技术学习意愿是推动技术学习（自主开发和技术引进）的动力。为此，笔者进一步分析中国核电技术学习能力的演化，以及当技术学习能力（尤其是吸收能力）没有得到恰当运用时带来的技术进步的放缓。进一步地，笔者将分析国家战略需求和市场制度建设等因素如何影响技术学习意愿。

一 技术学习能力及其倒挂

从整体上来看，中国核电发展的三个阶段都符合自主开发与技术引进的并进，而且中国核电三大巨头和清华核研院都在同时使用两条腿走路。这也使得中国核电技术在自主开发的基础上通过引进国外技术取得较快发展，技术学习能力不断提升，从最基本的"手把手教"的学习提升至"逆向工程"式的学习，最后迈向自主创新式的探索学习。

技术学习能力包括创造能力和吸收能力。如果进一步对比三大核电巨头的技术学习能力就可以发现：实际上，中国在核电技术引进过程中，存在明显的技术学习能力的倒挂，即引进技术的单位不是技术学习能力（尤其是吸收能力）强的单位，反而是技术学习能力相对较弱的单位，这无形中降低了消化吸收国外技术的速度。

（一）三大核电巨头及其技术学习能力

前文分析可知，中国的核电站基本被三家单位垄断：中核、中广核、国家电投。为此，这里简要介绍这三家单位的发展历程，以对三家单位在不同阶段的技术学习能力有个基本的判断。

中核是核技术供应起家，有着完整的核工业体系。中核的历史可以追溯到1956年成立的第三机械工业部（核工业和核武器），随后陆续演变为第二机械部、核工业部；1988年核工业部被撤销，改为直属国务院的中国核工业总公司；1999年，国防军工体制进行了重大改革，中国核工业总公司就拆分为中核与中国核工业建设集团有限公司。2018年中国核工业建设集团有限公司又重新合并至中核，中核的力量进一步提升。从1956年的三机部算起，中核拥有60余年的核技术经验，其间创造了"两弹一艇"。从1985年中国第一个核电站——秦山一期核电站开工算起，连续四十年不断从事核电站建造，全球企业中也仅此一家①。

中核下属的核电技术研究机构主要有四家：成立于1965年的中国核电工程研究设计院、1958年成立的核工业第二研究设计院、1965年成立的西南物理研究院，以及中国原子能科学研究院。此外，还有1970年成立的上海核工程研究设计院，该院于2007年划归国家电投。中国核动力研究设计院始建于1965年，主导核潜艇的设计以及秦山二期核电站的设计，先后培育了CNP系列反应堆以及最新的华龙一号，并参与了CPR系列反应堆的设计。中国原子能科学院的前身是始建于1950年的中国科学院近代物理研究所二部，曾为"两弹一艇"的研发作出重要贡献，1964年与清华大学一道自主研发出中国第一座工程性试验堆——游泳池式屏蔽试验堆49-2，目前在研发中国第四代核电技术——实验快堆。

不管从时间长短看还是从研发成果看，中核在核电技术方面的研发实力都非常强。然而，到了20世纪90年代末，为了满足国内日益增长的核电需求，中央政府指示中核引进多个核电机组，如1998年购买的加拿大CANDU6和1999年购买的俄罗斯AES91。这些引进旨在迅速提升电力供给能力，但缺乏技术转让条款。与此同时，由中核开发的第二代加强型核电技术CNP1000长期搁置。这一策略很可能阻碍了中核提升技术学习能力的步伐。

中广核是核电站运营起家，研发实力发展迅猛。中广核成立于1994年9月，负责大亚湾核电站的运营和管理。由于中国广核最初定位为核电站的运营商而非核电技术的开发者，其技术学习能力在某种程度上受到了限制。实际上，当该电站于1985年开始建设时，广东核电合营有限公司

---

① 尽管美国、德国、法国、日本等发达国家在20世纪50年代就开始建设核电站，但1979年三哩岛核事故和1986年切尔诺贝利核事故之后，这些国家的新核电站项目被推迟了三十年。

第五章　微观案例：中国核电技术的演化逻辑

（该公司于1994年成为中国广核的子公司）就成立了培训部门，以掌握电站建设和运营的知识。显然，当时中广核的技术学习能力不如中核，因为中核已经拥有四大研究机构，并积极参与核电技术的研发。那么，为什么运营和管理没有交给中核呢？一个重要因素是大亚湾核电站的经济效益与广东电网紧密相关。因此，中央决定将大亚湾核电站的运营管理权交给广东省。当然，为了解决其相对有限的技术学习能力，中广核投入了大量资金，将员工派往法国和英国进行培训。

尽管在20世纪90年代，中广核的技术学习能力落后于中核，但中广核通过不断努力，迅速缩小了这一差距。在研发实力方面，中广核对中核的追赶发生在20世纪90年代末期到21世纪初。20世纪90年代末期，为了快速增加核电装机容量，满足国内核电需求，中核开启了一轮以纯粹购买装机容量的设备引进，没有包含技术转让相关内容。分别于1998年和1999年购买了加拿大的CANDU6（秦山三期）和俄罗斯的AES91（田湾）。完全从需求角度引进技术，而不是从增加供给能力的角度引进技术，使得中核的研发进程放缓。21世纪之初，国内又面临着使用自主研发的二代加核电技术还是使用国外引进的第三代核电技术的激烈争论，中核研发出的CNP1000很长时间被搁置，其研发进程进一步受阻。也就是在这段时期，中广核加大核电技术研发力度，在M310+的基础上进一步研发出CPR1000，做了45项技术改进，其中15项重大技术改进，并于2006年成立中广核研究院有限公司（2015年之前曾用名为"中科华核电技术研究院有限公司"）[1]，科研实力大增。在随后的几年相继建造了二三十个核电机组，几乎与中核平分天下。

国家电投是技术引进起家。2007年成立国家核电技术公司，代表国家签约，受让第三代核电技术AP1000，并负责该项技术的消化吸收再创新。2015年，国家核电技术公司与中国电力投资集团公司合并，成立了国家电投。国家核电技术公司在受让AP1000技术之初并没有自主开发的经验。为帮助国家核电技术公司更好地吸收AP1000技术，中核在2007年将上海核工程研究设计院转移给国家核电技术公司。上海核工程研究设计院是1970年2月8日周恩来总理批示建造核电站时成立于上海的"728院"，当时的中国核动力研究设计院的院长调任上海核工程研究设计院做院长，

---

[1] 另一个研究机构是山东电力工程咨询院有限公司，与核电技术研发的关系不直接。

同时有一批技术骨干跟着一起过去。上海核工程研究设计院最大功绩在于主导过秦山一期核电站的建设和2018年和2019年开工的CAP1400示范工程。然而，该院的专业技术人员、院士和国家重点实验室的数量不到中核两大核心研究机构——核电研究设计院和中国原子能科学研究院的六分之一。截至2022年，国家电投负责的核电技术依旧仅限于三门和海阳，以及CAP1400示范工程，其自主开发的机会非常少，技术学习能力自然也很难得到较快提升。实际上，三门和海阳电站的建设历时9年。这一时间明显长于中核和中广核在2009年前后开始建设的电站，后者通常只需大约5—6年。

（二）第二代核电技术引进与学习能力的倒挂

大亚湾核电站于1994年5月投入商业运营之后，1994年9月便成立了一家新的公司——中广核来负责大亚湾核电站的运营管理和M310技术的消化吸收。相比之下，中核没有直接参与该核电站的运营和管理，只是间接学习M310技术。然而，从前文分析可知，在整个20世纪90年代，中广核的研发机构数量和核电技术开发经验都明显少于中核。

尽管如此，中核却在中广核之前对M310技术进行了消化吸收并在此基础上研发出改进型的核电技术品牌CNP600，并在1996年开工的秦山二期中使用，其国产化率便高达50%—70%；而中广核却在1997年开工的岭澳核电站才使用M310+，其国产化率仍只有30%。

这意味着，忽略自主开发经验对技术学习能力（尤其是吸收能力）的关键推动作用，将技术吸收任务交给自主开发经验不足的企业，很可能会降低技术吸收速度。

（三）AP1000技术引进与学习能力的倒挂

尽管中核与中广核的研发实力在21世纪之初都已经非常强大，中国于2007年引进AP1000技术的时候却没有将该技术的消化吸收任务交给这两家单位，而是新成立了一家公司——国家核电技术公司来专门负责该项技术的消化吸收工作。尽管国家核电技术公司收编了中核旗下的上海核工程研究设计院。然而，上海核工程研究设计院除了主导过秦山一期核电站的建设，之后十多年都没有主导过核电技术的研发。其研发能力弱于当时的中核与中广核。

2015年，由于国家核电技术公司消化吸收进程过慢，难以为继，与中国电力投资集团合并重组为国家电投。时隔十一年之后，国家电投消化吸收 AP1000 技术之后再创新出的 CAP1400 示范工程于 2018 年开工。而中核与中广核从旁学习 AP1000 技术，却早已在 2013 年便研发出华龙一号。华龙一号反应堆已（拟）在中国的十余个核电机组中使用，并已出口到多个国家，包括巴基斯坦、英国和阿根廷等。相比之下，CAP1400 只在石岛湾核电站的两个核电机组中使用。

（四）平行还是融合？

前文表明，中国核电技术发展历程基本符合自主开发与技术引进并进的要求，然而，并进中包含两种可能：一是平行，即自主开发与技术引进是两条平行的路线，分归不同的单位负责；二是融合，即自主开发与技术引进融合成一条路线，负责技术引进的单位必须同时也是从事过很长时间的自主开发的单位，因为自主开发是技术学习能力提升的基础，只有从事过很长时间的自主开发，才有足够的技术学习能力来消化吸收从国外引进的技术。

然而，中国在 M310 和 AP1000 引进过程中出现了技术学习能力的倒挂，将国外技术的消化吸收交给没有什么自主开发经验的单位，这些单位缺乏足够的技术学习能力来对国外技术进行消化吸收，而技术学习能力强的单位却沦为看客，只能从旁学习。自主开发与技术引进实际上在两条平行而非融合的轨道上发展，从而大大降低了核电技术发展进程。

自主开发是技术学习能力提升的基础。21 世纪初，中国险些放弃自主开发，开启全盘引进。2003 年中国在筹划制定"十一五"规划时，中央准备积极发展核电。然而，关于使用自主研发的二代加还是国外引进的第三代核电技术，国内却出现了严重分歧。"核电六君子"联名上书中央称，国外第三代核电技术已经成熟，很多国家正在筹建，建议全盘引进。中央采纳了全盘引进的观点。2007 年通过的《核电中长期发展规划（2005—2020）》中，对自主研发二代加核电技术只字未提，试图通过全盘引进国外第三代核电技术来统一中国核电技术，经过消化吸收之后再创新形成自主品牌。这是典型的"三段式"技术政策，希冀先技术引进后自主开发，忽略了只有技术学习能力提升之后才能很好地吸收引进的技术，而自主开发是提升技术学习能力的基础。后中央及时发现当时国外第三代核电技术实际上还并不成熟，于是临时决定上马国内自主研发的二代加。中核与中广核开始积极布局二代加核电站，并在此基础上，通过消化吸收 AP1000 的技术，自主研发出第三代核电技术。而此时，专门负责消化吸收

AP1000 的国家电投却迟迟未能推出第三代核电技术,直到 2018 年才开始 CAP1400 示范工程。这一小插曲进一步表明,自主开发始终是技术引进的基础,技术学习能力的积累对于技术创新发展十分重要,不能抛弃长期以来的积累。

至此,研究假设Ⅲ.1 得到验证,即技术学习能力提升是创新发展的关键动力;自主开发是技术学习能力提升的基础,进而是吸收引进技术的关键。

二 技术学习意愿的影响因素

国家战略需求和市场制度建设是影响技术学习意愿的重要因素。从市场竞争制度看,中国核电企业已经从秦山一期时的中核独家垄断,发展为如今的三大寡头之间的竞争,尤其中核与中广核在第二代与第三代核电技术上的竞争更是十分激烈,争相进行技术改进,争夺核电技术制高点。

由于核电站投入成本巨大,投资回收期非常长,核电机组从开工到投入商业运营一般为五年左右,投资回收期一般为十年左右,设计寿命为五十年左右。此外,核电是关乎国民经济命脉的重要行业。因此,国家战略需求比市场制度建设能发挥更大作用。大亚湾核电站从开工到投入运营耗时 7 年,总投资高达 40 亿美元,远高于当时的国家外汇储备 1.67 亿美元。一般的企业相对比较难以从事此类技术的投资。国家战略需求将有助于推动此类技术的发展。国家战略需求会转化为国家规划或扶持政策,体现为推动创新发展的政府之手。中国对核电技术的战略需求在不同发展阶段有所不同,主要体现为如下三个方面。

第一,工业化发展的需求。新中国成立后,中国进行了大规模的工业化。为支撑快速工业化对电力的巨量需求,1970 年 2 月 28 日,周恩来总理开启了中国核电之旅。然而,由于国外对中国的技术封锁,中国独立发展核电技术面临着巨大挑战,直到 1985 年秦山一期正式开工,才标志着中国核电发展的真正开端。

第二,可持续发展的需求。2003 年,胡锦涛总书记提出科学发展观,环境改善成为中国政府的重大关注。2002 年党的十六大报告首次提出科学发展观,核电成为可持续发展的重要依托。2006 年提出的"十一五"规划首次将绿色指标作为约束性指标纳入五年规划,并提出要重点建设机组功率达到1000兆瓦级的核电站，并重点关注第三代核电技术。为了加速核电发展，"十一五"规划首次提出"积极推进核电建设"，这与"八五"计划到"十五"计划提出的"适度发展核电"形成鲜明对比。2006年发布的《国家中长期科学和技术发展规划纲要（2006—2020年）》提出16个科技重大专项，其中一项便是"大型先进压水堆及高温气冷堆核电站"，用于第四代核电技术高温气冷堆的经费占据科技专项经费总额的六分之一，其中，大型先进压水堆主要指第三代核电技术AP1000。2007年，国家发改委正式发布的《国家核电中长期发展规划（2005—2020年）》又进一步明确提出，中国核电装机容量要从2007年的不到1万兆瓦增加到2020年的4万兆瓦。这标志着，中国从"适度发展"核能到"加速发展"核能的重要政策转变，中国核电技术开启第三代核电技术的引进和研发征程。

第三，安全发展的需求。2011年日本福岛核事故之后，李克强总理在2012年《政府工作报告》中强调了以安全为中心的发展战略。为此，"十二五"规划（2011—2015年）提出要在"在确保安全的基础上高效发展核电"。"安全第一"的核电技术发展理念也在2012年国务院推出的《核电安全规划（2011—2020年）》以及2013年国务院印发的《能源发展"十二五"规划》中得到充分体现。这为第四代核电技术的发展提供了巨大契机，与第一至第三代核电技术的"概率安全"不同，第四代核电技术强调"固有安全"。

简言之，工业化发展、可持续发展和安全发展分别在不同阶段为推动核电技术发展提供了战略契机，形成了对核电技术发展的巨大战略需求。相比之下，1979年的美国三哩岛核事故和1986年苏联切尔诺贝利核事故之后，发达国家对发展核电技术的战略需求明显下降。这为中国迎头赶上提供了外部契机。

国家战略需求通过政府的一系列的规划（五年规划和相关专项规划等）和扶持政策（专项资助等）来体现。规划和政策的制定固然重要，但其成功实施也同样非常重要。就核电技术而言，由于其主要负责机构都是中央国有企业（中核、中广核、国家电投）和中央直属的大学（清华大学）。这些机构的负责人都直接由中央政府任命，中央的规划或政策可以得到很好的贯彻执行。

如果说中国前三代核电技术发展来自"自上而下"的战略安排。中国第四代核电技术发展战略的形成则来自"自下而上"的不断争取。在第二代核电技术尚未发展成熟，第三代核电技术尚未开启的时候，清华核研院就在积极研发第四代核电技术，而此时国际上对第四代核电技术的研究也尚处于起步阶段。由于技术过于超前，中央决策者一时很难看清这一技术的前景。清华核研院通过采用灵活策略，结合中国国情，不断激活国家潜在战略需求，每攻破一个技术难关，便申请国家立项，将该技术纳入国家宏观规划。例如，在低温核供热堆的发展过程中，1984年证明低温核供热的可行性和安全性之后，便立即向国家科委申请立项，这项技术对于当时雾霾严重的北京而言无异于雪中送炭，于是国家科委将该项研究列入"六五"重点科技攻关计划，第一次获得数百万元的经费支持。随着低温供热堆技术的不断突破，随后被列入"七五""八五""九五"重点科技攻关项目。

高温气冷堆的研发也是分阶段争取纳入国家宏观规划，在高温气冷供热堆的基础研究阶段争取到了"六五"科技攻关项目的支持，第一次获得数百万元的经费支持。随后的"七五""八五""九五"重点科技攻关项目中均获得了2000万元左右的经费支持。随着王大中教授在1987—1993年担任国家"863计划"中能源领域首席科学家，高温气冷堆进一步成为"863计划"的重要专项，获得2.9亿元的经费支持。吸取"820工程"的教训[1]，清华核研院决定不再一次性提出过高的创新目标，而是将整体的尖端技术分解若干关键技术[2]，各个击破，然后再集成起来。到1990年年底，这43个子课题全部通过专家评审，其中15个达到世界先进水平。随后国务院才于1992年批准清华核研院在2000年建造一座10兆瓦的高温气冷实验堆。清华核研院经历了三十年的努力，终于成功让中央决策者认识

---

[1] 1956年中央和国务院通过的《1956—1967年科学技术发展远景规划》首次明确提出发展核电。1958年苏联给中国建造了第一座重水堆（即"581工程"），但由于苏联专家撤走，中国核电事业被搁置；随后中央批准清华大学的吕应中教授提出的建议：1969年在清华大学200号建造中国首座核电站——"钍增殖堆"，代号"820工程"。但由于目标定得太高、研发实力和工艺水平没跟上，最终以失败告终。

[2] 20世纪80年代中后期，清华核研院将高温气冷堆的技术创新分解为8个子技术：燃料元件、钍—铀循环燃料后处理、石墨堆体性能、氦技术及氦关键设备、压力容器、球床流动特性、燃料装卸系统技术、结构材料使用性能研究；其下又细分为43个子课题。参见马栩泉《知难而进，众志成城——清华核研院的发展历程》，清华大学核能与新能源技术研究院院长办公室，2007年。

到发展第四代核电技术的重要意义，国务院在 2006 年发布的《国家中长期科学和技术发展规划纲要（2006—2020 年）》中将"大型先进压水堆及高温气冷堆核电站"列为 16 个重大专项之一，其中给予高温气冷堆的经费支持占总经费的六分之一。

第六节　小结：中国核电跨越中等技术陷阱的启示

一　本章小结

新中国成立后，中国在核电技术发展方面经历了漫长的探索，从仿制到创造性模仿，中国到 2012 年已基本掌握前三代核电技术，且已出口到世界多个国家。党的十八大之后，中国核电进入强国时代，山东石岛湾的正式开工尤其是高温气冷堆的并网发电标志着中国已处于世界第四代核电技术的前沿，正从核电大国向核电强国迈进。本章旨在系统深入研究中国核电技术创新演化的动力与机制，对核电技术发展进行过程解释，验证创新阶梯模型，以期为新时代的核电技术发展政策参考，助力"双碳"目标的实现。

基于核电技术案例的过程分析，验证了创新阶梯模型的三个命题，得出如下重要结论：（1）核电技术学习可分为三个阶段：仿制（1985—1992 年），主要是第一代核电技术的探索；创造性模仿（1993—2012 年），主要是对国外第二代核电技术的引进、模仿与改进；自主创新（2013 年至今），主要是第四代核电技术的自主创新。技术学习演化包括两种类型：循序渐进型（前三代技术）和换道超车型（第四代技术）。（2）自主开发与技术引进两种机制并存于核电技术学习的每个阶段。从技术引进到国产化再到自主开发的"三段式"技术政策容易引起自主开发和技术引进的割裂。自主开发相对于技术引进的重要性呈现"U"形变化趋势。就核电技术人才、技术知识等无形技术相对于核电技术设备、技术原料等有形技术的引进也呈现"U"形变化趋势。（3）自主开发是技术学习能力提升的基础，技术学习能力提升是创新发展的关键动力，也是吸收引进技术的关键。虽然中国在 M310 和 AP1000 核电技术引进过程中都出现了技术学习能力的倒挂，使得中国在吸收技术引进方面走了一些弯路，但国家战略需求为中国核电技术事业的大发展提供了重大机遇。

二 政策启示

中国核电技术从落伍者发展到跟随者，再从并行者跨越到领先者，华龙一号的开发以及高温气冷堆的并网发电预示着中国核电已经成功跨越了中等技术陷阱。基于本章的案例分析，可以得到跨越中等技术陷阱的如下政策启示：（1）在技术发展的任何阶段，都应同时积极鼓励自主开发与技术引进，尤其不能忽视自主开发的基础性作用；自主开发与技术引进的并存不是平行关系，而是融合关系。（2）在任何创新阶段，都应聚焦技术学习能力的培育，包括自主开发和对引进技术的吸收，而非盲目强调引进技术本身。（3）鼓励跟随型模仿创新的同时，更应积极鼓励换道超车，抓住世界经济格局调整和"双碳"发展目标的机会窗口，抢占未来产业和未来技术制高点。（4）进入自主创新阶段，更应高度重视对技术知识和技术人才的引进，不能局限于技术设备和技术原料的引进，突破发达国家对后发国家的技术围堵或制裁。

第六章　中等技术陷阱再探析：技术、产业与制度

第三章到第五章分别从宏观、中观、微观三个层面，对中国技术创新的演化逻辑及面临的中等技术陷阱挑战进行了深入分析。本章进一步从技术（专利质量）、产业（高价值专利产业）和非标准化制度（专利资助政策）演化的视角对中等技术陷阱进行再探析，以期获得更多有价值的发现。

第一节　中等技术陷阱的技术视角：专利质量

一　问题提出与文献评述

2021年9月，中共中央、国务院印发《知识产权强国建设纲要（2021—2035年）》，明确提出实施知识产权强国战略。根据世界知识产权组织（WIPO）统计，中国在《专利合作条约》（PCT）体系下的国际专利申请量在2019年首次超越美国位列世界第一，2020年以6.9万件继续位列世界第一，占世界比重达到24.9%。与此同时，由于不同专利的实际价值具有显著差异，导致专利数量与专利质量之间可能存在显著差异。2021年3月，中国在"十四五"规划中明确提出：优化专利考核评价机制，更好保护和激励高价值专利。当前，中国正处于转向创新型发展模式的关键

时期，专利等知识要素的质量和作用具有重要意义。[1][2]

不同专利的实际价值具有显著差异，由此导致专利数量与专利质量之间可能存在显著差异。目前，中国对于专利质量的实际测量方法，大多体现为小样本调查或案例分析。例如，国家知识产权局每年发布《中国专利调查数据报告》，对于企业申请专利的技术质量、写作质量、权利稳定性、市场价值、申请动机等进行调查，从而对专利质量进行评价。类似的衡量方法能够较为深入地对一部分企业进行研究，然而，由于小样本调查的覆盖范围有限，难以对整体的专利质量进行全面评价。

现有实证文献已广泛使用专利数据作为创新的度量指标，然而大部分文献仍主要关注专利数量，对于专利质量的研究仍然不够系统和深入。本章以经济学和管理学的5本权威期刊为例，总结了现有文献对于专利数据的使用情况。本章以"专利"和"创新"为主题，通过中国知网对2020年12月31日之前的文献进行检索，文献来源限定为《经济研究》《管理世界》《经济学》（季刊）、《中国工业经济》和《世界经济》。汇总检索结果后发现，发表论文数量为173篇，发表时间集中在2012年之后，使用的专利数据包括宏观统计数据、手工搜集或调查得到的小样本统计数据、上市公司统计数据等。大部分文献使用专利数量作为衡量指标，在涉及专利质量的文献中，现有文献使用专利存续期[3]、专利授权率与续期率[4]、权利要求书的名词数量[5]等指标进行衡量。然而，由于缺乏专利存续、引用、转让等多维度的详细信息，现有文献在专利质量的衡量方面仍需进一步完善。

本章基于1991—2018年中国全样本专利数据库，提出专利质量的三维评价方法，从专利长度、专利宽度和专利深度三个维度对中国的专利质量进行分析，并分析了企业、高校科研机构以及产学研合作这三类创新主体的专利质量。研究发现，中国专利质量从1991年开始呈现显著上升的

---

[1] 袁富华、张平、李兆辰：《增长非连续的原因与创新路径的转换》，《中共中央党校学报》2018年第1期。
[2] 柴士改、李金昌：《中国经济增长新动能统计测度研究》，《统计与信息论坛》2021年第1期。
[3] 张古鹏、陈向东：《基于专利存续的企业和研究机构专利价值比较研究》，《经济学》（季刊）2012年第4期。
[4] 龙小宁、王俊：《中国专利激增的动因及其质量效应》，《世界经济》2015年第6期。
[5] 张杰、郑文平：《创新追赶战略抑制了中国专利质量么？》，《经济研究》2018年第5期。

趋势，在 2014 年达到最大值，并保持在高位水平。从专利质量的三个维度看，专利长度波动上升并保持在高位水平，专利宽度达到峰值后明显下降，专利深度迅速上升至高位后略有下降。从不同专利申请人类型看，企业专利、高校科研机构专利以及产学研合作专利的质量均呈现显著提升，其中，产学研合作专利的整体质量最高，高校科研机构专利的整体质量最低。

本章主要贡献在于：在理论方面，提出专利质量的三维评价方法，系统阐述了评价体系和具体评价指标；在数据方面，首次使用中国全样本专利数据库，对 2000 多万条专利样本进行计算和分析，数据更新至 2018 年年底；在实证方面，分析了中国 1991—2018 年专利长度、专利宽度与专利深度的变动趋势，实证检验了中国的专利质量，并对企业、高校科研机构以及产学研合作的专利分别进行分析，为促进创新驱动发展提供了政策依据。

二 专利质量的三维评价体系

专利质量的差异能够在很多方面有所体现，如专利存续期、权利要求数、专利被引数等，同时也会受到研发投入和研发方式的影响。[1] 部分研究通过小样本调查获取专利的法律指标，然而这些指标尚未纳入正式统计程序，难以进行大样本分析。[2] 现有已公开的微观专利数据库包括美国 NBER 专利数据库、欧洲 PATSTAT 数据库、日本知识产权局 IIP 专利数据库等。本章使用中国全样本专利数据库对中国的专利质量进行评价，该数据库包含 1991—2018 年在中国申请的全部专利样本信息，样本量超过 2000 万条，数据来源为深圳德高行知识产权数据技术有限公司和清华大学国情研究院。

现有研究基于专利信息进行创新排名等方面的评价，其中包含一些能够体现专利质量的指标，如 PCT、权利要求数等。科睿唯安每年发布的《中国大陆创新企业百强》，主要基于四个指标进行计算：专利数量、专利

---

[1] 郑素丽、宋明顺：《专利价值由何决定？——基于文献综述的整合性框架》，《科学学研究》2012 年第 9 期。
[2] 谷丽、郝涛、任立强等：《专利质量评价指标相关研究综述》，《科研管理》2017 年增刊第 1 期。

授权率、PCT数量与专利数量之比、专利被引量。此外,《中策—中国企业专利创新百强榜》基于四个指标进行计算:专利数量(专利申请量、专利授权量、有效专利量)、专利质量(权利要求数、专利被引量)、PCT同族专利数量、专利获奖数量。

本章基于专利的独占性本质纳入最新指标,构建包含专利长度、专利宽度以及专利深度三个维度的评价体系。一般而言,专利给企业带来的价值更多体现在独占收益上,专利独占权可阻止其他企业进入市场,从而获取独占收益;此外,专利作为一种无形资产,还可以进行市场交易进而获得收益,如专利许可、专利转让以及专利质押等。本章提出专利质量的三维评价体系,其中:专利长度反映了独占时间,包括专利存续期和技术生命周期;专利宽度反映了独占范围,包括权利要求数和技术分类号数;专利深度反映了独占强度,包括专利转让次数和专利被引次数。具体指标汇总见表6-1。

表6-1　　　　　　　　　专利质量的三维评价体系

评价维度	独占性	评价指标	单位
专利长度	独占时间	专利存续期	年
		技术生命周期	年
专利宽度	独占范围	权利要求数	项
		技术分类号数	个
专利深度	独占强度	专利转让次数	次/百件
		专利被引次数	次/百件

需要说明的是,反映专利质量的具体指标远非上述六种,但上述六种指标基本能够从三个维度更为全面立体地反映专利质量。一方面,上述六种指标能够较为全面简约地反映不同维度的质量,其他很多指标会与上述指标形成较大的共线性。例如,结合技术分类号和专利被引还可以进一步计算出被引专利行业离散度,参照赫芬达尔—赫希曼指数(HHI)的计算原理,$X_i = 1 - \sum_{j=1}^{n} S_{ij}^2$,$S_{ij}$表示专利$i$的被引专利中,属于专利行业$j$的被引专利占所有被引专利的比重。$X_i$越大,说明引用专利$i$的专利越分散,专利$i$的影响范围越广,但这一指标与专利被引次数存在一定的相关性。专

利许可、专利质押也是反映专利运用的重要指标,但这些指标与专利转让的变化趋势较为一致。另一方面,上述六种指标之间的区分度较大,除了不同维度的指标存在明显的区分之外,同一维度内不同的指标的区分也较为明显,例如,专利宽度指标中,权利要求数反映的是领域宽度,技术分类号反映的是行业宽度,专利长度和专利深度内部的分项指标之间的区分则更为明显。

由于不同指标的单位存在差异,相互之间难以比较。本章参考现有文献的做法,通过归一化(Normalization)的方法消除评价指标的量纲,从而得到可比的指标。① 归一化指标X_i^{Nor}的计算过程可以通过下式表示:

$$X_i^{Nor} = \frac{X_i - X_{min}}{X_{max} - X_{min}}$$

其中,X_i表示未进行归一化的指标值,X_{min}表示该指标在时间序列中的最小值,X_{max}表示该指标在时间序列中的最大值。由此,可以将全部指标消除量纲,得到可比的变动趋势。

三 专利质量的具体评价指标

(一)专利长度的评价指标

1. 专利存续期

如果专利拥有人愿意为专利续费,则意味着该专利价值较高。需要注意的是,在中国的专利统计制度中,专利存续期是从申请日起开始计算,因此存续期的计算方式为专利存续最后年份减去专利申请年份。由于存在统计截断问题,靠近数据统计截止年份的数据存在测量误差。在 1991—2018 年,2013 年及之前公开的发明专利、实用新型和外观设计专利的存续期大于等于 5 年的专利占比分别为 76.70%、57.51%、36.16%;2008 年及之前公开的三类专利的存续期大于等于 10 年的专利占比分别为 57.00%、19.42%、24.75%。整体而言,三类专利的存续期占比不够高,这意味着,三类专利的质量都存在很大提升空间。发明专利的存续期占比明显高于另外两类专利,这在一定程度上意味着,相对其他两类专利而

---

① 蔡中华、陈鸿、马欢:《我国向"一带一路"沿线国家专利申请质量测度研究》,《科学学研究》2020 年第 7 期。

言，发明专利的质量更高。

2. 技术生命周期

专利的技术生命周期（TCT）是评价专利创新演化速度的常用指标，其计算方法为：给定一个元专利，先对每一个引用专利计算元专利公开年份与其引用专利公开年份的差，再求所有引用专利这一差值的均值。为使得结果更准确，本章对这一方法进行改进，将时间差精确到日；为避免个别异常值的影响，用中位数取代均值。TCT 越小，表示该专利的创新速度越快。需要注意的是，由于难以获取引用的国外专利的详细信息，TCT 的计算一般只考虑本国引用专利。如果某专利的引用大量来自国外专利，则该专利的 TCT 指标会存在测量误差。1991—2018 年，中国发明公开专利的技术生命周期平均为 1.53 年。

（二）专利宽度的评价指标

专利宽度反映了专利独占的领域或行业的范围[①]，可以用权利要求数、技术分类号数等指标反映。

1. 权利要求数

权利要求数越多，反映该专利的运用范围越广，该专利的价值越大。按授权年份划分，发明授权专利的权利要求数在 1991—1995 年不稳定，随后呈现稳定的倒"U"形变化，2009 年达到 10.87 项的峰值。中国专利制度在权利要求方面没有发生明显的调整，这意味着，中国发明专利质量在 2009 年之后可能存在下降趋势，这或许与国际金融危机后中国的专利赶超战略有关。2010 年的"十二五"规划首次将发明专利作为量化目标纳入要求，随后出台了一系列相关规划和政策。相比之下，实用新型专利的权利要求数则在 1991—2018 年呈缓慢上升趋势，这意味着，实用新型专利的质量或在不断上升。不同国家权利要求数的可比性较差。外观设计没有明确的权利要求项，其权利要求隐含在视图中。

2. 技术分类号数

技术分类号数目越多，意味着该专利将在更多行业获得一定的独占权。1991—2018 年，发明公开、实用新型、外观设计专利的平均技术分类号数分别为 2.55 个、1.84 个和 1.01 个，这进一步表明发明专利的质量相

[①] Gambardella, A. D., Harhoff, B. V., "The value of European patents", *European Management Review*, Vol. 5, No. 2, 2008.

对更高。需要注意的是，不同专利技术分类原则会给研究带来不同影响。目前，国际专利分类（IPC）采用功能性分类为主，并结合应用性分类的分类原则。前者与创新投入的关联较大，后者与创新产出的关联较大。由于 IPC 的分类标准由各国的专利部门制定，不同国家之间的划分标准存在一定差异。

权利要求数和技术分类是从领域、行业的视角对专利宽度的衡量，此外，还可以从国家或地区的视角分析专利宽度，例如通过 PCT 申请国家数等指标进行衡量。与单一国家国内申请的专利相比，PCT 的申请费用和维持费用更高，因而现有文献认为其质量相对更高。PCT 可以同时申请多个国家，申请的国家数越多，其质量也相对更高。1991—2018 年，中国的 PCT 平均海外申请国家数为 2.48 个，其中，PCT 美国专利和三方专利的占比分别为 39.24% 和 54.26%。

（三）专利深度的评价指标

专利深度反映了专利被运用或被引用的次数，可以用专利转让次数和专利被引次数衡量。

1. 专利转让次数

专利运用包括专利转让、专利许可及专利质押等指标。本章通过中国全样本专利数据库计算发现，截至 2018 年年底，平均每百项发明专利的转让、许可和质押的次数分别为 6.46 次、0.76 次和 0.60 次。可见，国内的专利市场交易仍以转让为主，专利许可和质押非常少。中国专利运用率低有三个主要原因：第一，专利法本身所授予专利的权利是"排他权"，不是"主动实施权"，拥有专利后并不自动获得生产和销售产品的权利；第二，中国从中央到地方给予申请人相当大的专利申请补贴，申请专利的成本很低，同时企业拥有专利后可以申报相当多的资质，例如高新技术企业等，享受节税或其他资助，部分专利并未实施到产品上；第三，专利转让、许可、质押的信息需要时间的酝酿，时间越长，累积数量越多，而专利信息的公开具有一定时滞，造成了信息不对称的问题。根据专利申请人类型进行计算，中国个人专利的运用率逐年上升，2009 年之后超过所有其他专利，企业专利次之，运用率最低的是科研机构和高校。但个人专利运用率最高并不能代表专利质量最高，因为其中绝大部分来自高转让率，而大量个人专利最后都会转让给企业。

2. 专利被引次数

引用是评价科学文献和专利质量的一个重要指标，包括引用和被引。中国1991—2018年发明公开、实用新型、外观设计专利的截至2018年年底平均专利被引量分别为1.22次、0.53次、0次；平均专利引用量分别为2.41次、0.10次、0次。在使用专利被引指标时需要特别注意标准和可比性。首先是技术领域的异质性，一般而言，传统领域引用量较多、被引量较少，而新兴领域引用量较少、被引量较多。其次是时间的异质性，申请较早的专利有更多机会被其他专利引用，申请较晚的专利有更多可供引用的专利。

将专利被引作为专利价值衡量指标的讨论最早出现于文献计量学中，随后被运用到经济学和管理学等不同领域的研究中。此后，专利被引量与专利数量逐步被结合起来共同作为对创新的度量。现有文献普遍采用的方法是，将专利被引量作为权重对专利数量进行加权，以此评估专利的创新价值。

基于专利被引还可以构建新的指标，除前文提到的被引专利行业集中度，还包括科学关联度，即引用科学文献（即学术论文和研究报告）数量占所有引用的专利和科学文献数量的比重，从而对创新的特征进行衡量[①]。

四 专利质量的变动趋势

本章通过中国全样本专利数据库分别计算每一年的专利评价指标，汇总之后即可得到不同维度的评价指标在1991—2018年的变动趋势。在计算过程中，由于不同评价指标的单位不同，在计算得到每年的初步结果后进行归一化处理，然后将无量纲的计算结果进行比较。由于发明专利相对于实用新型专利和外观设计专利的质量更高，本章在计算过程中使用全样本发明专利进行计算。

（一）专利长度的变动趋势

中国专利长度的分项指标在1991—2018年的变动趋势如图6-1所示。横坐标为专利授权年份，纵坐标为专利质量，下同。

[①] Cheng, W., Meng, B., Gao, Y., "China's Innovation Boom: Miracle or mirage?" *IDE Discussion Paper*, No. 777, 2020.

专利存续期。中国专利存续 5 年以上的比例在 1994 年之前迅速上升至 74.5%，之后持续下降，到 2000 年仅为 63.8%，之后进一步上升至 2009 年的 79.2%，并保持这一水平，到 2013 年达到 79.7%。2013 年后由于部分专利申请截至 2018 年尚未满 5 年，部分即将失效的专利尚未体现出来，因此存续比例显著提高。由于数据统计的截止时点为 2018 年，因此 2013 年以后的专利存续期存在测量误差，竖线右侧的部分仅作为参考。考虑到专利存续时间的延长需要缴费，专利存续期的整体提升能够在一定程度上反映出专利质量的不断提高。

技术生命周期。中国专利的技术生命周期从 1991 年持续上升至 2008 年的 3.3 年，在 2009 年短暂下降后进一步上升至 2011 年的 3.9 年，并从 2015 年开始产生小幅波动，到 2018 年达到 3.0 年。技术生命周期的大小反映了专利演化的速度，一方面，这一指标的增加表明专利平均演化速度降低，新增专利整体上基于更早期的专利；另一方面，这也可能意味着，部分现有专利对于新增专利发挥更大作用，部分关键专利可能形成特定的技术路线，从而拉高技术生命周期。

总体而言，在专利长度的维度上，中国专利质量在 1991—2018 年波动上升，近年来保持在较为高位的水平。

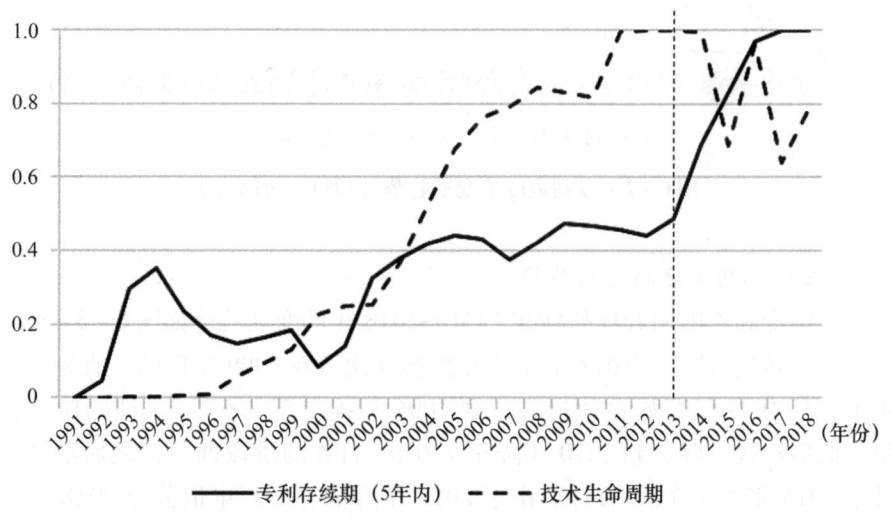

图 6-1　专利长度的变动趋势（1991—2018 年）

(二) 专利宽度的变动趋势

中国专利宽度的分项指标在1991—2018年的变动趋势如图6-2所示。

权利要求数。中国专利的平均权利要求数在1995年以前一直在低位水平，此后迅速提升，到2009年达到10.9项，此后又出现小幅下降，在2018年降至8.4项。

技术分类号数。中国专利的平均技术分类号数从1991开始持续上升，尤其在2003年之后迅速上升，到2011年达到最大值2.7项，此后出现小幅下降，在2017年降至2.3项的近年低点，到2018年为2.4项。

总体而言，中国专利宽度一方面实现了迅速提升，另一方面在近年来的平均水平出现小幅下降，在中高位出现波动。

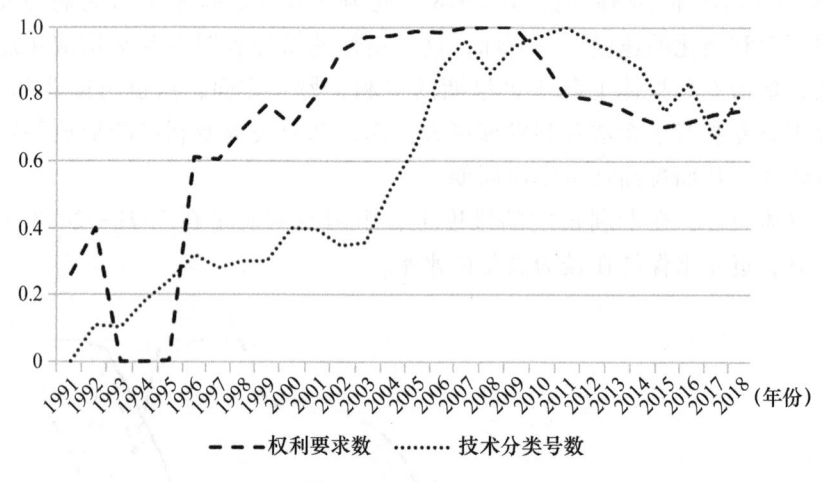

图6-2 专利宽度的变动趋势（1991—2018年）

(三) 专利深度的变动趋势

中国专利深度的分项指标在1991—2018年的变动趋势如图6-3所示。

专利转让次数。中国专利的3年内转让次数在1999年以前一直处于低水平，从1999年开始迅速提升，到2006年提升至8.6次/百件的阶段高位，此后小幅下降，到2010年降至7.0次/百件的阶段低位，之后继续提升至2015年的8.3次/百件。由于2015年后部分专利申请截至2018年尚未满3年，竖线右边的趋势仅供参考。这反映出中国专利在转让次数上，保持了持续上升的趋势。

专利被引次数。中国专利的 3 年内引用次数在 2000 年以前迅速上升，在 2000 年达到 11.3 次/百件，之后又迅速下降至 2003 年的 2.5 次/百件，在 2004 年短暂上升后，进一步下降至 2008 年的 1.8 次/百件。尽管在 2011 年再次回升至 6.8 次/百件，但这一指标在 2011 年后持续下降，到 2015 年降至 1.2 次/百件。这反映出中国专利在被引次数上，近年来呈现出整体下降的趋势。由于 2015 年后部分专利申请截至 2018 年尚未满 3 年，竖线右侧的趋势仅供参考。

总体而言，中国专利深度在早年上升较快，但其两个分项指标在近年出现一定程度的分化。这也意味着，在实证研究中选择不同的专利质量指标可能会得出不一致的结果。整体变化趋势取决于两个分项指标的力量对比。

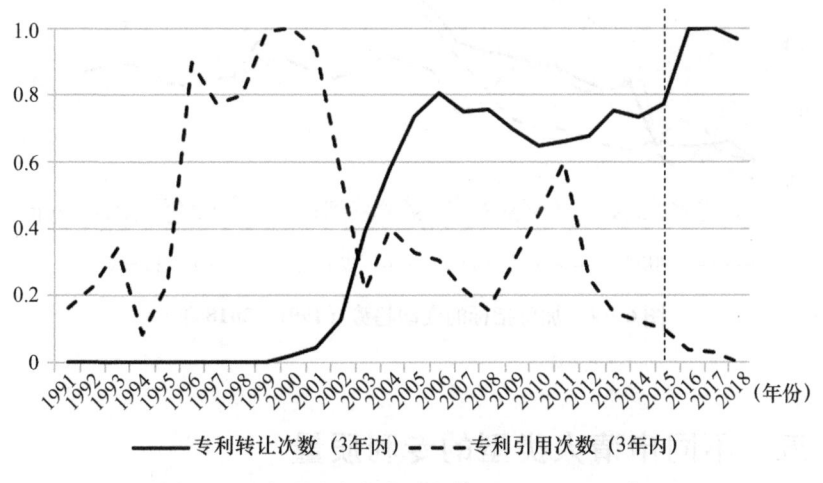

图 6-3 专利深度的变动趋势（1991—2018 年）

（四）加总指标的变动趋势

为了更加清晰地展现专利质量的变动趋势，本章将每项具体评价指标进行加总，得到专利长度、专利宽度和专利深度的评价结果，然后将这三个维度的结果再次加总，进而得到专利质量的总体结果。在计算加总指标的过程中，各项分指标采用等权重法，使用去除量纲的归一化结果进行计算。其中，对于个别年份存在测量误差的指标，在计算对应维度的加总指标时，剔除受到测量误差影响的年份后进行加总计算；对于不受影响的年份，使用全部指标进行加总计算。

加总指标的变动趋势如图6-4所示。中国专利质量从1991年开始呈现出快速上升趋势，在2006年后上升势头停滞。从分项指标看，中国专利在长度、宽度和深度上都保持了整体波动上升的趋势，但上升势头在近年都出现停滞甚至开始下降。其中，中国在专利宽度和专利长度维度上的水平相对较高，专利深度在2006年后停止上涨，专利宽度在2007年达到峰值后开始下降，专利长度在2014年达到峰值后震荡下行。

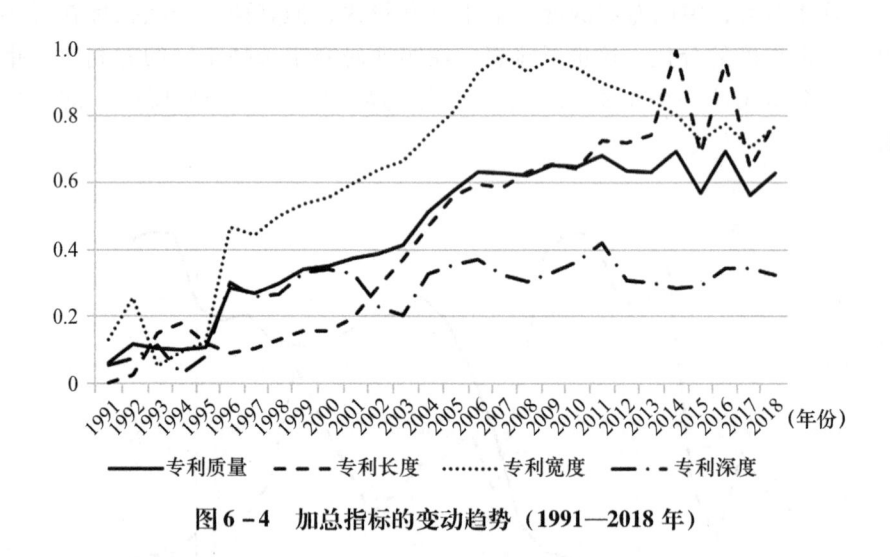

图6-4 加总指标的变动趋势（1991—2018年）

五 不同申请人类型的专利质量

根据每件专利的申请人类型，本章进一步检验专利质量在不同专利申请人类型之间的异质性。基于申请人名称的信息，本章将专利的申请人类型划分为三种类型：企业专利、高校科研机构专利以及产学研合作专利。对于具有多个申请人的专利，本章同时识别多个申请人信息，申请人均为企业时划分为企业专利，申请人均为高校或科研机构时划分为高校科研机构专利，申请人既包含企业又包含高校或科研机构时划分为产学研合作专利。

在计算过程中，本章在前文阐述的三维评价方法的基础上，计算不同申请人类型可比的专利质量。在归一化的计算环节中，为了保证不同申请人类型之间的计算结果可比,最小值和最大值的选择范围均为全部发明专利,由此保证归一化的计算结果具有统一的参照标准。

接下来,本章依次分析申请人类型为企业、高校科研机构以及产学研合作的专利质量。

(一)企业的专利质量

企业的专利质量如图 6-5 所示。通过专利质量的加总指标可以看到,企业的专利质量呈现总体快速上升趋势,在 1991—1995 年小幅下降,在 1995 年之后快速大幅上升,在 2011 年之后保持在高位水平。下面分析企业专利质量在三个维度的变化趋势。

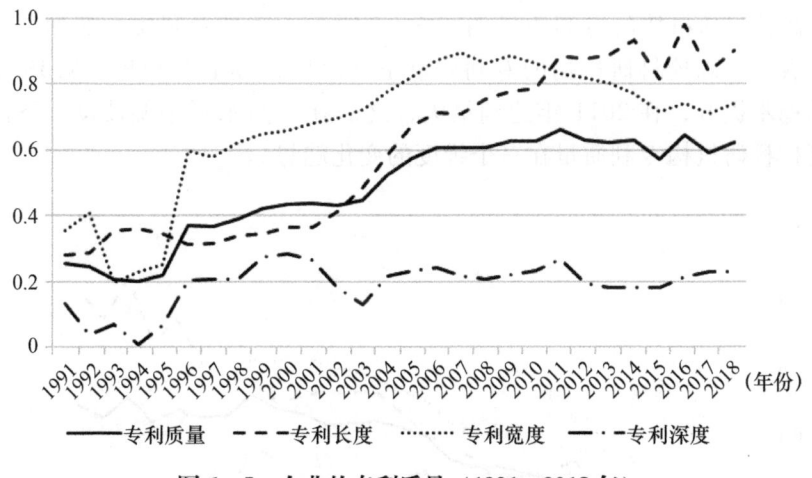

图 6-5 企业的专利质量(1991—2018 年)

专利长度。企业的专利长度在 2001 年以前保持平稳,由 1991 年的 0.28 小幅提升至 2001 年的 0.37,并从 2002 年开始迅速提升,在 2016 年达到最大值 0.98,到 2018 年为 0.90。其中,专利存续 5 年以上的比例从 1991 年的 73.7% 提升至 2013 年的 86.8%;技术生命周期在 2013 年达到 3.95 年,在 2018 年为 3.18 年。即便考虑专利存续带来的 2013 年后的测量误差,企业的专利长度在 2013 年也已经达到 0.89 的高位水平。

专利宽度。企业的专利宽度在 1995 年以前在低位波动,1995 年仅为 0.25,从 1996 年开始迅速上升,到 2010 年达到最大值 0.87,之后缓慢下降,到 2018 年降至 0.74。其中,权利要求数从 1991 年的 4.7 项迅速提升，到2007年达到最大值12.9项，到2018年降至9.5项；技术分类号数从1991年的1.7项提升至2011年的2.6项，之后小幅波动，到2018年为2.4项。

专利深度。企业的专利深度在1994年以前小幅下降，之后迅速提升至2000年的最大值0.28，之后一直保持在低位水平，在2018年为0.23。其中，专利的3年内转让次数持续提升，到2018年达到最大值11.6次/百件；专利的3年内被引次数在2000年达到最大值11.2次/百件，之后波动下降，到2011年降至4.9次/百件。考虑到这两个分项指标带来的2015年后的测量误差，2015年后的趋势仅作为参考。

（二）高校科研机构的专利质量

高校科研机构的专利质量如图6-6所示。通过专利质量的加总指标可以看到，高校科研机构的专利质量呈现总体持续上升趋势，从1991年开始稳步提升，在2011年达到最大，之后在较高水平小幅波动。下面分析高校科研机构专利质量在三个维度的变化趋势。

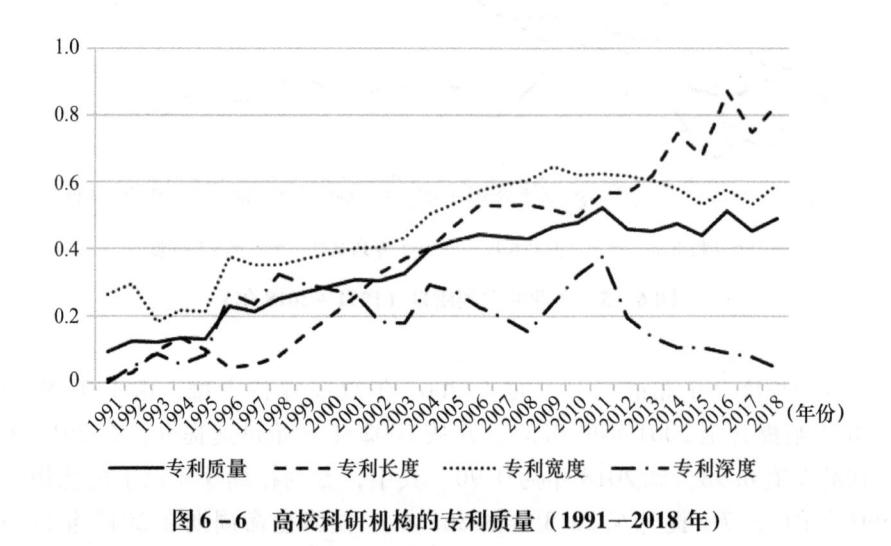

图6-6 高校科研机构的专利质量（1991—2018年）

专利长度。高校科研机构的专利长度在1996年以前在低位波动，之后持续提升，在2016年达到最大值0.87，到2018年为0.83。其中，专利存续5年以上的比例从1991年的41.7%提升至2013年的63.1%；技术生命周期在2013年达到3.37年，在2018年为2.65年。

专利宽度。高校科研机构的专利宽度在 1995 年以前在低位波动，1995 年仅为 0.21，从 1996 年开始迅速上升，到 2009 年达到最大值 0.65，之后缓慢下降，到 2018 年降至 0.59。其中，权利要求数从 1991 年的 3.0 项迅速提升，到 2007 年达到 5.2 项，之后进一步波动上升，到 2018 年提高至最大值 5.6 项；技术分类号数从 1991 年的 1.7 项提升至 2009 年的 2.7 项，之后保持这一水平，到 2018 年为 2.5 项。

专利深度。高校科研机构的专利深度在 1998 年以前持续上升，之后一直保持在较低水平，在 2011 年达到最大值 0.38。其中，专利的 3 年内转让次数持续提升，到 2016 年达到最大值 3.6 次/百件；专利的 3 年内被引次数在 1998 年达到最大值 13.0 次/百件，之后呈现波动趋势，在 2011 年为 12.7 次/百件。

（三）产学研合作的专利质量

产学研合作的专利质量如图 6-7 所示。通过专利质量的加总指标可以看到，产学研合作的专利质量呈现总体持续上升趋势，在 2010 年前后达到最大值，之后在高位小幅下降。下面分析产学研合作专利质量在三个维度的变化趋势。

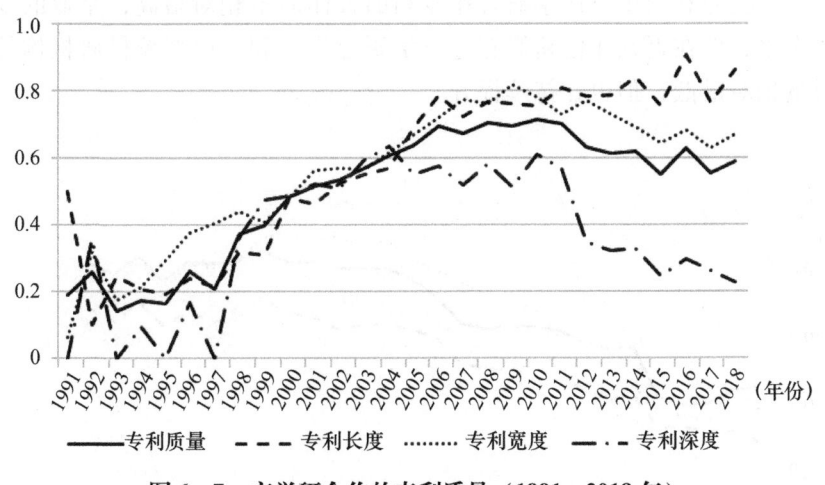

图 6-7 产学研合作的专利质量（1991—2018 年）

专利长度。产学研合作的专利长度在 1995 年以前在低位波动，之后持续提升，在 2016 年达到最大值 0.91，到 2018 年为 0.86。其中，专利存续 5 年以上的比例从 1992 年的 52.4% 提升至 2013 年的 80.0%;技术生命周期在 2013 年达到 3.59 年,在 2018 年为 2.87 年。

专利宽度。产学研合作的专利宽度在 1993 年以前在低位波动,在 1993 年仅为 0.17,从 1994 年开始迅速上升,到 2010 年达到最大值 0.78,之后在较高水平波动,在 2018 年为 0.67。其中,权利要求数从 1991 年的 2.5 项迅速提升,到 2009 年达到最大值 8.8 项,之后保持在较高水平,到 2018 年为 7.5 项;技术分类号数从 1991 年的 1.0 项提升至 2012 年的 2.9 项,之后保持这一水平,到 2018 年为 2.5 项。

专利深度。产学研合作的专利深度在 1997 年以前在低位波动,之后迅速提升,在 2004—2010 年保持在较高水平,在 2010 年之后小幅下降。其中,专利的 3 年内转让次数迅速提升,到 2006 年达到最大值 26.5 次/百件,之后小幅下降;专利的 3 年内被引次数在 2010 年达到最大值 13.8 次/百件,之后呈现下降趋势。

(四)不同申请人类型的专利质量比较

企业、高校科研机构以及产学研合作的专利质量比较如图 6-8 所示。可以看到,三类专利的质量都呈现出显著提升,近年来在较高水平保持稳定。在三类专利当中,产学研合作专利的整体质量相对最高,企业的专利质量次之,但在近几年已略微超过产学研合作专利,而高校科研机构的专利质量相对最低,但也在持续提升。

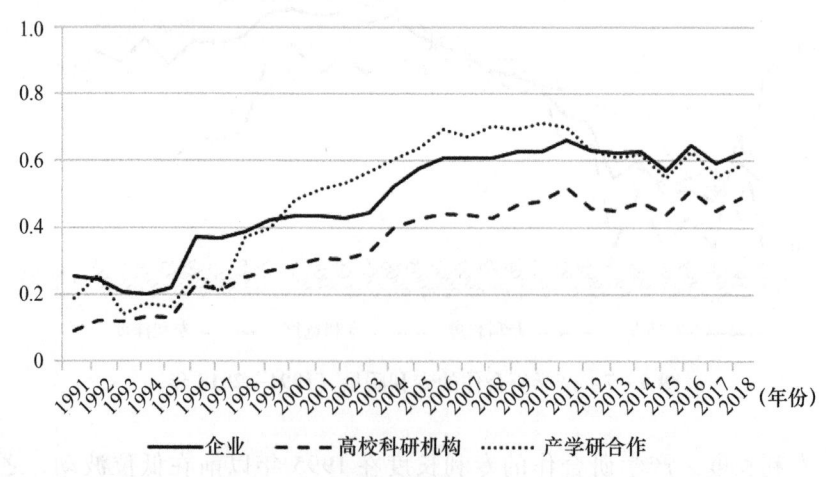

图 6-8 不同申请人类型的专利质量比较(1991—2018 年)

其中，产学研合作专利质量的最显著优势体现在专利深度上，企业专利质量的最显著优势体现在专利宽度上，而高校科研机构专利质量最明显的不足体现在专利宽度上。产学研合作的研发活动能够结合理论与实践方面的经验，尤其注重专利运用，在专利长度和专利宽度方面的表现也较为优异，因此在专利深度体现出显著优势，整体专利质量也较高。企业是经济发展和市场化的最直接主体，在研发过程中会自发考虑专利运用的领域和行业范围，以获取更大范围的独占权，因此在专利宽度方面表现尤为突出。相比之下，高校科研机构的研发活动较为集中在特定领域，对于专利实用性的重视程度也相对较弱，因此在专利宽度方面显示出最明显的不足，专利深度的优势也不明显。

六　小结：中等技术陷阱的专利质量表现及对策

创新在中国式现代化建设全局中居于核心地位，完善专利质量评价体系，识别和激励高价值专利，对于推进创新驱动发展和国家治理现代化具有重要意义。本章从专利的独占性本质出发，提出专利质量的三维评价方法，从专利长度、专利宽度和专利深度三个维度对中国的专利质量进行分析，分别衡量了独占时间、独占范围和独占强度。基于1991—2018年中国全样本专利数据库，本章对专利质量的三维评价指标进行实证分析，并对企业、高校科研机构以及产学研合作这三类申请人类型的专利质量进行分析。

本章实证研究发现：（1）中国专利质量从1991年开始呈现出快速上升趋势，在2006年后上升势头基本停滞，这是中等技术陷阱的重要表现。从分项指标看，中国专利在长度、宽度和深度上都保持了整体波动上升的趋势，但上升势头在近年都出现停滞甚至开始下降。其中，中国在专利宽度和专利长度维度上的水平相对较高，专利深度在2006年后不再上涨，专利宽度在2007年达到峰值后开始下降，专利长度在2014年达到峰值后震荡下行。这意味着，中国在2008年后开启的从创造性模仿向自主创新跨越的努力遇到了不少阻力，面临着中等技术陷阱的重大挑战。（2）从不同专利申请人类型看，企业专利和高校科研机构专利的质量分别在2006年和2011年后停止上升，产学研合作专利质量在2010年后达到峰值后开始下降。不同申请人类型的专利都出现下降，这是中等技术陷阱的强烈信号。(3) 产学研合作专利的整体质量最高,高校科研机构专利的整体质量最低。产学研合作更倾向于应用研究,高校科研机构更倾向于基础研究,高校科研机构专利质量整体偏低不利于中国自主创新的发展,这也是对跨越中等技术陷阱的重大约束。

基于此,本章提出以下四点政策建议。

第一,改进专利评价方法。专利评价决定了对于专利的侧重点和鼓励方向,对于创新主体具有指挥棒的重要作用。当前,中国正处于从专利数量向专利质量迈进的重要阶段,需要进一步改进专利评价方法,更好衡量专利质量。在微观层面,需要根据现实情况分析高价值专利的特征,建立能够准确体现专利质量的评价体系,本章的三维评价指标体系提供了在此方面的探索。在宏观层面,需要进一步深化专利评价这一指挥棒对于研发活动的实际影响,总结现有评价体系的发展经验,从而进一步改进专利评价方法。

第二,加强专利合作机制。本章研究表明,产学研合作专利的质量较高,而高校科研机构专利的质量较低。未来,需要加强企业与高校科研机构之间的合作机制,深化产学研合作,推动科技发展与经济发展相互促进。在产学研合作过程中,要鼓励企业牵头实施重大科技项目,围绕国家战略需求和世界科技前沿进行技术的开发和应用。

第三,鼓励高校科研机构将专利质量纳入创新能力的评价标准,进一步探索开展非共识研究。探索更加精准有效的创新激励,在激励专利授权之外,还可以对专利授权之前的研发活动,以及专利授权之后的成果转化进行激励,推进全周期、全领域、高质量的创新活动。

第四,完善专利统计制度。专利统计是收集汇总多维度专利信息的基础和保障,完善专利统计制度是更好开展专利评价和专利激励的前提条件。在统计数据方面,需要推动统计监测关口前移,推动形成协调联动的专利统计机制,进一步纳入衡量专利质量的统计数据,收集更加深入、准确、全面的专利信息。在专利审查方面,加强新技术对专利审查流程的支持,进一步提升审查的质量和效率,并加强专利审查对创新活动的促进作用。[1] 在技术披露方面,中国现有《专利法》中尚未对专利申请人

---

[1] 余力燚:《技术创新国际化视阈下专利审查协作机制创新及中国路径选择》,《科学管理研究》2021年第1期。

技术披露义务的明确标准和违反披露义务的法律后果进行规定，需要进一步加强技术披露要求。

第二节 中等技术陷阱的产业视角：高价值专利产业

一 高价值专利助力知识产权强国建设

中国专利从无到有，已实现快速赶超。相较于美国1790年制定《专利法》，中国直到1984年才制定《专利法》，比美国晚了194年。中国专利申请自1985年开始，初期更多注重专利数量的增长，发明专利申请量占世界比重从1985年的0.92%上升至2019年43.44%[1]，连续多年居世界首位；中国通过《专利合作条约》途径申请的国际专利（PCT）占世界比重从1995年的0.26%跃升至2020年的25.00%[2]，位居世界第一。经过30多年的迅速发展，全社会知识产权文化自觉逐步提升，知识产权法律意识不断增强，知识产权制度与政策持续完善。创新是引领发展的第一动力，知识产权作为国家发展战略性资源和国际竞争力核心要素的作用更加凸显。建设中国特色、世界水平的知识产权强国，对于提升国家核心竞争力具有重要意义。[3]

中国进入全面建设世界知识产权强国新时代。为了提升中国知识产权创造、运用、保护和管理能力，建设创新型国家，实现全面建设小康社会目标，2008年6月，国务院发布《国家知识产权战略纲要》，首次将知识产权提升到国家战略层面，提出到2020年，把中国建设成为知识产权创

---

[1] 这里是指在中国专利局申请的专利，包含了居民专利和非居民专利，但居民专利占了绝大多数。世界知识产权局没有直接提供1985年的世界外观设计专利数据，本章将四类加总得到：低收入国家、下中等收入国家、上中等收入国家与高收入国家。
[2] 计算数据来源：世界知识产权局网站，https://www3.wipo.int/ipstats/index.htm?tab=patent。
[3] 中共中央 国务院印发《知识产权强国建设纲要（2021—2035年）》，2021年9月，中国政府网：http://www.gov.cn/zhengce/2021-09/22/content_5638714.htm。

造、运用、保护和管理水平较高的国家。① 随后中国高价值专利发展取得显著成效，专利的国际影响力和竞争力不断提升，为创新型国家建设和实现高质量发展提供了坚实保障。2015年1月发布的《深入实施国家知识产权战略行动计划（2014—2020年）》首次明确提出建设知识产权强国，中国逐步从知识产权大国向知识产权强国迈进。② 2021年3月，《中华人民共和国国民经济和社会发展第十四个五年规划和2035年远景目标纲要》首次提出，到2025年，每万人口高价值发明专利拥有量达到12件的预期性指标。③ 2021年9月，中共中央、国务院发布《知识产权强国建设纲要（2021—2035年）》明确提出，到2035年，中国知识产权综合竞争力跻身世界前列，知识产权制度系统完备，知识产权促进创新创业蓬勃发展，全社会知识产权文化自觉基本形成，全方位、多层次参与知识产权全球治理的国际合作格局基本形成，中国特色、世界水平的知识产权强国基本建成。④ 这标志着中国在成为世界第一大发明专利国、PCT国际专利国之后，正进入全面建设世界知识产权强国新时代。⑤⑥

  高价值专利的培育是知识产权强国建设的压舱石。中国自1989年设立专利奖以来，便注重对高价值专利的激励，但由于中国专利发展起步相对较晚，全社会知识产权意识不高，直到党的十九大之后，才逐步加强了对高价值专利的认知。具体而言，中国高价值专利的提出具有两个方面的重要背景：一是科技演化的必然规律。与粗放式增长到集约式增长的经济增长规律类似，中国科技发展也必然经历从数量增长到质量提升的演化过程，专利申请数量已连续多年稳居世界首位，中国亟须深入实施专利质量提升工程。二是新发展阶段的内在要求。中国已进入中国特色社会主义新

---

① 《国务院关于印发国家知识产权战略纲要的通知》2008年6月，中国政府网，http：//www.gov.cn/zwgk/2008-06/10/content_1012269.htm。

② 《深入实施国家知识产权战略行动计划（2014—2020年）》，2014年12月，中国政府网，http：//www.gov.cn/zhengce/content/2015-01/04/content_9375.htm。

③ 《中华人民共和国国民经济和社会发展第十四个五年规划和2035年远景目标纲要》，2021年3月，中国政府网：http：//www.gov.cn/xinwen/2021-03/13/content_5592681.htm。

④ 中共中央 国务院印发《知识产权强国建设纲要（2021—2035年）》，2021年9月，中国政府网：http：//www.gov.cn/zhengce/2021-09/22/content_5638714.htm。

⑤ 胡鞍钢、刘生龙、任皓：《中国如何成为世界科技创新强国（2015—2050）》，《中国科学院院刊》2017年第5期。

⑥ 胡鞍钢：《中国科技实力跨越式发展与展望（2000—2035年）》，《北京工业大学学报》（社会科学版）2022年第1期。

时代，人口红利日渐式微，大规模投资的潜力不断缩小，亟须将发展动能从要素驱动转变为创新驱动，推动经济从高速增长阶段转向高质量发展阶段。

为探究高价值专利（主要是战略性新兴产业专利）的发展状况，本章使用中国专利普查数据库（1991—2018年），旨在对高价值专利进行测度与实证分析，为加快建设世界知识产权强国提供决策信息和政策建议。与现有文献相比，本章的贡献体现为两个方面：一是首次基于国家知识产权局的官方定义，并对其进行理论基础和优缺点进行分析；二是使用全样本微观专利数据库对高价值专利进行测度，首次对高价值专利的历史演化和内部结构进行系统分析。

二 高价值专利的测度与特征

（一）高价值专利的概念与测度

学界对高价值专利并没有一个理论上的统一定义，本章认为，可以从技术、法律、市场价值等多个维度进行界定。近几年，中国学界陆续有不少文献对高价值专利进行了实证研究，主要分为两类：（1）基于简单指标对全国层面进行实证分析，郭颖和李创兰[1]将维持10年及以上的专利作为高价值专利，分析了全国专利的区域和行业布局。Cheng等[2]基于专利被引、权利要求数、科学关联度等技术指标实证分析了全国的高质量专利。（2）使用多维度指标构建评价模型，基于此对特定领域或范围的专利进行实证分析，刘勤等[3]和刘洋[4]基于一系列技术指标构建专利评价模型，使用获专利奖的专利进行实证分析。郭烨等[5]基于TRIZ原理提出高价值专利评估方法，并据此对特定技术领域进行分析。前一类研究的优点在于可评估

---

[1] 郭颖、李创兰：《基于专利维持年限视角的中国高价值专利布局情况研究》，《中国发明与专利》2021年第11期。
[2] Cheng W, Meng B, Gao Y, "China's Innovation Boom: Miracle or mirage?" *IDE Discussion Paper*, No. 777, 2020.
[3] 刘勤、杨玉明、刘友华：《高价值专利评估建模与实证》，《情报理论与实践》2021年第2期。
[4] 刘洋：《高价值专利指标探讨——基于中国金奖专利的实证分析》，《中国高校科技》2021年第8期。
[5] 郭烨、曹国忠、王圣坤：《基于功能分析的高价值专利判断方法研究》，《科技管理研究》2020年23期。

全国情况，具有普适性，但局限在于评价指标的简单性；后一类研究的优点在于指标评估模型的理论基础较强，评估体系较为全面，但局限在于过于复杂的指标体系难以应用到全国各领域或各范围。实际上，大多数评价体系都存在普适性和全面性之间的权衡取舍。

2021年10月，国务院发布《国务院关于印发"十四五"国家知识产权保护和运用规划的通知》（简称《通知》），首次明确将如下五类发明专利界定为高价值专利：（1）战略性新兴产业；（2）在海外有同族专利权；（3）维持年限超过10年；（4）实现较高质押融资金额的发明专利；（5）获得国家科学技术奖或中国专利奖。整体来看，《通知》中第二到第四类更具有理论意义，维持年限[1]和海外有同族专利权[2]主要是从技术含量评估专利的重要性，这也是专利质量评价体系中常见的指标；专利质押[3]主要从市场价值评估专利的重要性，这一指标非常重要，但由于公开的专利数据中很少有这一指标，故而使用较少。《通知》中第一和第五类则更具有国家战略意义，是知识产权强国战略的重要抓手，第一类主要是从产业发展的角度评估专利的重要性，第五类则是从专业同行视角评估专利的重要性。

《通知》提出的这一分类标准较好地协调了普适性和全面性的权衡取舍。一方面，该分类具有普适性，而且指标简明，可以较好地推广应用到全国；另一方面，又比较全面，尤其是战略性新兴产业以及获得国家科学技术奖或中国专利奖的专利，其本身已经包含复杂的评价体系。以战略性新兴产业为例，该产业具有两个特点：一是战略性，反映了重大技术和发展需求，其作用不仅限于技术或产业本身，还具有较强的综合效益和带动能力；二是新兴性，代表着科技和产业发展的方向，不仅具有当代意义，还具有未来引领作用。战略性新兴产业的跨时空特征使得其专利价值很难用具体的指标或指标体系来刻画，但其战略性和新兴性就意味着其本身已经内含了一系列反映专利价值的指标。此外，战略性新兴产业分类是随着

---

[1] 张古鹏、陈向东：《基于专利存续的企业和研究机构专利价值比较研究》，《经济学》（季刊）2012年第4期。

[2] Zeebroeck N V, "The puzzle of patent value indicators", *Economics of Innovation and New Technology*, Vol. 20, No. 1, 2011.

[3] 程文银：《国家技术开发区与技术创新：基于自主性引进的视角》，博士学位论文，清华大学，2020年。

时间变化而不断演化的，这意味着，《通知》中界定的高价值专利是与时俱进的，与现有文献中的高价值专利静态评估方法有所区别。相比于现有文献，这一分类准则能够更好地为战略决策服务。

当然，《通知》中这一分类也存在其不足。如获专利奖、有质押、有海外同族专利权、存续10年及以上的专利都存在不同程度的截断问题，这也是各类专利指标评价体系中的常见问题。假设统计数据截至2018年年底，则2008年之后授权的存续10年及以上的专利数量不完整，临近2018年授权的部分专利可能在之后的某些年份获专利奖、发生质押或申请海外同族专利权，而这些高价值专利都未体现在统计数据中。因此，按照这一分类进行的统计在一定程度上低估了最新几年的高价值专利数量。

本章使用1991—2018年中国专利普查数据库对高价值专利进行测度，该数据库来自国家知识产权局，包含在中国专利局申请的所有专利。相比于现有文献中使用的中国专利数据[1][2]，本章数据包含专利被引、专利引证中的非专利文献、海外同族专利权、专利运用等重要信息，不仅变量信息更丰富，而且时间更新。为验证本章数据的可靠性，本章计算了历年发明专利授权数量，并与《专利统计年报》中的相应数据进行对比，二者基本一致，结果见附录图A1，故本章数据库较为全面地囊括了所有专利。

基于上述概念界定和专利数据库，参照《战略性新兴产业分类与国际专利分类参照关系表（2021）（试行）》，结合世界知识产权局提供的2020年五个层级的国际专利分类（IPC）号[3]，识别出战略性新兴产业专利的IPC分类号，并将这一分类号用于整个样本期间1991—2018年，进而避免了战略性新兴产业分类变更带来的高价值专利评价标准变动问题。从专利数据库识别有海外同族专利权和维持年限在10年及以上的发明授权专利。由于专利质押融资金额数据难以获取，本章搜集了专利质押次数的数据，将有质押的专利则视为高价值专利；通过国家知识产权局网站搜集整理中

---

[1] He Z, Tony T W, Zhang Y, et al., "A database linking Chinese patents to China's census firms", *Nature Scientific Data*, No. 5, 2018.
[2] Cai J, Chen Y, Wang X, "The impact of corporate taxes on firm innovation: Evidence from the corporate tax collection reform in China", *NBER Working Paper*, No. 25146, 2018.
[3] https://www.wipo.int/classifications/ipc/en/ITsupport/Version20200101/transformations/stats.html.

国专利奖项目名单①，将其专利号与专利数据匹配；同时，由于国家科学技术奖的相关专利数量很少且难以确认，故未加考虑②；进而，通过将这些类别的专利加总，首次识别出高价值专利。

（二）高价值专利与非高价值专利的特征比较

本章主要从三个方面比较分析高价值专利与非高价值专利的差异。（1）专利质量。专利被引量和权利要求数是学术界衡量专利质量的常用指标③④。将专利被引作为专利价值衡量指标的讨论最早出现在文献计量学中，Trajtenberg⑤首次将专利引用运用到经济学研究当中，之后这一指标被广泛运用。专利被引存在比较严重的截断问题，即数据截止点之后的被引量无法捕捉。为此，本章参照学界现有文献⑥⑦的做法，使用企业五年内专利被引量作为专利质量的代理变量。五年内发明专利被引占截至2018年年底被引的比重高达76.20%⑧，已经能在很大程度上说明总体的专利被引情况。权利要求数明确了专利的权利保护范围。学界许多研究表明，权利要求数越多，该专利的质量越高。⑨（2）创新速度用技术生命周期⑩衡量，

---

① 专利奖包括发明专利和实用新型专利。1989—2009年每两年评选一次，自2010年每年评选一次。自2018年开始有金奖、银奖、优秀奖，此前只有金奖和优秀奖。https://www.cnipa.gov.cn/col/col396/index.html。
② 国家科学技术奖授予个人或组织，专利只是其考量的重要因素之一，无法获知获奖的个人或组织的哪些专利在评奖过程中发挥了重要作用。由于国家科学技术奖的难度远高于专利奖，国家科学技术奖中包含的专利在很大程度上已经被包含在专利奖当中。
③ Pan X., Gao Y., Guo D., et al. "Does higher education promote firm innovation in China?" *Sustainability*, Vol. 12, No. 18, 7326, 2020.
④ Pan X., Cheng W., Gao Y., et al. "Is environmental regulation effective in promoting the quantity and quality of green innovation", *Environmental Science and Pollution Research*, Vol. 28, 2021.
⑤ Trajtenberg M., "A penny for your quotes: Patent citations and the value of innovations", *The Rand Journal of Economics*, Vol. 21, No. 1, 1990.
⑥ Lanjouw J. O., Schankerman M., "Patent quality and research productivity: Measuring innovation with multiple indicators", *The Economic Journal*, Vol. 114, No. 495, 2004.
⑦ Aghion P., Akcitgit U., Bergeaud A., et al. "Innovation and top income inequality", *Review of Economic Studies*, Vol. 86, No. 1, 2019.
⑧ 以截至2018年年底被引量不为零的发明专利为基础，计算每个专利的五年内发明专利被引占截至2018年年底被引的比重，然后求简单均值。
⑨ Bessen J., "The value of US patents by owner and patent characteristics", *Research Policy*, Vol. 37, No. 5, 2008.
⑩ Trajtenberg M., Henderson R., Jaffe A. B., "University versus corporate patents: A window on the basicness of invention", *Economics of Innovation and New Technology*, Vol. 5, No. 1, 1997.

即专利公开日期与其所有引证专利公开日期之差的中位数,技术生命周期越小表示创新速度越快。(3)原始创新,用科学关联度衡量,即专利引证文献中,非专利文献(即学术论文和研究报告)的数量占比,该值越大反映该专利越多来自科学,该值越小反映该专利越多来自现有的专利技术。

研究测算结果见图6-9,结果显示:(1)1991—2018年,专利质量指标对应的百分比绝大多数大于零,这意味着,高价值专利的质量高于非高价值专利。如果以五年内被引量衡量专利质量,高价值专利相对于非高价值专利的优势更为明显。(2)样本期间,技术生命周期指标对应的百分比则均小于零,这表明,高价值专利的创新迭代速度快于非高价值专利。然而,这一百分比逐渐趋于零,这意味着,高价值专利在创新速度方面的相对优势正在减小,这不利于中国在世界科技竞争日益加剧的今天抢占高新技术和前沿技术的世界制高点。(3)样本期间,原始创新指标对应的百分比几乎均大于零,这意味着,与非高价值专利相比,高价值专利更接近于原始创新,其知识更多来源于科学而非技术。因此,为实现更多从"0到1"的突破,中国亟须大力推动高价值专利发展。然而需要注意的是,在2000年之前,这一差距非常大,但之后差距迅速缩小;中国在加入世界贸易组织(WTO)之后,对原始创新的注重程度明显下降,但对此的关注程度在党的十八大之后又开始缓慢上升。

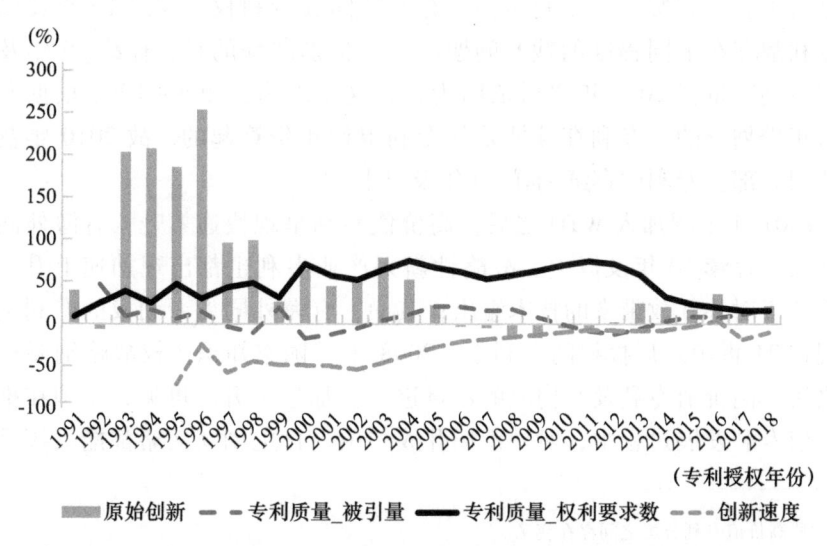

图6-9 1991—2018年高价值专利比非高价值专利高出的百分比

总之，高价值专利在专利质量、创新速度、原始创新等各方面均优于非高价值专利，国家知识产权局的界定标准具有较高的合理性，中国应加大力度激励高价值专利的创造与运用，以推动专利从数量迅速扩张型向质量大幅提升的重大转型。同时，还要进一步提升高价值专利的创新速度，抢占世界技术制高点；还要进一步加强高价值专利的原始创新能力，集中力量突破"卡脖子"技术。

三 高价值专利及其结构的演化

在测度的基础上，本章对中国历年高价值专利授权量进行了统计，结果表明，1991—2018年，高价值专利占所有授权发明专利的比重为62.68%。从高价值专利内部结构看，获专利奖、有专利质押、有海外同族专利权、存续10年及以上、战略性新兴产业专利占所有授权发明专利的比重分别为0.17%、0.77%、2.79%、23.14%、50.44%。[①]

本章进一步计算了分年测度结果（详见图6-10）。由于有专利质押和获专利奖的专利数量占比非常小，进而未列示在图6-10中。整体而言，在每年授权的专利中，中国高价值专利的数量在不断攀升。高价值专利与战略性新兴产业专利的差距在2012年之前不断扩大，但之后不断缩小。这是由于获专利奖、有专利质押、有海外同族专利权、存续10年及以上的专利都存在不同程度的截断问题。需要特别解释的是，存续10年及以上的专利数量在2008年之后依旧为正，这是因为，图6-10是根据专利授权年份划分的，专利存续期是从专利申请年份算起的，故2010年及之后依旧有部分专利的存续期在10年及以上。[②]

2001年中国加入WTO之后，高价值专利呈现快速攀升，有海外同族专利权、存续10年及以上、战略性新兴产业专利也都出现加速上升，这或得益于对外开放带来的技术溢出；其中，有海外同族专利权的专利主要出现在21世纪之后授权的专利中。2008年《国家知识产权战略纲要》发布之后，高价值专利及其构成的数量进一步加速上升。可见，中国在推动高价值专利发展过程中，对外市场开放与国内自主创新战略都能发挥重大

[①] 这些高价值专利分类之间存在交叉。
[②] 本书使用的1991—2018年微观专利数据显示，专利授权年份与申请年份之差的平均值为3.35年。

作用，市场之手与政府之手、对外开放与自主创新形成合力，共同推动知识产权强国建设。图6-10标示了中国每五年的高价值数量，每个五年规划期间，高价值专利授权量都出现快速上升。

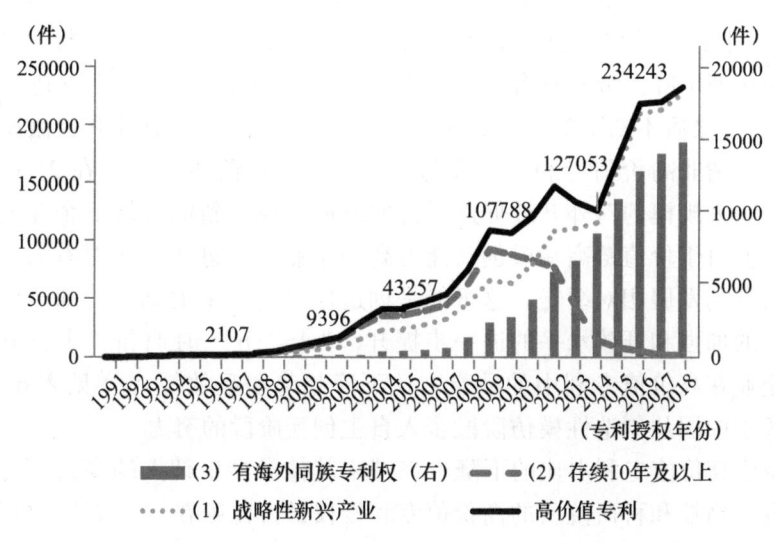

图6-10 1991—2018年高价值专利授权量及其构成的演化

四 不同创新主体的高价值专利创造

本章根据第一申请人的名称，将申请人分为五种创新主体类型：企业、高校、科研机构、个人、其他。含"公司、厂、设计院"等字样的归类为"企业"；含"大学、学校、学院"等字样的归类为"高校"；含"研究院、研究所、科学院、中心"等字样的归类为"科研机构"；以个人名字出现的归类为"个人"；协会、基金会、促进会等难以归类的，归类为"其他"。为避免重复计算，如果同时含有上述这些字样时，归类为企业，"××大学的××公司"算作企业，"××公司的××研究院"算作企业。多个申请人共同申请的发明专利占总量比重为7.36%。

结果显示，1991—2018年，五个类型（企业、高校、科研机构、个人、其他）高价值专利的数量占比分别为：73.87%、16.65%、2.17%、6.88%、0.42%。由此可见，企业贡献了高价值专利的三分之二有余，是

·201·

中国最重要的创新主体；高等学校为第二位，个人为第三位，科研机构为第四位。反过来讲，科研机构还有很大的提升空间。从演化趋势看，各种申请人类型的高价值专利数量均快速上升，但他们的上升速度参差不齐。表6-2列示了"八五"规划以来，不同申请人类型的高价值专利数量的占比。"十五"计划之前，企业在高价值专利中的数量占比不断上升，但之后便快速下降。分具体年份看，笔者发现，2002年这一比重达到峰值81.87%，之后不断下降。这意味着，加入WTO之后，对外开放激励了更多企业申请非高价值专利。这或与中国经济发展阶段有关。在21世纪之初，中国大规模的对外开放促进了价值链低端或创新能力低下企业的大力发展，但对于价值链高端或创新能力高的企业的促进作用相对有限，进而高价值专利发展相对缓慢，这可能是创造性模仿带来的结果。随着中国创新能力的加强和开放水平的进一步提升，"十二五"时期和"十三五"时期，企业在高价值专利中的数量占比下降趋势明显放缓（详见表6-2），这或源于中国从创造性模仿阶段步入自主创新阶段的努力。

企业高价值专利占比的下降也将带来其他类型申请人的高价值专利占比上升。高校和科研院所的高价值专利授权量占比则在"十五"之后由降转升，这意味着，高校和科研院所申请了大量高价值专利，国家应积极推动这些专利的转化和运用，尤其推动其与企业的创新合作，充分发挥其在创新强国建设中的重要作用。

个人的高价值专利授权数量占比不断下降，但依旧有举足轻重的作用，其占比甚至高于科研院所。长期以来，中国注重对职务发明专利的激励机制改革，但对于非职务发明专利的重视程度则明显不足，不利于个人专利的申请和转化运用。协会、基金会、促进会等机构也在高价值专利申请中发挥了积极作用。

表6-2　1991—2018年不同类型申请人高价值专利授权量占比　　单位：%

专利授权年份	企业	高校	科研院所	个人	其他
"八五"时期（1991—1995）	59.39	12.73	6.60	20.03	1.25
"九五"时期（1996—2000）	68.73	8.41	3.56	18.51	0.78
"十五"时期（2001—2005）	79.45	7.77	1.53	10.77	0.48
"十一五"时期（2006—2010）	77.23	12.03	1.70	8.68	0.37

续表

专利授权年份	企业	高校	科研院所	个人	其他
"十二五"时期（2011—2015）	73.48	17.94	2.29	5.88	0.41
"十三五"时期（2016—2020）	71.41	20.25	2.38	5.52	0.44

注："十三五"时期为2016—2020年，本书只统计到2016—2018年的数据。下同。

五 产学研合作的高价值专利发展

基于所有申请人信息，识别产学研合作专利，即由企业和高校、科研院所同时申请的专利，本章研究数据显示，1991—2018年，中国产学研合作专利仅占发明授权专利总量的1.70%，比重非常低。进一步测算高价值专利的产学研合作情况，结果见表6-3。在高价值专利中，产学研合作与非产学研合作的比例从"八五"时期（1991—1995年）为0.02下降至"十五"时期（2001—2005年）的0.01，之后逐步上升至"十三五"时期（2016—2018年）的0.02。这表明，中国产学研合作是推动高价值专利发展的重要渠道，近年来这一重要性日益明显。然而，在产学研合作授权发明专利中，高价值与非高价值专利授权量的比例从"八五"时期的3.33上升到"十一五"时期的6.20，之后迅速下降至"十二五"时期的1.42和"十三五"时期（2016—2018年）的1.29，这与第六章第一节所述产学研合作专利质量的变化趋势比较一致。这意味着，近年来中国产学研合作在推动高价值专利发展方面的作用没有得到充分发挥。

表6-3　1991—2018年产学研合作专利数与高价值专利数　　　单位：件

专利授权年份	产学研合作的高价值专利	产学研合作的非高价值专利	非产学研合作的高价值专利
"八五"时期（1991—1995）	120	36	5817
"九五"时期（1996—2000）	256	60	22339
"十五"时期（2001—2005）	1355	314	145264
"十一五"时期（2006—2010）	5186	836	392312
"十二五"时期（2011—2015）	13059	9227	692504
"十三五"时期（2016—2018）	12710	9879	662837

六 双循环背景下高价值专利发展

上述分析对象为在中国专利局授权的所有发明专利，包括由境内申请人和境外申请人申请的专利。在新发展格局下，有必要进一步区分这两类专利，为更好地发挥内循环和外循环的作用提供参考。本章根据申请人注册地识别其为境内申请人还是境外申请人，计算两类专利的高价值专利授权量及其占发明授权专利总量的比重，结果见表6-4。

表6-4 1991—2018年境内外申请人的高价值专利授权量及其占专利总量比重

专利授权年份	高价值专利授权量（件）		高价值专利授权量占比（%）	
	境内申请人	境外申请人	境内申请人	境外申请人
"八五"时期（1991—1995）	2938	2999	68.76	88.05
"九五"时期（1996—2000）	7854	14741	67.08	88.53
"十五"时期（2001—2005）	36820	109799	68.10	91.43
"十一五"时期（2006—2010）	162622	234876	75.43	91.42
"十二五"时期（2011—2015）	421717	283846	54.37	73.18
"十三五"时期（2016—2018）	496878	178669	51.78	57.42

境内申请人与境外申请人的高价值专利授权量均快速攀升，境外申请人的增速在"十二五"时期及之后明显放缓，且被境内申请人明显超越。这表明，中国实施的创新驱动发展战略有效推动了境内申请人高价值专利的飞速发展，但对境外申请人高价值专利发展的促进作用相对较小，也可能是国外对中国进行技术保护的结果。从高价值专利授权量占发明授权专利总量比重看，境外申请人明显高于境内申请人。这意味着，境外申请人申请的专利相对更有价值，中国应充分利用外循环吸引更多境外申请人申请专利；但两类申请人的这一比重均在"十二五"时期之后明显下降，一方面源于发明授权专利总量增长太快，另一方面也表明，中低价值专利的增速明显快于高价值专利，需要重点鼓励高价值发明专利申请和授权。

本章进一步分析境外申请人的结构发现，2018年在境外申请人高价值专利中，排名前六的国家或地区是日本、美国、德国、韩国、中国台湾、法国，贡献了总量的83.72%，其中各国或地区依次贡献30.44%、24.77%、10.45%、9.34%、6.30%、2.43%。这些发达国家或地区的技术开放态度将较大程度上影响中国的高价值专利发展，更需要积极鼓励其在中国申请和授权高价值专利。中国作为世界最大的经济体（按购买力平价国际元计算）、最大的货物贸易体（按现价美元计算），具有超大规模市场效应和回报。

七　小结：中等技术陷阱的高价值专利表现及对策

从国家知识产权强国战略看，国家"十二五"规划首次将"每万人口发明专利拥有量"作为预期性指标纳入发展预期目标，超额完成了2015年的预期目标3.3件，达到了6.3件。国家"十三五"规划进一步提出，到2020年的预期目标为12件，实际达到了15.8件。

2021年3月《中华人民共和国国民经济和社会发展第十四个五年规划和2035年远景目标纲要》（简称"十四五"规划）全文发布，首次明确将"每万人口高价值发明专利拥有量"作为预期性指标纳入发展目标，这是中国专利发展战略已从1.0版升级为2.0版，这有利于真实反映专利资源的技术含量和市场价值，客观测度科技产出绩效，引导发明专利从追求数量向追求质量转变、从中低价值发明专利向高价值发明专利转变。"十三五"时期，中国每万人口高价值发明专利拥有量从2016年的3.0件提高至2020年的6.3件，相当于2016年的2.1倍，但与世界科技强国的同类指标相比，仍存在较大差距，更意味着存在巨大潜力。为此，"十四五"规划明确提出到2025年，每万人口高价值发明专利拥有量提高至12件，相当于2020年的1.90倍，总数从89万件将达到172万件，相当于年均增速为14.1%。这标志着，国家引导市场主体已经从单纯增加专利数量转向提升质量，从关注所有专利转向更加注重高价值专利，实现中国专利发展从1.0版向2.0版飞跃，必将对中国及世界高价值专利产生极其重大且深远的影响。

本章揭示高价值专利官方定义的理论基础，并基于微观专利数据库对其进行实证研究，首次对其历史演化和内部结构进行系统分析，得出四点重要结论。

（1）高价值专利在专利质量、创新速度、原始创新等各方面均优于非高价值专利，但前者在创新速度和原始创新方面的优势在减小。这不利于中国在国际科技竞争当中抢占世界技术制高点、突破"卡脖子"技术，使中国面临中等技术陷阱的挑战。

（2）高价值专利中企业申请的专利占比高达三分之二有余，但该比重在中国加入WTO之后不断下降，这或源于中国大规模融入全球价值链低端，是创造性模仿阶段的特征之一。"十二五"时期和"十三五"时期，这一比重的下降趋势明显放缓，这或源于中国从创造性模仿阶段步入自主创新阶段的努力，意味着中国正在努力突破中等技术陷阱，但力度还有待进一步加大。此外，个人的高价值专利授权量也有举足轻重的作用，不能忽视对非职务发明专利的激励机制的完善。

（3）在高价值专利中产学研合作专利的占比在"十五"时期及之后不断上升，这体现了产学研合作在高价值专利创造中的地位日益突出。然而，在产学研合作专利中，高价值专利的占比却在"十一五"时期及之后不断下降，这表明，产学研合作在创造高价值专利方面的效率整体有所下降。这不利于从创造性模仿跨越到自主创新，不利于中等技术陷阱的突破。

（4）从高价值专利授权量看，境内申请人的授权量快速攀升，境外申请人的授权量则在"十二五"时期及之后几乎停滞并被前者迅速超越。来自发达国家的国际技术保护可能是其重要原因之一。从高价值专利授权量占发明授权专利总量比重看，境外申请人明显高于境内申请人。换言之，境外申请人申请的专利整体相对更有价值，这意味着，中国技术创新水平整体上还低于国外，还没有真正成功跨越中等技术陷阱并进入自主创新阶段。这两类申请人的高价值专利授权量占发明授权专利总量比重均在"十二五"时期之后明显下降。这意味着，中国存在陷入中等技术陷阱的风险。

基于这些实证结论，本章从跨越中等技术陷阱的角度出发，对中国高价值专利发展提出五个方面的对策建议。

（1）进一步缩小并明确高价值专利的统计范围。从产业特征来划分是否为高价值专利有一定的局限性，因为有许多战略性新兴产业专利并不能带来很大的价值；而应从专利本身的特征（如专利被引、权利要求数、技术生命周期、科学关联度等）出发，进一步筛选高价值专利，尤其突出创新速度、原始创新的重要性，为推动专利从数量扩张向质量提升转型、抢占世界技术制高点、突破"卡脖子"技术提供切实的指引。

（2）完善以企业为主体、市场为导向的高价值专利创造机制。引导创新型行业领军企业发挥主力军作用，深入推进中小企业知识产权战略实施，推动专利的高质量创造。引导大型企业向中小企业的技术转让和许可，尤其是完善开放许可制度，深化专利的高质量、宽领域、大范围运用。

（3）加强对非职务专利的创造激励、转化运用和评价保护。建立非职务专利资金保障机制，建立非职务专利导航制度，避免低水平重复创造。建立统一的非职务专利管理机构，为专利交易提供供需平台和高水平服务，建立公开透明的交易价格发布机制，提升专利转换运用效率。与职务发明专利一样，以质量和价值为标准，完善非职务专利考核评价体系；加强对非职务发明的高标准保护，提升侵权成本、降低维权成本，避免"赢了官司、输了财富"的困局。

（4）加强产学研深度合作，促进产业知识产权协同运用。加快试点职务科技成果所有权或长期使用权，大力推进高校和科研院所科技成果使用权、处置自主权、知识产权转化收益分配改革，谨防以"国有资产"的方式管理职务科技成果，充分调动科研人员创新积极性，让更多科研成果从"书架"走向"货架"，避免专利与产业"两张皮"。在发挥国家级科研机构骨干引领作用的同时，调动高水平科研院所和研究型大学的生力军作用。充分发挥企业、高校、科研机构各自的优势，围绕重大、关键、核心技术进行联合攻关，鼓励组建知识产权联盟，引导开展订单式研发和投放式创新。

（5）在新发展格局下，主动推进专利发展的开放合作。要鼓励国外申请人在中国申请专利或与国内申请人共同申请专利；要吸引国外申请人在中国申请专利；也要鼓励国内专利申请人申请海外同族专利，提升专利和产业发展的国际竞争力与影响力。在更大范围、更宽领域、更深层次推动知识产权的对外开放与国际合作。

总之，要以高质量创造和高效率运用为主线，加强知识产权的高标准保护、高水平管理、高层次开放，在双循环背景下推进产、学、研之间的系统协同，大力推动高价值专利发展，为成功跨越中等技术陷阱奠定坚实基础。

第三节 中等技术陷阱的制度视角：
专利资助政策

一 问题提出与文献评述

自1985年《专利法》正式实施以来，中国仅用了不到40年的时间，就使得质量从低到高的各类专利的申请和授权数量都跃居世界首位，已成为名副其实的专利大国，实现了专利的跨越式发展。世界知识产权组织数据[①]显示，在中国专利局申请的外观设计、实用新型、发明专利的数量占世界总量的比重从1985年的0.46%、1.82%、0.93%上升至2020年的69.91%、97.55%、45.69%[②]；在中国专利局申请的PCT国际专利申请量占世界的比重从1995年的0.25%跃升至2020年的26.31%。

许多文献将中国专利的繁荣发展归因于中国政府的政策，甚至把中国称为"中国公司"。当然，也有文献指出，中国政府在制造专利泡沫，专利数量的快速增长并没有带来质量的同步提升（详见第一章第二节）。不管是创造繁荣还是制造泡沫，中国专利战略在推动专利发展过程中的重要作用已成为共识。

现有专利研究中对政府作用的分析主要集中在政策上。Li[③]基于1995—2007年省级专利资助政策的实证研究表明，政策促进了发明专利申请数量提升。谭龙等[④]基于质性研究表明，政府政策而非市场规律是推动中国专利数量增长的关键。还有文献分析个别地区的专利资助政策效果，

[①] 世界知识产权组织网站，https://www3.wipo.int/ipstats/index.htm?tab=patent。
[②] 这里是指在中国专利局申请的专利，包含了居民专利和非居民专利，但居民专利占了绝大多数。世界知识产权组织没有直接提供1985年的世界外观设计专利数据，本章将如下四类加总得到：低收入国家、下中等收入国家、上中等收入国家与高收入国家。
[③] Li, X., "Behind the recent surge of Chinese patenting: An institutional view", *Research Policy*, Vol. 41, No. 1, 2012.
[④] 谭龙、唐勇、刘云等：《基于质性研究的专利激增驱动因素识别》，《情报探索》2018年第12期。

并发现其对专利数量存在显著促进作用。①② 谢黎等③研究发现专利资助政策的修改次数等因素可能会引起问题专利。也有学者④⑤基于省级专利资助政策研究表明，该政策可能会降低专利质量；刘昂⑥基于 1989—2014 年时间序列数据也得出类似结论。然而，这些文献属于静态分析，没有揭示政策的演化规律及其与专利演化的关系；这些文献最多只分析到省级层面，忽视了省内不同地级市之间的巨大异质性。例如，广东深圳发明专利申请资助金额从 2003—2010 年的 2200 元调整到 2011—2018 年的 2000 元，之后变为 0；而广东茂名则从 2002—2007 年的 3450 元上升为 2008—2016 年的 4450 元（其中，2014 年曾调整为 4050 元），之后调整为 2017—2020 年的 1890 元。⑦

本章旨在研究中国专利跨越式发展的阶段性特征及其背后的制度演化逻辑。具体而言，揭示战略、规划和政策的演化逻辑及其与专利发展演化的关系；随后聚焦专利资助政策深入揭示其阶段性演化过程，并分析其对专利发展的作用。希冀从以下三个方面丰富现有研究：第一，多维化。现有相关研究大多从一个维度（如专利资助政策）进行分析，本章则从战略、规划、政策三个层面多维度揭示专利发展的战略逻辑，这三个层面形成了一个比较完整的创新战略体系。第二，动态化。现有文献大多局限于静态分析，本章则从动态视角揭示战略、规划和政策的演化过程，并总结其背后的演化逻辑。第三，细分化。现有文献最细只分析到省级层面的专利资助政策，本章则进一步细化到地级市层面，进而考虑了同一省份内部不同地级市之间的巨大差异。

---

① 李伟、夏向阳：《专利促进政策对区域专利增长的影响分析——以宁波为例》，《科学学研究》2011 年第 8 期。
② 杨芳娟、刘云、谭龙：《地方专利资助政策对专利申请量增长的影响分析》，《中国管理科学》2012 年增刊第 2 期。
③ 谢黎、邓勇、任波：《专利资助政策与问题专利的形成——基于灰色关联的实证研究》，《情报杂志》2014 年第 6 期。
④ 张杰：《中国专利增长之"谜"——来自地方政府政策激励视角的微观经验证据》，《武汉大学学报》（哲学社会科学版）2019 年第 1 期。
⑤ Dang, J., Motohashi, K., "Patent statistics: a good indicator for innovation in China? patent subsidy program impacts on patent quality", *China Economic Review*, Vol. 35, 2015.
⑥ 刘昂：《专利资助政策机制评估及政策改进维度——基于 1989—2014 年时间序列实证分析》，《社会科学家》2020 年第 5 期。
⑦ 这里的数据为最高资助金额，而非每个企业实际得到的资助金额。

二 中国专利制度的演化逻辑

第二章分析表明，制度包括标准化制度（如竞争市场制度、知识产权制度等）和非标准化制度（如战略、规划、专利资助政策等）。本章聚焦非标准化制度。中国专利战略有两个历史性的转折点，第一个是2008年发布的《国家知识产权战略纲要》，首次将知识产权提升到国家战略层面，强调专利要以国家战略需求为导向，支撑中国高技术产业与新兴产业发展，意味着中国将从过去盲目追求各类专利数量增长，转变到对专利结构进行战略性调整。第二个是2015年国务院印发的《关于新形势下加快知识产权强国建设的若干意见》，首次明确提出要实施"专利质量提升工程"，标志着中国对专利发展从过去的注重数量到注重质量的重大转变。基于此，本章将1985—2007年界定为数量增长阶段，将2008—2014年界定为结构优化阶段，将2015年之后界定为质量提升阶段。

（一）数量增长阶段（1985—2007年）

从战略看，在起步阶段，为落实邓小平提出的"科技是第一生产力"这一重大战略判断，中国开始从各方面开启促进科技发展之旅，专利发展便是其中的重要内容。进入追赶阶段，为满足WTO国际通行的TRIPS协议中的原则，并加快推进知识产权发展以提升开放经济中企业的国际竞争力，中国开始加快促进知识产权制度的完善。

从政策看，在起步阶段，中国在1985年正式实施《专利法》，之后开始接受专利申请；并于1994年正式加入《专利合作条约》（*Patent Cooperation Treaty*），之后开始申请PCT国际专利。直到20世纪90年代末，中国专利稳定增长。进入追赶阶段，中国在2000年对《专利法》进行了最大幅度的修订，围绕《与贸易有关的知识产权协议》（TRIPS协议）的各项原则和规定作了大幅修改，专利审查更加规范，大大提高了对专利权人的保护。为加快促进专利增长，1999年上海首次试点专利资助政策，到2007年专利资助政策基本覆盖全国①，专利资助金额也在不断增加。然而，这一阶段专利申请资助政策普及率总体大于授权，国内专利资助政策普及率大于PCT国际专利。整体来看，这一阶段仍是一种低水平的、盲目

---

① 只有甘肃省的专利资助政策在2007年之后（2015年）才开始施行。

的、结构不明晰的专利资助政策。

（二）结构优化阶段（2008—2014年）

从战略看，2008年6月国务院发布《国家知识产权战略纲要》，首次将知识产权上升到国家战略层面，明确提出"将知识产权指标纳入科技计划实施评价体系和国有企业绩效考核体系"。之后每年都发布《国家知识产权战略实施推进计划》，进一步明确各部门每年的任务。

从规划看，2010年国家"十二五"规划提出到2015年每万人口发明专利拥有量增至3.3件的预期目标，但到2015年实际为6.3件，远超预期值。2010年11月国家知识产权局发布《全国专利事业发展战略（2011—2020年）》，对国内专利和PCT国际专利的增长提出一系列量化目标，但对质量指标鲜有涉及。

从政策看，专利资助结构开始优化，专利授权资助的政策普及率反超专利申请，国内发明专利和PCT国际专利的申请和授权资助政策普及率相对实用新型和外观设计而言不断上升。整体来看，中国已经开始对专利数量增长的结构进行了优化调整，方向更加明确。

（三）质量提升阶段（2015年至今）

从战略看，2015年12月国务院发布《关于新形势下加快知识产权强国建设的若干意见》（以下简称《意见》），明确提出要"实施专利质量提升工程，培育一批核心专利"。为落实这一《意见》的任务要求，国家知识产权局于2016年发布了《专利密集型产业目录》。2021年中共中央、国务院印发《知识产权强国建设纲要（2021—2035年）》，提出"以质量和价值为标准，改革完善知识产权考核评价机制"。

从规划看，2015年1月国家知识产权局等28个部门联合发布《深入实施国家知识产权战略行动计划（2014—2020年）》，提出了维持年限、技术合同交易额、质押融资额、专有权利使用费和特许费出口收入等多个关于知识产权质量的量化目标。2016年12月国务院发布的《"十三五"国家知识产权保护和运用规划（2016—2020年）》也提出了更多关于知识产权质量的量化目标，这是知识产权规划首次列入国家重点专项规划，之后各省也相继出台相应的地方知识产权"十三五"规划。国家"十四五"规划首次提出了高价值专利的2025年发展目标。

从政策看，各地方政府对专利数量增长的资助弱化，对高质量、高价值专利的资助日益突出，专利转化、专利质押融资、专利奖等各类专项资助更是百花齐放。2018年，国家知识产权局发布《关于开展专利申请相关政策专项督查的通知》，要求各省市按照"授权在先、部分资助"的原则，严厉打击非正常专利申请。

三 中国专利从数量到质量的演化

从中国专利数占世界比重变化趋势可以看出，各类专利在2008年和2015年前后发生了转折性变化。为简化起见，本节未列示各类专利的演化趋势图，直接计算中国专利数占世界总量比重的年均增速，区分上述不同类型的专利，并区分专利申请和专利授权，得到表6-5的结果。以1985—2008年的发明专利为例，其年均增速等于2008年和1985年的中国发明专利数占世界总量比重之差除以中间间隔的23年。中国专利一般分为四类：PCT国际专利、发明专利、实用新型专利、外观设计专利。一般来说，这四类专利的授权难度依次递减，这在一定程度上能反映专利质量的高低顺序。

从表6-5可发现，在数量增长阶段（1985—2008年），各类专利均持续增长，尤其外观设计和实用新型专利增速明显高于发明专利和PCT国际专利；在结构优化阶段（2009—2015年），发明专利的增速上升明显，PCT国际专利的增速也不断上升，外观设计和实用新型专利的增速有所下降。在质量提升阶段（2015年至今），外观设计和实用新型专利的增速下降至1%以下，发明专利增速也下降明显，PCT国际专利的增速最高①。

表6-5　　　　中国专利数占世界总量比重的年均增速　　　　单位：%

	外观设计专利		实用新型专利		发明专利		PCT国际专利	
	申请量	授权量	申请量	授权量	申请量	授权量	申请量	公开量
数量增长阶段	2.37	1.72	3.05	3.22	0.61	0.52	0.27	0.24
结构优化阶段	1.43	3.78	3.09	2.84	3.32	2.45	1.43	1.15
质量提升阶段	0.79	-0.06	0.84	0.74	1.29	0.26	2.25	2.13

资料来源：世界知识产权组织。

---

① 但需要注意的是，实用新型、发明专利、PCT国际专利的申请量占世界总量比重的年均增速基本上高于授权量（公开量），这意味着，中国在质量相对更高的专利授权方面仍有较大提升空间。但进一步从PCT专利结构上看，中国在数字通信技术、计算机技术、环境技术等重要技术方面的PCT公开量于2010年之后加速对美国的赶超，并在近两年超过美国，这些技术将为中国新型工业化提供强有力的技术支撑。

此外，进入质量提升阶段之后，中国已将注意力从一般性专利转向高价值专利。① 中国每万人口高价值发明专利拥有量从2015年的3.0件增加到2020年的6.3件，总数从41.6万件上升至88.8万件，国家"十四五"规划提出了到2025年每万人口高价值发明专利拥有量达到12件的目标。设置该指标，有利于反映专利资源的技术含量和市场价值，引导发明专利从追求数量向追求质量转变。专利密集型产业已经成为中国重要支柱产业。根据第四次全国经济普查结果进行核算，2019年专利密集型产业增加值同比增长7%，占国内生产总值的比重为11.6%，专利密集型产业中制造业相关行业规模大，增加值占比达到72.9%②。

部分学者将中国专利增长归因于全球新一轮科技革命，这或许是中国及世界专利飞速增长的重要原因，但绝不是关键原因。因为中国专利数不仅是绝对数的增长，其占世界总量的比重也呈现快速上升趋势，这意味着，中国的专利增长是世界独一无二的，有其独特的内在原因。这一内在原因便是中国专利战略。

四 统计分析：专利资助政策的演化

为对专利战略的演化逻辑有一个更为深入的了解，本小节及下一小节聚焦专利资助政策，对其演化逻辑进行统计分析，并对其政策效果进行回归分析。

（一）全国政策普及率的演化

本节计算全国实施各类专利资助政策的地级市所占的比例，即政策普及率，以此揭示全国专利资助政策演化的整体规律。图6-11（a）和图6-11（b）分别分析了不同类型专利的申请资助和授权资助的政策普及率的演化，包括外观设计专利（WG）、实用新型专利（XX）、发明专利（FM）、PCT国际专利（包括国际阶段PCT_i和国家阶段PCT_n）。

可以发现，质量相对较低的实用新型和外观设计专利的申请资助政策在2008年之后便开始快速退出，2015年之后其政策普及率低于PCT国际

---

① 程文银、胡鞍钢、陈雪丽：《知识产权强国背景下中国高价值专利发展：测度与实证分析》，《北京工业大学学报》（社会科学版）2022年第5期。
② 国家统计局、国家知识产权局：《2019年全国专利密集型产业增加值数据公告》，2020年12月31日。

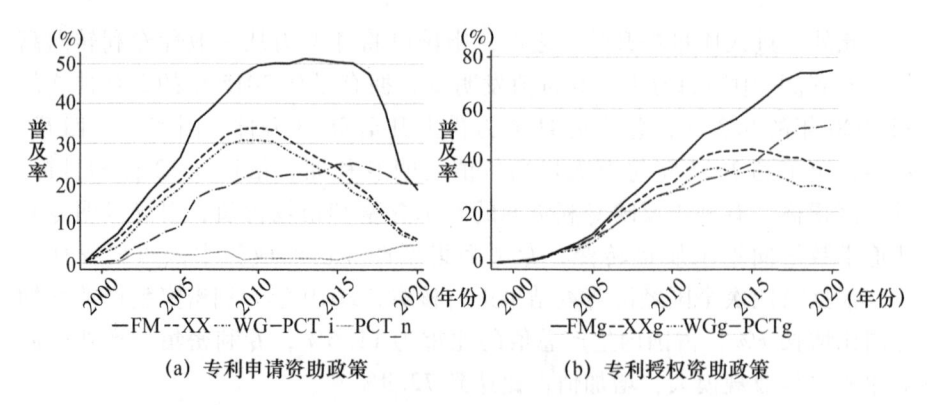

图 6-11 全国专利资助政策演化趋势（2000—2020 年）

资料来源：笔者根据搜集的地级市专利资助政策数据库绘制。

专利申请。实用新型和外观设计的授权资助政策也在 2012 年之后增速明显放缓，分别在 2015 年和 2013 年达到峰值 44.2%（155 个）和 37.0%（130 个），随后开始下降，并低于发明专利和 PCT 国家专利的政策普及率。

发明专利的申请资助政策在 2008 年之后进入平台期，2015 年达到峰值后迅速退出，至 2020 年政策普及率下降了近 30%。但发明专利授权资助的政策普及率则始终保持增长态势。

PCT 国际阶段专利（PCT_i）申请资助的政策普及率在 2008 年之后进入平台期；而 PCT 授权资助的政策普及率则仍维持不断上升趋势，尤其在 2015 年之后上升加速。PCT 国家阶段专利（PCT_n）申请资助的政策普及率在 2015 年之后也加速上升，但至 2020 年仍不足 5%，仍有非常大的上升空间。

整体来看，2008 年和 2015 年是两个非常关键的转折点，预示着政策普及率的转折性变化，反映了第三部分所分析的中国专利战略演化逻辑。到 2020 年，全国发明专利、PCT 国际专利、实用新型专利、外观设计专利授权资助的政策普及率分别为 74.9%（263 个）、53.8%（189 个）、35.3%（124 个）和 28.8%（101 个），已经基本完成了从早期无重点、不突出，到如今对发明和 PCT 国际专利的重点资助。但对 PCT 国际专利的资助仍有很大的普及空间。

进入质量提升阶段之后，专项资助显得更为重要，它从不同层次对高价值专利进行资助,按照质量从低到高可分为三个层级,如表6-6所示。

表6-6　　　　　　　　　　专项资助的类别

质量层级	资助内容	分类依据
最高	专利转化、专利质押融资、专利奖	转化应用资助
中间	专利授权大户、专利年费	授权资助
最低	专利申请大户、首件专利	申请资助

资料来源:笔者根据搜集的地级市专利资助政策数据库整理得到。

图6-12给出了全国专项资助政策的演化趋势,政策普及率排名前三的是质量最高层级的三类资助。专利转化资助(zh)始终在专项资助中占据最重要的地位,其政策普及率不断上升,到2020年已高达90.6%(318个)。专利奖奖励(jl)和专利质押融资资助(zy)紧随其后。专利质押融资资助则从2008年以来开始兴起,发展十分迅速,2020年已达到64.7%(227个)。专利奖奖励的政策普及率也不断上升,到2020年达到61.3%(215个)。

政策普及率第二梯队的是质量处于第二层级的两类资助:专利年费资助(nf)和授权大户资助(dh_g),二者均在2012年后加速普及。政策普及率第三梯队的是质量处于第三层级的两类资助:专利申请大户(dh)、首件专利(sc),这两类资助政策的普及率始终维持在20%以下的低水平,且均在2015年之后进入平台期甚至开始下降。

以上分析表明,中国专项资助政策的演化历程整体上与中国专利战略和专利规划的演化逻辑是一致的。在演化过程中,层次逐渐分明,结构日益优化,对专利质量的重视程度不断提升。

(二)分地区政策普及率的演化

上述分析的是全国层面。如果深入各地区会发现,在全国351个地级市中,有10.5%(37个)的地级市从未出台过任何形式的专利申请或授权资助政策,同时以发明专利为例,即使是在峰值年份,中国也仍有接近50%的地级市未普及申请资助政策,有接近25%的地级市未普及授权资助政策,PCT专利资助政策的这一比例更低。

为了更好地解构各地区专利资助政策演化,本节将全部351个地级市样本按照四大板块进行划分,东部、中部、西部、东北部的地级市样本量分别

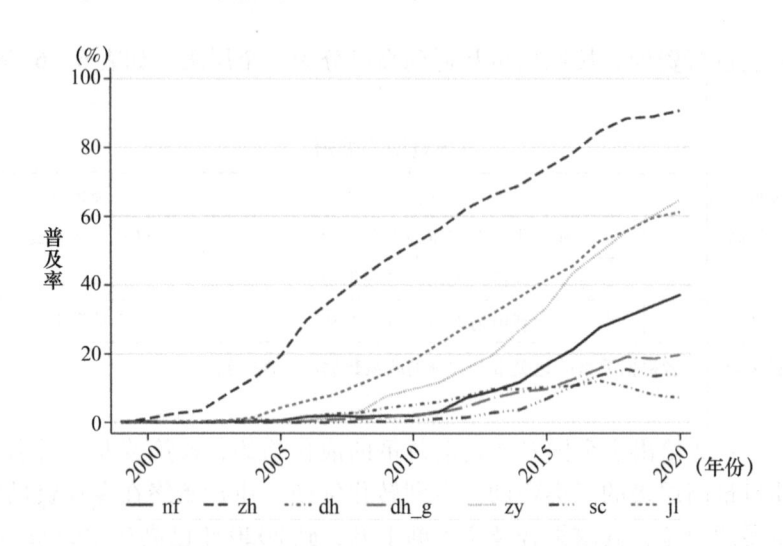

图 6-12　全国专项资助政策演化趋势（2000—2020 年）

资料来源：笔者根据搜集的地级市专利资助政策数据库绘制。

为 95 个、88 个、127 个、41 个。与全国分析类似，本小节分别分析四大板块各类专利的申请和授权资助以及专项资助的政策普及率演化趋势。

通过对各地区演化趋势图①的分析可知，四大板块也可以划分为三个阶段，但不同地区每个阶段的时间范围有所不同，具体如表 6-7 所示。

可以发现，东部地区专利资助政策演化整体上要快于全国平均水平，不仅迅速度过了第一阶段，在第二阶段调整的时间也更短，最终比全国平均水平提前 4 年进入第三阶段；中部地区与全国平均水平接近；西部地区稍滞后于全国平均水平，虽然到 2012 年才开始进入第二阶段，但经过了较快的调整，最终只比全国平均水平晚 2 年进入第三阶段；而东北地区专利资助政策十分混乱，至今也未能显现出良好的改革效果，成为唯一尚未进入第三阶段的区域。可以看出，专利资助政策的演化水平与各地区经济社会发展水平大体保持一致，除东北地区外，其他三大区域专利资助政策从"数量导向"到"质量导向"的转变均已基本完成。

东北地区在专利资助政策上的严重滞后也带来其专利发展的严重滞后。根据中国知识产权年报的数据②，东北三省（辽宁、吉林、黑龙江）

---

① 为简化起见，未列出每个地区的趋势图，需要的读者可向笔者索取。
② 国家知识产权局网站，https://www.cnipa.gov.cn/col/col61/index.html。

的发明专利申请和授权量占国内总量的比重分别从2000年的13.35%和13.28%骤降至2019年的3.78%和4.06%。

表6-7　　　　　　全国及四大区域专利演化阶段时间分布

区域	第一阶段	第二阶段	第三阶段
东部地区	1999—2006年	2006—2011年	2011—2020年
中部地区	1999—2009年	2009—2016年	2016—2020年
西部地区	1999—2012年	2012—2017年	2017—2020年
东北地区	1999—2014年	2014—2020年	—
全国	1999—2008年	2008—2015年	2015—2020年

资料来源：笔者根据搜集的地级市专利资助政策数据库计算得到。

五　回归分析：专利资助政策的评估

前文揭示了专利资助政策与专利发展具有比较一致的演化趋势，然而，专利资助政策是否真的能够推动专利发展的演化？这还需要结合专利数据做进一步的回归分析。

（一）数据来源

1. 地级市控制变量数据库

由于本节研究的专利资助政策为地级市层面，需要地级市控制变量。为此，本节从《中国城市统计年鉴》和《中国区域经济统计年鉴》获取与创新较为直接相关的变量。所有名义变量均以1999年为基期的GDP平减指数进行平减。最终获得1999—2018年地级市的如下控制变量，其描述性统计结果见表6-8。

表6-8　　　　　　地级市控制变量的描述性统计

变量名称	单位	样本量	均值	标准差	最小值	最大值
实际GDP	亿元	5651	906.3	1402.8	16.9	17043.7
普通高等学校在校学生数	万人	5505	6.9	13.5	0	110
固定资产实际投资总额	亿元	5648	546.5	778.9	4.9	10003.0
地方财政一般预算内实际收入	亿元	5744	74.9	200.1	0.9	3707.1

续表

变量名称	单位	样本量	均值	标准差	最小值	最大值
年末总人口数	万人	5671	429.1	304.4	0	3404
第二产业增加值占 GDP 的比重	%	5651	47.2	11.2	9.0	91.0
地方财政实际科学支出	亿元	5643	2.8	12.6	0	289.4
当年实际使用外资金额	亿美元	5470	3.9	9.8	0	174.0

2. 微观专利数据库与地级市变量匹配

本章使用来自国家知识产权局的中国专利微观数据库（1991—2018年）[1]，包含了本章分析所需要的所有因变量，即中国三类专利的申请数和授权数，以及 PCT 国际专利的申请数、公开数和授权数。本章仅分析中国内地申请人申请的专利，删除地址在港澳台和国外的专利数据。本章通过识别地级市名称，将其加总到地级市层面数据，然后将其与地级市控制变量数据库进行匹配。部分样本的地址直接给出县级地址，需要根据该县所属的地级市进行调整，部分难以通过地级市和县级地址进行匹配的样本，手动逐个匹配。最终汇总得到 1999—2018 年地级市面板数据。同时，为进一步细分讨论，本章对在美国、日本、欧盟得到授权的 PCT 专利单独列出，专利样本数据的描述性统计如表 6-9 所示。

表 6-9　　　　　　　　专利数据的描述性统计

变量名称	单位	样本量	均值	标准差	最小值	最大值
发明专利申请数	件	6797	1008.6	4232.8	0	95515
发明专利授权数	件	6797	296.0	1602.1	0	46926
实用新型申请数	件	6797	1133.7	3755.3	0	68007
实用新型授权数	件	6797	1141.7	3872.0	0	75512
外观设计申请数	件	6797	670.5	2543.9	0	74316
外观设计授权数	件	6797	673.9	2651.5	0	74530
PCT 专利申请数	件	6797	40.0	514.5	0	19142
PCT 专利公开数	件	6797	32.3	445.7	0	19747

---

[1] 该数据由深圳德高行知识产权数据技术有限公司和清华大学国情研究院提供。

续表

变量名称	单位	样本量	均值	标准差	最小值	最大值
PCT 专利授权数	件	6797	13.0	189.0	0	7248
PCT 专利授权数（美国、日本、欧盟）	件	6797	6.5	97.9	0	3724

3. 专利资助政策与地级市变量匹配

上一节仅使用专利资助政策数据库计算了政策普及率。这里进一步基于专利资助政策文本提取各类资助金额，包括对国内三类专利的申请和授权资助金额，以及对 PCT 专利国际阶段、国家阶段和授权的资助金额。随后将其与地级市控制变量数据库进行匹配，部分需要手动匹配。描述性统计见表 6-10。

表 6-10　　　　专利资助政策的描述性统计

变量名称	单位	样本量	均值	标准差	最小值	最大值
发明专利申请资助	元	6860	645.9	1104.6	0	6000
发明专利授权资助	元	6860	1401.8	3728.5	0	50000
实用新型申请资助	元	6860	128.3	303.2	0	2000
实用新型授权资助	元	6860	264.3	989.8	0	20000
外观设计申请资助	元	6860	85.8	207.4	0	1500
外观设计授权资助	元	6860	130.0	584.9	0	20000
PCT 专利申请资助①	元	6860	1376.4	4624.4	0	100000
PCT 专利授权资助	元	6860	4453.1	12665.7	0	300000

（二）实证方法与模型

基于上述匹配数据库，本章使用动态面板计量模型（混合面板回归 OLS 和固定效应回归 FE），实证检验专利资助政策对专利的影响：

$$\log(N\_Patent_{it,type} + 1) = \alpha_0 + \alpha_1 \ln(subsidypolicy_{it,type} + 1)$$
$$+ \ln(N\_Patent_{it-1,type} + 1) + \gamma Z_{it-1}$$
$$+ \mu_i + \varepsilon_{it} \qquad (6.1)$$

---

① 这里的 PCT 申请资助是指 PCT 专利进入国际阶段的资助。

其中，$N\_Patent_{it,type}$是因变量，用地级市i在第t年不同类型专利的申请数、授权数或授权率表示。相比于申请数，授权数[①②]与授权率[③④]更能反映专利质量。$N\_Patent_{it-1,type}$是因变量滞后一期。$subsidypolicy_{it,type}$是核心解释变量，指地级市i在第t年年对不同类型专利的申请或授权资助金额，Z_{it-1}是滞后一期的控制变量。[⑤] 也有部分文献使用专利被引量、专利转让、专利维持年限等指标来衡量专利质量，[⑥] 但由于这些指标存在截断问题，不适合分析到最新年份，故本章未使用这些指标。

（三）实证结果

1. 发明专利

先依次检验发明专利申请资助对专利申请数、专利授权数、专利授权率（＝当年发明专利授权数/两年前发明专利申请数×100%）的影响，因变量分别为当期的专利申请数、专利授权数、专利授权率，自变量为当期的发明专利申请资助金额，结果见表6-11。

随后依次检验发明专利授权资助对专利申请数、专利授权数、专利授权率的影响，因变量分别为当期的专利申请数、专利授权数、专利授权率。自变量的选择则存在一些差异：专利申请数对应的自变量为当期值，因为当期的发明专利授权资助政策虽然不会为专利申请人带来直接经济利益，但也可能影响其当期的申请动机；专利授权数与专利授权率对应的自变量采用滞后一期的值。结果见表6-11。

结果表明，发明专利申请资助政策显著提升了发明专利申请数和授权数（系数显著为正），但抑制了授权率（系数显著为负），即造成了"专利泡沫"。发明专利授权资助政策显著提升了发明专利申请数和授权数（系数显著为正），但对授权率无显著影响（系数不显著），并未很好地减

---

① 范红忠：《有效需求规模假说、研发投入与国家自主创新能力》，《经济研究》2007年第3期。
② 吴丰华、刘瑞明：《产业升级与自主创新能力构建——基于中国省际面板数据的实证研究》，《中国工业经济》2013年第5期。
③ 刘凯、徐仁胜：《专利刺激政策的运行机制及其对专利质量的影响——基于1995—2015年省级面板数据的实证分析》，《科技管理研究》2017年第13期。
④ 张钦红、骆建文：《上海市专利资助政策对专利申请量的影响作用分析》，《科学学研究》2009年第5期。
⑤ 为简化起见，未列示控制变量估计结果，需要的读者向笔者索取。
⑥ 程文银、李兆辰、刘生龙等：《中国专利质量的三维评价方法及实证分析》，《情报理论与实践》2022年3月16日网络优先出版。

少"专利泡沫"。简言之,申请和授权资助政策都较好地发挥了其初始作用,却无法提升专利授权率,即无法提升高质量专利的整体占比。

表6-11　　　　　发明专利资助政策对发明专利的影响

因变量	专利申请数		专利授权数		专利授权率	
自变量	OLS	FE	OLS	FE	OLS	FE
发明专利申请资助	0.009 *** (0.000)	0.014 *** (0.000)	0.003 (0.145)	0.005 ** (0.042)	-0.555 *** (0.000)	-0.582 *** (0.000)
拟合优度	0.9633	0.9339	0.9528	0.9151	0.0868	0.0665
发明专利授权资助	0.012 *** (0.000)	0.012 *** (0.000)	0.015 *** (0.000)	0.021 *** (0.000)	-0.093 (0.406)	0.110 (0.472)
拟合优度	0.9635	0.9338	0.9534	0.9163	0.0816	0.0633

注:括号内数字为标准误,***、**、*分别表示在1%、5%、10%水平上显著。

2. PCT 国际专利

PCT 国际专利从申请到授权分为两个阶段。第一,国际阶段,按照时间顺序又进一步分为申请阶段和公开阶段,PCT 国际公开往往在优先权日(有优先权的)或国际申请日起18个月。第二,国家阶段,这一阶段决定是否授权,一般离申请日2年以上。

先依次检验 PCT 专利申请资助金额对 PCT 专利申请数、授权数、授权率(=当年 PCT 专利授权数/两年前 PCT 专利申请数×100%)的影响,因变量分别为当期的 PCT 专利申请数、授权数、授权率,自变量为申请资助金额。但由于 PCT 申请过程的上述阶段性特征,自变量的时间选择存在一些差异:PCT 专利申请数对应的自变量是申请资助金额当期值,PCT 专利授权数和授权率对应的自变量是申请资助金额滞后一期值。结果见表6-12的上半部分。

随后依次检验 PCT 专利授权资助金额对 PCT 专利申请数、授权数、授权率的影响,因变量分别为当期的 PCT 专利申请数、授权数、授权率,自变量为授权资助金额。同样,自变量的时间选择也存在一些差异:PCT 专利申请数对应的自变量是授权资助金额当期值,PCT 专利授权数和授权率对应的自变量是授权资助金额滞后两期值。结果见表6-

12 的下半部分。

结果表明,PCT 专利申请资助政策显著提升了 PCT 专利申请数和授权数(系数显著为正),但未能显著提升授权率(系数显著为负或不显著),可能造成了"专利泡沫"。PCT 专利授权资助政策显著提升了 PCT 专利申请数和授权数(系数显著为正),但对授权率无显著影响(系数不显著),并未很好地减少"专利泡沫"。简言之,PCT 申请和授权的资助政策都较好地发挥了其初始作用,却无法提升 PCT 专利授权率,即无法提升高质量 PCT 专利的整体占比。

表 6 - 12　　　　PCT 专利资助政策对 PCT 专利的影响

因变量	PCT 申请数		PCT 授权数		PCT 授权率	
自变量	OLS	FE	OLS	FE	OLS	FE
PCT 申请资助	0.008*** (0.001)	0.009*** (0.004)	0.005** (0.011)	0.005* (0.064)	-0.734** (0.047)	-0.588 (0.271)
拟合优度	0.8620	0.6490	0.8698	0.7687	0.1284	0.1623
PCT 授权资助	0.015*** (0.000)	0.015*** (0.000)	0.010** (0.011)	0.010*** (0.000)	0.070 (0.832)	-0.0003 (1.000)
拟合优度	0.8629	0.6503	0.8706	0.7577	0.1265	0.1617

注:括号内数字为标准误,***、**、*分别表示在1%、5%、10%水平上显著。

3. 实用新型和外观设计专利

接下来对质量相对较低的实用新型和外观设计专利资助政策进行评估。自变量与因变量的设置与发明专利基本一致。唯一不同的是,由于实用新型和外观设计专利从申请到授权只需要半年左右,所有的自变量都采用当期值,未采用滞后期。结果分别见表 6 - 13 和表 6 - 14。

实用新型专利结果表明,申请资助政策显著提升了专利申请数和授权数(系数显著为正),但对授权率无显著影响(系数不显著)。授权资助政策显著提升了专利申请数和授权数(系数显著为正),但对授权率无显著影响(系数不显著)。

外观设计专利结果表明,申请资助政策显著提升了专利申请数和授权数(系数显著为正),但抑制了授权率(系数显著为负),即造成了"专利泡沫"。授权资助政策显著提升了专利申请数和授权数(系数显著为正),但对授权率无显著影响（系数不显著），并未很好地减少"专利泡沫"。

简言之，实用新型和外观设计专利的申请和授权资助政策都较好地发挥了其初始作用，却无法提升专利授权率，即无法提升高质量专利的整体占比。

表6-13　实用新型专利资助政策对实用新型专利的影响

因变量	专利申请数		专利授权数		专利授权率	
自变量	OLS	FE	OLS	FE	OLS	FE
实用新型专利申请资助	0.003** (0.029)	0.007*** (0.000)	0.003** (0.029)	0.006*** (0.001)	-0.076 (0.727)	-0.323 (0.235)
拟合优度	0.9763	0.9482	0.9771	0.9542	0.7153	0.7477
实用新型专利授权资助	0.009*** (0.000)	0.012*** (0.000)	0.009*** (0.000)	0.012*** (0.000)	-0.191 (0.348)	-0.206 (0.426)
拟合优度	0.9765	0.9486	0.9773	0.9545	0.7153	0.7477

注：括号内数字为标准误，***、**、*分别表示在1%、5%、10%水平上显著。

表6-14　外观设计专利资助政策对外观设计专利的影响

因变量	专利申请数		专利授权数		专利授权率	
自变量	OLS	FE	OLS	FE	OLS	FE
外观设计专利申请资助	0.005 (0.144)	0.012*** (0.003)	0.003 (0.378)	0.010** (0.013)	-1.080* (0.061)	-1.397* (0.069)
拟合优度	0.9186	0.7911	0.9272	0.8267	0.1248	0.1430
外观设计专利授权资助	0.014*** (0.000)	0.024*** (0.000)	0.013*** (0.000)	0.021*** (0.000)	-0.497 (0.378)	-0.150 (0.842)
拟合优度	0.9188	0.7923	0.9274	0.8275	0.1243	0.1424

注：括号内数字为标准误，***、**、*分别表示在1%、5%、10%水平上显著。

六　小结：中等技术陷阱的制度表现及对策

自1985年开始专利申请以来，中国专利实现了跨越式发展，质量从低到高的各类专利的数量都已位居世界第一。从中国专利占世界的比重发展变化趋势看，经历了2008年和2015年两次转折性变化，形成了从数量增长到结构优化再到质量提升的三个发展阶段。中国专利的飞速发展不仅体现在绝对数上，也体现在专利占世界比重上。因此，中国专利发展的关键原因不在于全球新一轮科技革命，而很可能在于中国内在的专利制度（本章仅分析战略、规划、政策等非标准化制度）。

实际上，从2008年首次将知识产权提升到国家战略层面，到2015年首次提出实施专利质量提升工程，中国专利战略整体上也经历了三个阶段的演化过程。从战略到规划，再到政策，都经历了从起初的注重数量增长，到2008年后的注重结构优化，再到2015年后的注重质量提升的演化过程。从政策普及率的统计分析看，全国及各地区的专利资助政策基本符合上述阶段性演变，但不同地区的演变阶段有所差异。进入质量提升阶段之后，专利授权比申请、PCT国际专利比国内专利、高价值专利比一般性专利、专项资助比普遍性资助受到的重视程度日益提高。

为进一步揭示专利战略的演化与专利发展的演化来自因果关系，而非简单的耦合，本章进一步基于回归分析检验专利资助政策与专利发展之间的因果关系。首次基于人工搜集整理的地级市层面专利资助政策数据库（1999—2020年），并将其与独特的专利普查数据库（1991—2018年）匹配，使用动态面板模型，实证检验结果表明：不管是国内专利（实用新型、外观设计、发明专利）还是PCT国际专利，其申请和授权资助政策都较好地促进了本类专利的申请和授权数，发挥了其初始作用。这意味着，专利战略推动了专利发展，因此，专利战略的动态调整，也会带来专利发展从数量向质量的转型。

然而，转型的效果却仍有待进一步提升：第一，尽管专利资助政策推动了专利的申请和授权数的增长，却没有提升专利授权率，即尚未提升高质量专利的整体占比。如果将专利申请视为创造性模仿阶段的重要特征，将专利授权视为自主创新阶段的重要特征，这一研究发现便意味着，中国依旧没有进入自主创新为主的阶段。第二，尽管国家实行了比较统一的全国战略和规划，但在政策方面，各地方却差异较大，尤其东北地区的政策演化明显滞后。这意味着，跨越中等技术陷阱过程中，要推动全国各地区的协调发展。

基于上述分析，本章认为，新时期跨越中等技术陷阱，需要在战略、规划、政策三个层面共同发力，推动中国从知识产权大国向知识产权强国迈进。具体而言，有如下政策建议。

第六章　中等技术陷阱再探析：技术、产业与制度

第一，从战略上重视专利质量，将知识产权战略与科技创新战略有效衔接。2021年9月中央刚刚发布《国家知识产权强国建设纲要（2021—2035年）》，并提出了面向2025年、2035年的战略目标，这意味着中国正从知识产权战略（1.0版）向知识产权强国战略（2.0版）的转变。要进一步推动知识产权的产品化、产业化和社会化，形成了一条完整的创新链。为此，应立足这一知识产权强国建设纲要，加快制定《国家中长期科学和技术发展规划纲要（2021—2035年）》，让知识产权与科技发展有效衔接，以全面提升专利质量与应用效益为主要目标，以突破当前技术"卡脖子"问题为关键，为全面建成社会主义现代化强国提供强有力的知识基础和技术支撑。

第二，应在国家知识产权重大专项规划目标中，采用更多专利质量指标，逐步取消专利数量指标。指标牵引是国家专项规划真正落地的关键。尽管相对于数量指标，质量指标相对难以量化，但仍有许多可以使用的重要指标。除了现有的质押融资金额、知识产权使用费出口额等质量指标，还应构建更多反映专利转化应用和市场价值的指标，如专利增加值[①]等，鼓励更多专利从无形资产向现实生产力转化，从单个企业的生产力向社会生产力转化。对不同类型专利精准施策，区分不同行业的专利，区分基础专利与从属专利。根据行业特点和市场需求，精准制定专利质量评估标准和体系，引导各类创新主体竞相提升专利质量。

第三，应完善高价值专利激励机制，逐步取消专利申请、授权资助等一般性资助；加强对专利密集型产业的激励，提升其增加值占GDP的比重，实现政策激励从1.0版向2.0版转变。重点实施专利转化、专利质押融资、专利奖等专项资助。从政策异质性看，不同地区的专利和经济发展水平差异较大，要因地制宜。专利战略的演化具有其内在逻辑和阶段性特征，尽管从整体上看，中国已进入质量提升阶段，但部分地区（如东北地区）的专利发展相对滞后，仍处于结构优化阶段，尚不具备质量提升的有利条件，不必强制实施全国统一的激励政策。

[①] 杨仲山、倪苹、李凤新：《知识产权产品价值测算研究——以专利增加值测算为例》，《统计研究》2022年第1期。

第七章 赶超的阶梯：从创新大国到创新强国

第一节 结论与启示

一 主要结论

本书构建创新阶梯模型，基于此提出中等技术陷阱的概念框架；随后从宏观、中观、微观三个层面对这一理论模型进行实证检验，并对中等技术陷阱进行经验分析。本书的核心结论是：

(1) 技术创新演化包含"仿制—创造性模仿—自主创新"三个阶段，中国的部分技术已跨越中等技术陷阱，但整体上依旧处于创造性模仿阶段，面临着中等技术陷阱的重大挑战。技术创新的演化可以通过循序渐进也可以通过换道超车来实现，对后发国家而言，抓住机遇、提前布局，实现换道超车不失为一种良策。

(2) 自主开发与技术引进是技术学习的两种机制，二者在创新发展三阶段不断进行互动演化，共同推动技术学习能力不断上升到新台阶。尽管中国的技术演化整体上遵循着自主开发与技术引进的并进，但二者的互动演化却滞后于创新的发展。就当前情况而言，中国在高质量的自主开发（尤其是基础研究和高层次人才培养）和无形技术引进（尤其是高技能人才的引进、留住和运用）方面的努力还需要大力加强。

(3) 技术学习能力与技术学习意愿是推动创新发展的动力。一方面，自主性引进（动态自主开发基础上进行动态技术引进）推动技术学习能力不断提升。违背自主性引进原则给中国创新发展带来过一些重要失误，也给非洲、俄罗斯、"亚洲四小虎"等国家或地区带来了严重教训。另一方面，制度建设（包括标准化和非标准化制度）是影响技术学习意愿的重要因素。中国的市场制度建设方向亟须从鼓励模仿向鼓励自主创新转变，这包括公平竞争规则、风险投资市场建设等一系列的制度安排；中央与地方政府之间的政策协调亟须加强，以增强政策有效性。

二 政策启示

新阶段、新理念、新格局下，中国创新发展面临许多新的机遇和挑战。在要素驱动力减弱的挑战下，中国积极推动新旧动能转换，带来创新驱动发展的新机遇。国际技术保护给中国技术引进带来了巨大挑战，但新发展格局的提出为中国提供了新的发展思路和重要契机。"十四五"时期是中国迈向第二个百年奋斗目标的开局五年，中国正处于从模仿创新向自主创新转型的关键时期，开启了从创新大国迈向创新强国的新征程。基于创新阶梯模型，考虑中国跨越中等技术陷阱所面临的重大挑战，本书主要得到如下五点政策启示。

第一，自主开发并不一定能够提升创新质量或促进自主创新。这取决于自主开发的目标是否从提升吸收能力转向提升创造能力，创造能力是否从数量转向质量创造能力。亟须提升人才培养质量、加强基础研究、产学研深度合作甚至创新链合作等，这远比扩大研发投入和高等教育规模更重要、更紧迫。

第二，转向自主创新并不意味着技术引进不重要。自主创新更多来自科学知识而非已有技术，且迈向自主创新过程中会受到来自先进国家的技术打压，无形技术更能开发或利用科学知识且更容易突破技术围堵或制裁。因此，无形技术的引进日益重要，应重视高端技术人才、技术资料等的引进，这比引进技术设备、技术原料等有形技术更为重要。

第三，促进创新发展的政策不仅限于市场机制或直接干预政策，还可以通过宏观规划这一间接干预方式。中国特色的官员激励机制为宏观规划发挥作用提供了制度基础，但宏观规划作用的恰当发挥要求量化考核指标随着技术学习能力的提升或创新的发展从数量调整为质量。

第四，积极构建技术学习型社会。首先，要创造有利于各类创新主体竞相进行技术学习的社会环境，这不仅限于"构建学习型社会"中所强调的国民教育，还应包括企业内部学习、企业之间甚至产业之间的学习、企业与高校科研机构之间的学习、中国与国外之间的学习等。其次，不仅要鼓励企业、高校、科研机构等生产主体的创新，这是以经济价值为主导的熊彼特范式的创新；更要鼓励用户、工匠、员工、大众、创客等非生产主体的创新，这是后熊彼特范式的创新，相对更注重社会价值和兴趣驱动，[1]当前ChatGPT的发明便是一种兴趣驱动而非利益驱动的结果，其带来的社会价值不可估量。最后，要积极推动开放式创新，加强人才交流与知识流动，推动不同类型、地域、行业之间的创新合作。

第五，发挥好新型举国体制的作用，为自主性引进提供有力支撑。一要形成政府合力，政府在提供基础设施、加强基础研究、引进高层次技术人才等方面应更积极有为，中央与地方政府要明确财政事权和支出责任划分。二要形成市场合力，关键核心技术的攻坚需要考虑整个产业链上下游对该技术的供应和需求情况，且国内和国外的产业链发展情况同时考虑，必须遵循市场发展规律，推动形成全面开放新格局，发挥市场起决定性作用，不能像计划经济时期的传统举国体制那样完全由政府主导。三要形成社会合力，政府、各类企业、各类高校科研机构、各类社会组织都需要投入关键核心技术攻坚当中，发挥整个创新系统的积极性，培养良好的创新生态，推动政府管理向社会治理转变。

第二节　研究贡献

本书研究贡献可分为四个层面：理论、政策、数据和实践层面。

一　理论层面

（1）本书核心理论贡献在于构建创新阶梯模型，提出了三个重要命题：阶段命题、机制命题和动力命题，并提炼出自主性引进这一重要概

---

[1] 陈劲：《共同富裕视野下的中国科技创新》，人民出版社2023年版，第72—74页。

念。揭示了创新发展过程中自主开发与技术引进的互动演化及其背后的制度影响因素。

（2）基于创新阶梯模型构建了中等技术陷阱的分析框架。对概念进行了界定，并提出刻画中等技术的指标，以及中等技术陷阱的特征表现。从宏观、中观、微观等不同层面对中等技术陷阱进行了实证分析。

（3）揭开理论迷雾。经典技术学习模型认为，技术引进是发展中国家进行创新追赶的主要途径。然而，2008年国际金融危机后，中国技术引进明显放缓，技术创新却加速发展。本书的自主性引进命题对经典技术学习模型进行了两个方面的改进：突出了自主开发的基础性作用，并分析了自主开发和技术引进的互动演化。从而揭开了国际金融危机后创新加速发展与技术引进明显放缓之间的迷雾。

（4）本书构建的创新阶梯模型对现代演化经济学理论进行了两个方面的拓展：第一，分析了宏观规划（非标准化社会技术）与技术创新协同演化，而现代演化经济学仅重点分析了制度（标准化社会技术）与技术（物理技术）的协同演化。第二，揭示了制度与技术协同演化的复杂机制（即自主性引进），而现代演化经济学仅强调了学习或认知演化的重要性，没有对协同演化背后的复杂机制进行深入分析。

（5）对发展阶段理论进行了拓展。对"连续中的不连续"进行了逻辑一致的解释，用技术学习的连续性来解释技术创新发展的阶段性，突出不同技术学习机制的互动演化。好比海底连续的暗流决定着海面阶段性波浪的大小和方向。就对罗斯托模型的拓展而言，进一步揭示了起飞之后的创造性模仿阶段和自主创新阶段同样需要具备三个条件，并分析了三个必备条件之间的层次关系及其在技术演化三阶段的不同表现形式。

二 政策层面

（1）揭示了中国常见的"三段式"技术政策（技术引进—国产化—自主开发）的局限。这一政策很容易将技术引进与自主开发割裂开来。实际上，在模仿创新阶段也需要自主开发，在自主创新阶段也需要技术引进。尤其应该注意，在每一个阶段，自主开发都应发挥基础性作用，且不同阶段两种技术学习机制会发生互动演化。

（2）丰富了创新政策工具箱。创新政策不仅限于制度或直接干预政策,还应包括宏观规划这一间接干预政策,在中国特色的官员激励制度下,宏观规划的作用不容小觑。知识产权相关规划中采用更多专利质量考核指标,并逐步取消专利数量指标。

(3)提出了一系列推动知识产权发展的政策建议。知识产权政策要与科技政策联动,推动知识产权的产品化、产业化、社会化,避免科学与技术两张皮、科技与产业两张皮,实现知识向生产力的有效转化;加强产学研深度合作,让科研成果从"书架"走向"货架";宽领域、深层次推动知识产权国家合作,鼓励海外申请人在中国申请专利,也鼓励国内申请人申请更多海外同族专利;改进专利评价方法,完善高价值专利创造机制。

三 数据层面

(1)建立高度细化的独特专利普查数据库。与现有文献使用的专利数据相比,至少有如下两点优势:可提取一系列创新质量和自主创新指标,且更新至2018年。

(2)构建专利资助政策数据库。首次人工搜集整理地级市层面的专利资助政策,并更新至2020年。累计搜集的政策文件数量超过1500个,整理得到的文本内容超过200万字。

(3)中国核电技术调研资料。通过公开资料和访谈获取详细的核电技术第一手资料,有助于深入理解核电技术发展背后的故事。

四 实证层面

(1)从宏观、中观、微观三个层面对创新阶梯模型进行验证,交叉验证本书所构建理论的适用性。

(2)从宏观、中观、微观三个层面对中等技术陷阱进行系统分析,为中国明确自身技术定位,找准发力方向提供决策参考。

(3)揭开现实迷雾。回答了中国创新发展在多大程度上是创新繁荣或创新泡沫,从而在一定程度上回应国际社会关于中国创新跨越式发展的争议,也有助于理性客观地认清中国创新发展的阶段性特征,避免盲目的"自信"或"自卑"给政策带来的误导。

(4)对创新的多维度度量。本章基于中国专利普查数据提取一系列专利质量指标来对创新进行更为准确的度量；并首次提取一系列自主创新指标（包括原始创新和集成创新），而现有文献对原始创新或集成创新的分析更多停留在宏观阐述或案例层面，基于大样本数据的定量研究较为缺乏。

（5）对国家技术开发区的创新效应进行系统的分析。包括技术学习机制分析、内生性处理、动态分析、开发区特征（数量与面积、高新区与经开区）等，这些重要方面都被现有相关文献所忽略。

（6）对中国核电技术的演化进行系统分析，包括各类核电技术企业、不同的机组类型、不同代别的核电技术等以及核电技术发展背后的故事，揭示其技术创新演化的逻辑。

第三节　理论建构的科学性再辨析

自主性引进的思想在理论和实践中由来已久，本书通过对发展阶段理论、技术学习理论、演化经济学理论等理论的改进或拓展，初步尝试对其进行概念化并理论化。基于这一核心概念，本书提出了创新阶梯模型，并基于该模型进一步构建中等技术陷阱分析框架。本书的理论模型和概念是否具有意义取决于其是否符合科学理论建构的基本原则，具体可以从四个方面进行判断：内部逻辑自洽性、简单性原则、对现有理论的继承性与突破性、与实践经验相符性。

一　内部逻辑自洽性

科学理论必须满足内部逻辑自洽，从基本概念到各组成要素再到整个理论体系，都要形成逻辑一致的解释，体现理论的"内在紧张性"。科学理论的结构包括如下三个部分：

第一是基本概念。本书基于技术学习提出自主性引进的基本概念，即在动态自主开发的基础上进行动态技术引进。这一概念不同于以往仅强调自主开发或仅强调技术引进的概念，反映了二者之间的互动演化。

第二是科学命题。基于这一核心概念，本书提出创新阶梯模型的三个理论命题：阶段命题、机制命题和动力命题。阶段命题指出了自主开发和技术引进的演化阶段。机制命题深入剖析了自主性引进这一概念背后的复杂演化关系。动力命题揭示了自主性引进的驱动力：技术学习能力（包括创造能力和吸收能力）与技术学习意愿。

第三是科学推论。基于创新阶梯模型，可以对中等技术陷阱进行概念的界定、指标测度以及特征原因分析。对后发国家进行技术追赶有重要政策启示意义。

总之，从基本概念，到科学命题，再到科学推论，都始终围绕技术学习这一主线展开，形成内部逻辑自洽的理论体系。

二　简单性原则

科学理论的内容可以丰富，但其逻辑必须简单明了，即符合简单性原则，这是科学美学的准则。马赫提出的"思维经济原则"指出，科学理论的作用在于通过思维对事实的刻画来简化经验。如果科学理论的逻辑与实践经验一样复杂，理论就成为多余了。

尽管自主性引进的内涵很丰富，但其定义可以总结为一句话。对这一定义的理解也只需要把握两个关键词：第一是"基础"，自主开发是技术引进的基础；第二是"动态"，自主开发相对于技术引进、无形技术相对有形技术引进的相对重要性均呈现"U"形变化趋势。理解了这两个关键词，也能够很好地理解标准化与非标准化制度的演化。

三　对现有理论的继承性与突破性

科学理论必须与旧理论的对应原理相容，必须有坚实的理论基础，体现理论的继承性。同时，又必须发现旧理论的不足并对其进行改进，体现理论的突破性。波普认为，科学理论始于问题，问题预示着旧理论的终结和新理论的发端。技术创新加速发展和技术引进明显放缓难以用经典技术学习模型进行解释。为此，需要提出新的理论进行解释。

本书提出的创新阶梯模型对现有理论的继承性体现在：（1）继承了发展阶段理论中关于演化阶段的划分及其背后决定因素的分析。（2）继承了技术学习理论中关于自主开发和技术引进两种技术学习机制的分析。

(3) 现代演化经济学分析了社会技术（创新政策）与物理技术（技术创新）协同演化，并且从学习视角进行机制分析，本书继承了这一理论分析框架。

对现有理论的突破性体现在：(1) 对传统发展阶段理论中难以解释的"连续中的不连续"进行了逻辑一致的解释。(2) 对经典技术学习模型进行了两个方面的改进，分别对应自主性引进命题的两个子命题。(3) 对现代演化经济学进行了拓展，丰富了非标准化制度的讨论，并系统揭示制度与技术协同演化的复杂机制。

四　与实践经验相符性

科学理论必须能够正确反映客观事物及其运行规律，从科学理论推出的假设能够被事实验证。本书基于创新阶梯模型提出一系列研究假设，通过宏观、中观、微观三个层面对这些研究假设进行了实证验证。不仅解释了宏观现象，也解释了中观和微观现象。

一个科学理论能够揭示的规律越普遍，其预见性越强。本书的创新阶梯模型不仅解释了中国创新发展，也解释了其他国家或地区的创新发展。例如，文中分析了"亚洲四小龙"与"亚洲四小虎"的自主性引进与依赖性引进、非洲工业化中仿制的失败、苏联"一五"计划时期仿制的关键作用、日本和韩国从模仿创新到自主创新的过程等。

第四节　面向 2050 年的中国创新

2016 年 5 月，中共中央、国务院印发《国家创新驱动发展战略纲要》，提出创新发展"三步走"战略：到 2020 年进入创新型国家行列，基本建成中国特色国家创新体系；到 2030 年跻身创新型国家前列，发展驱动力实现根本转换；到 2050 年建成世界科技创新强国，成为世界主要科学中心和创新高地。为更好地跨越中等技术陷阱，建设世界科技强国，在顶层设计上需要把握好新阶段、新理念、新格局。具体而言：

要充分领会要素驱动力减弱的大趋势与创新驱动发展的紧迫性，准确把握新发展阶段。推动经济发展从要素驱动为主向创新驱动为主转变，推动经济从高速度增长向高质量发展转变，从世界经济大国迈向世界经济强国的历史性转变。准确把握全国、各地区、各行业的技术创新发展所处阶段，识别其阶段性特征。

要理性认识创新繁荣与创新泡沫并存的阶段性特征，全面贯彻新发展理念。要把握自主创新这一核心，重点突破核心技术被"卡脖子"、附加值低、基于科学和工程的创新不足等问题。从战略上重视知识产权质量，国家知识产权局与科技部之间进行政策协调，以科技创新推动产业创新，谨防科技项目与知识产权"两层皮"。让大量"沉睡"的知识产权发挥其应有作用，实现成果转化，实现从知识产权潜能到科技生产力的转化；进一步推动科技成果应用和推广，实现从科技生产力向社会生产力的转化，有效推动中国从创新大国向创新强国转变。

要深刻理解技术引进放缓和创新加速发展并存的背后逻辑，积极构建新发展格局。积极发挥国内大循环主体作用的同时，继续利用好国际大循环的重要作用。应对逆全球化趋势，在互动演化中利用好自主开发与技术引进两种技术学习机制，充分发挥自主开发的基础性作用，在有形技术引进受阻的情况下加强无形技术的引进。

新发展阶段是中华民族伟大复兴进入不可逆转的历史进程、实现大跨越的阶段。"十四五"时期是中国进入新发展阶段的开局五年，是跨越中等技术陷阱的重要五年。要立足新发展阶段，贯彻新发展理念，构建新发展格局，确保"十四五"开好局、起好步。

附 录

附录一 研究数据与资料

本书主要使用8套数据来源：(1) 中国专利普查数据库（1991—2018年），样本量两千多万，有两点是目前国内独一无二的：一是可以基于文本提取一系列创新质量和自主创新指标；二是更新至2018年。由于样本量巨大，数据格式不规整，处理比较耗时。(2) 中国工业企业数据库（1995—2013年），样本量四百多万。(3) 国家技术开发区数据库（1984—2018年），由人工搜集和匹配得到。(4) 官员流动数据库（1995—2020年）。(5) 专利资助政策数据库（1999—2020年）。(6) 地级市数据库（1995—2020年）。(7) 核电技术资料，由人工搜集得到。(8) 政策文件资料，由人工搜集得到。

一 中国专利普查数据库（1991—2018年）

本章首次使用更新到2018年的中国专利普查数据库，包含2213万余件公开专利。专利数据的处理过程耗费巨大精力[1][2]：一方面，专利数据样本量极大；另一方面，专利变量来自专利文本，其机器可读性不太友好，将文本转化为可供回归使用的变量时会出现很多不规范的现象，需要进行

---

[1] Xie, Z., Zhang, X., "The patterns of patents in China", *IFPRI Discussion Paper*, No. 01385, 2014.
[2] Lerner, J., Seru, A., "The use and misuse of patent data: issues for corporate finance and beyond", *NBER Working Paper*, No. 24053, 2017.

规范化。

本章专利数据来自国家知识产权局。专利包括发明专利、实用新型专利和外观设计专利三种类型。对实用新型专利和外观设计专利而言，公开即表示已授权；对发明专利而言，则包括发明授权专利和未授权发明公开专利，前者质量更高。没有通过初审而未公开的专利数据处于保密状态，依法任何单位及任何人不得披露该内容，学界能获得的都是已公开的专利数据。因此，本章数据比专利局公布的专利申请量略少。由于专利初步审查期为1—2年，笔者选取1991—2016年专利的数据库和《专利统计年报》的发明公开、实用新型、发明授权的专利数量进行对比，结果显示，前者比后者依次少14.41%、24.80%、29.60%，这部分或为未能通过初审的专利。但如果以授权年份划分，对比专利数据库和《专利统计年报》的实用新型、发明公开、发明授权专利的数量就会发现，除1991—1995年差异较大之外，之后年份基本一致（见图A1）。可见，本章数据基本囊括了中国国家知识产权局的所有公开专利。

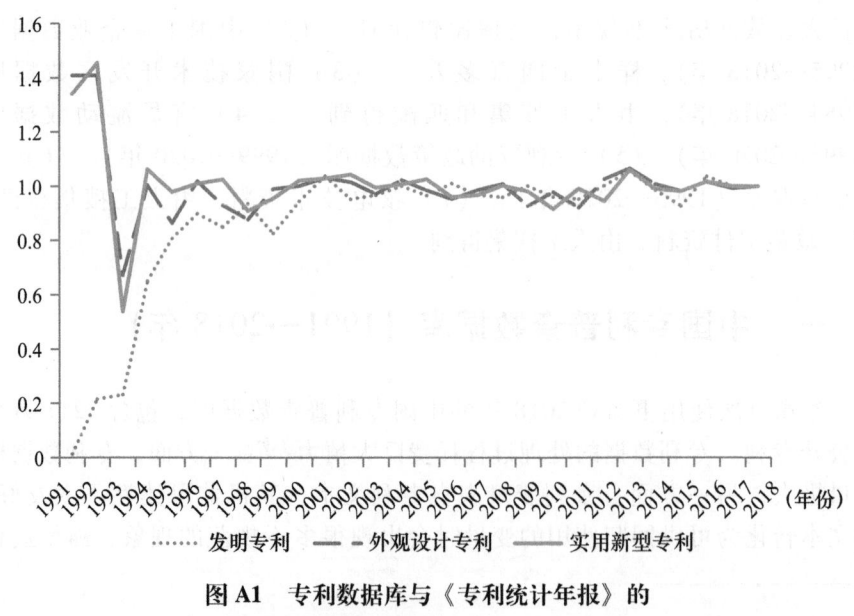

图 A1　专利数据库与《专利统计年报》的
三种专利授权量的比率（1991—2018 年）

本章专利数据的基础变量信息如下：（1）专利基本信息：专利名称；

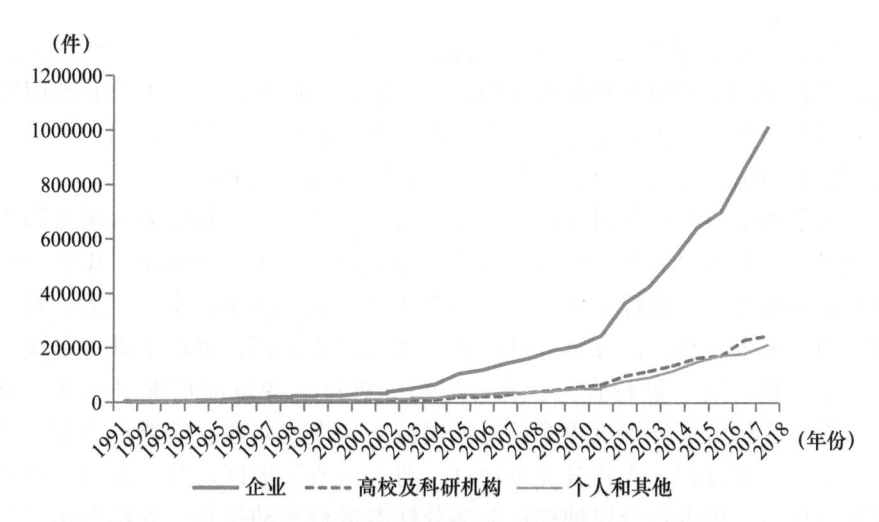

图 A2　分申请人类型的每年发明专利公开量（1991—2018 年）
资料来源：笔者根据中国专利普查数据库计算得出。

专利类型；专利申请号、公开号、授权号；专利申请日、公开日、授权日、终止日；申请人名称、地址及邮编；发明人名称；代理机构及代理人名称。技术分类号；权利要求数；法律状态。（2）专利引用：引证专利号；被引专利号；引证科学文献。（3）专利运用：专利转让次数；专利许可次数；专利质押次数。（4）PCT 信息：PCT 申请日、公开日；PCT 外国申请国家；海外同族专利数。①

相比于目前使用的中国专利数据②③④⑤⑥，本章数据更全，这体现在两

---

① PCT 外国申请国家数：一个国家或地区代码不论有几件专利只视为一个国家；海外同族专利数：一个国家或地区代码下如果有多件专利视为多件专利。
② Xie, Z., Zhang, X., "The patterns of patents in China", *IFPRI Discussion Paper*, No. 01385, 2014.
③ Dang, J., Motohashi, K., "Patent statistics: a good indicator for innovation in China? Patent subsidy program impacts on patent quality", *China Economic Review*, Vol. 35, 2015.
④ He, Z., Tony, T. W., Zhang, Y., et al., "Constructing a Chinese patent database of listed firms in China: descriptions, lessons, and insights", *Journal of Economics & Management Strategy*, Vol. 27, No. 3, 2017.
⑤ He, Z., Tony, T. W., Zhang, Y., et al., "A database linking Chinese patents to China's census firms", *Nature Scientific Data*, No. 5, 2018.
⑥ Cai, J., Chen, Y., Wang, X., "The impact of corporate taxes on firm innovation: Evidence from the corporate tax collection reform in china", *NBER Working Paper*, No. 25146, 2018.

个方面：一是变量丰富，本章数据包含了专利引用、专利运用和 PCT 信息，其他中国专利数据则仅有专利基本信息，即便美国、日本等其他国家的公开专利数据，也未能包括专利运用和 PCT 信息。二是时间新，本章数据更新到 2018 年，而其他中国专利数据最多更新到 2014 年①②。

本章所用的中国专利数据是目前国内独一无二的。数据来自国家知识产权局。大量重要的原始变量均为文本变量，需要基于 Python、R 等程序进行识别和计算。总样本量为 22,133,782 件专利。由于样本量巨大，对计算机内存要求较高，需分年分月计算，放入单独文档，每次处理需形成二三百个文档，然后进行合并。合并之后，对每个变量的情况进行逐一排查，部分变量由于计算机程序设置失误或文本格式问题，需要调整程序重新计算。排查过程：先将各变量加总，与全国或分地区、分行业的宏观数据进行比照；再进行分层抽样选取部分样本进行手动排查，并结合国家知识产权局网站手动输入专利申请号对部分专利进行核查。

在处理过程中遇到了一系列问题，例如：引证专利数缺失值较多；发明公开专利在授权之后权利要求数变化较大；邮政编码与地址不匹配问题；发明授权与发明公开的被引信息归并问题；国家知识产权局公布的法律状态千奇百怪，需要进行归类整理，并据此计算专利失效日期。这些问题在经过六轮排查之后逐一得到解决。

二 中国工业企业数据库（1995—2013 年）

本章使用 1995—2013 年中国工业企业数据库。其数据由国家统计局每年搜集得到，包含了所有规模以上工业企业。③ 该数据的样本量巨大，每年的样本量在 16 万到 43 万不等；指标丰富，包括投入产出指标、财务指标等各项指标。目前学界使用最多的是 1998—2007 年的数据④，由于

---

① Cai, J., Chen, Y., Wang, X., "The impact of corporate taxes on firm innovation: Evidence from the corporate tax collection reform in china", *NBER Working Paper*, No. 25146, 2018.
② 如果考虑五年的专利被引时滞，则这些数据只能分析到 2009 年（2014 - 5 = 2009）。
③ 规模以上工业企业的含义：2006 年及之前是指所有国有企业和年销售额在 500 万元人民币及以上的非国有企业。2007—2010 年是指所有年销售额在 500 万元人民币及以上的企业，2011 年之后是指所有年销售额在 2000 万元人民币及以上的企业。
④ Brandt, L., Van Biesebtoeck, J., Zhang, Y., "Creative accounting or creative destruction? Firm-level productivity growth in Chinese manufacturing", *Journal of Development Economics*, Vol. 97, No. 2, 2012.

2008—2013年的数据缺乏增加值变量,故尚较少投入使用,本章不需要计算生产率,进而避免了这一问题。近几年,2007年之后的规模以上工业企业数据也陆续投入使用。①②

考虑到行业分类变更,本章主要以《国民经济行业分类》(GB‑T4754‑2002)为基准,对2002年之前和2011年之后的四位数行业进行重新分类。为检验样本代表性,笔者将该数据库中2004年、2008年、2013年的数据分别与2004年《第一次经济普查》以及2008年《第二次经济普查》和2013年《第三次经济普查》宏观数据进行比照,结果显示,工业企业数据库中的总资产占全部样本的比重在2004年为90%,2008年为85%,2013年为79%。笔者还分两位数行业对比了企业样本占总样本的比重,结果均表明样本代表性非常好。③ 唯一的缺陷是该数据库不包括规模以下企业,因此在将结论推广至所有工业时仍需谨慎。

笔者还进一步与国家统计局公布的规模以上工业企业数进行对比,结果发现,绝大多数年份的样本量均与统计局公布企业数相近,只有2010年数据缺失近1/4的样本(约11万家企业)。谭语嫣等④将2010年的数据做了简单删除处理。陈诗一和陈登科⑤则保留了2010年数据。笔者认为,删除这一年的数据可能会对面板数据回归结果产生更大影响。为稳健起见,本章保留2010年数据。实际上,笔者对比前后各年各主要变量描述性统计值发现,2010年变量值异常相对较小。

三 国家技术开发区数据库(1984—2018年)

根据《中国开发区审核公告目录(2018年版)》提供的219家国家经济技术开发区和156家国家高新技术开发区名单及相关信息(成立时间、

---

① 陈诗一、陈登科:《中国资源配置效率动态演化——纳入能源要素的新视角》,《中国社会科学》2017年第4期。
② 谭语嫣、谭之博、黄益平等:《僵尸企业的投资挤出效应:基于中国工业企业的证据》,《经济研究》2017年第5期。
③ 三次经济普查数据均来自国家统计局网站,http://www.stats.gov.cn/tjsj/tjgb/jjpcgb/。
④ 谭语嫣、谭之博、黄益平等:《僵尸企业的投资挤出效应:基于中国工业企业的证据》,《经济研究》2017年第5期。
⑤ 陈诗一、陈登科:《中国资源配置效率动态演化——纳入能源要素的新视角》,《中国社会科学》2017年第4期。

面积等），并手工搜集这些开发区所在地级区域及代码、县级区域及代码、邮政编码等信息。

通过与中国工业企业数据库匹配，获得国家技术开发区内的企业信息。通过与中国专利普查数据库匹配，获得专利信息。通过与国家知识产权试点园区数据库匹配，获得国家技术开发区知识产权试点相关信息。

四　官员流动数据库（1995—2015 年）

本章使用 Jiang[①] 搜集整理的 1995—2015 年地级市及以上主要官员简历信息 62742 条，主要官员包括地级市党委书记与市长（2000—2015 年）、地级市常委（2000—2012 年）、省委书记与省长（1995—2015 年）、中央委员（1997—2015 年）。手动补充部分缺失信息。

该数据库主要用于内生性问题处理时提取工具变量，即地方主要官员在中央的人脉关系，作为国家技术开发区设立的工具变量。

五　专利资助政策数据库（1999—2020 年）

本书人工搜集了 1999—2020 年全国 351 个地级市的专利政策数据，构建了独特的专利资助政策数据库。主要来自各地级市政府网站（政府门户、科技局、知识产权局、财政局、市场监督管理局等），辅以其他公开途径可搜集到的相关资料。本章数据库建构过程中，累计搜集的政策文件数量超过 1500 个，整理得到的文本内容超过 200 万字。

整体而言，可将专利资助政策文件分为五类：第一类为专利专项资金使用办法，包括专利申请资助、专利运用资助、专利实施资助等各类单项办法，内容较为单一，属于最传统最常见的政策文本；第二类为专利奖励办法，属于对优秀专利的额外奖励，包括地市级专利奖的评选规则和具体的奖励额度；第三类为专利权质押融资支持办法，包括对专利权质押融资的管理扶持或设立贴息专项资金；第四类为知识产权专项资金使用办法，主要为近年出台的综合性办法，往往在涵盖以上三类资助政策内容的同

[①] Jiang, J., "Making bureaucracy work: Patronage networks, performance incentives, and economic development in China", *American Journal of Political Science*, Vol. 62, No. 4, 2018.

时，还加入专利申请大户、专利授权大户、高价值专利资助、首件专利资助、专利代理资助、专利维权资助等多种资助内容；第五类为明确提出对专利进行各类资助的其他科技创新政策，如各地市级贯彻省级知识产权纲要的实施意见、支持创新发展的若干措施、关于进一步推进大众创业万众创新的意见等，是专利资助政策体系的重要补充。

六　地级市数据库（1995—2020 年）

地级市数据来自历年《中国城市统计年鉴》《中国区域经济统计年鉴》，部分缺失数据先从各省统计年鉴和各市统计年鉴进行补充，再用插值法进行补充，或用相邻地区的均值进行补充。各省价格指数来自国家统计局网站。根据这些指标计算地级市层面控制变量。

手工搜集每个地级市的所有邮政编码，通过邮政编码将中国专利普查数据匹配到地级市数据，对部分未匹配的数据进行人工补充。

七　核电技术资料

（一）公开资料

通过公开资料主要查询如下信息（部分信息见表 A1）：核电站名称、核电站最大股东、机组功率（MW）、机组开工时间、机组商运时间、机组堆型、机组国产化率（%）。中国引进和自主开发的四代核电技术的机组信息。四家主要核电技术负责单位的信息：中国核工业集团有限公司（以下简称"中核"）、中国广核集团有限公司（以下简称"中广核"）、国家电力投资集团（以下简称"国家电投"）、清华大学核能与新能源技术研究院（以下简称"清华核研院"）。公开资料的准确性最终请多名专家核对确认。

公开资料来源：（1）各机构官方网站，如国家核安全局网站、生态环境部网站、国家能源局网站、中国核能行业协会网站、国际原子能机构网站等政府和协会网站，中国核工业集团公司、中国广核集团有限公司、中国核电技术公司、中国电力投资集团公司等企业网站，以及核电站运营单位的网站等。（2）百度等搜索引擎。

表 A1　　　　　　　　中国核电站机组的基本信息

核电站	机组功率（MW）	最大股东	堆型	开工年份	商运年份
CAP1400 示范工程	1400	国家电投	CAP1400	2018	—
CAP1400 示范工程	1400	国家电投	CAP1400	2019	—
石岛湾	211	中核、华能集团、清华核研院	第四代高温气冷堆	2012	—
田湾一期	1060	中核	AES91（VVER-1000 改进型核电机组）	1999	2007
田湾一期	1060	中核	AES91（VVER-1000 改进型核电机组）	1999	2007
田湾二期	1060	中核	AES91（VVER-1000 改进型核电机组）	2012	2018
田湾二期	1060	中核	AES91（VVER-1000 改进型核电机组）	2013	—
田湾三期	1118	中核	M310+中核改进堆型	2015	—
田湾三期	1118	中核	M310+中核改进堆型	2016	—
秦山	310	中核	CNP300	1985	1994
秦山第二核电厂	650	中核	CNP600	1996	2002
秦山第二核电厂	650	中核	CNP600	1997	2004
秦山第二核电厂	660	中核	CNP600	2006	2010
秦山第二核电厂	660	中核	CNP600	2006	2011
秦山第三核电厂	728	中核	CANDU6	1998	2002
秦山第三核电厂	728	中核	CANDU6	1998	2003
方家山	1080	中核	CNP1000	2008	2014
方家山	1080	中核	CNP1000	2009	2015
福清	1080	中核	CNP1000	2008	2014
福清	1080	中核	CNP1000	2009	2015
福清	1080	中核	CNP1000	2010	2016
福清	1080	中核	CNP1000	2012	2017
福清	1087	中核	HPR1000 华龙一号	2015	—
福清	1087	中核	HPR1000 华龙一号	2015	—

续表

核电站	机组功率（MW）	最大股东	堆型	开工年份	商运年份
漳州	1200	中核	HPR1000 华龙一号	2019	—
漳州	1200	中核	HPR1000 华龙一号	2020	—
昌江一期	650	中核	CNP600	2010	2015
昌江一期	650	中核	CNP600	2010	2016
昌江二期	1200	中核	HPR1000 华龙一号	2019	—
昌江二期	1200	中核	HPR1000 华龙一号	2020	—
大亚湾	984	中广核	M310	1987	1994
大亚湾	984	中广核	M310	1988	1994
岭澳	990	中广核	M310＋中广核改进	1997	2002
岭澳	990	中广核	M310＋中广核改进	1997	2003
岭澳二期	1080	中广核	CPR1000	2005	2010
岭澳二期	1080	中广核	CPR1000	2006	2011
红沿河	1119	中广核、国家电投	CPR1000	2007	2013
红沿河	1119	中广核、国家电投	CPR1000	2008	2014
红沿河	1119	中广核、国家电投	CPR1000	2009	2015
红沿河	1080	中广核、国家电投	CPR1000	2009	2016
红沿河	1080	中广核、国家电投	ACPR1000	2015	—
红沿河	1080	中广核、国家电投	ACPR1000	2015	—
宁德	1080	中广核	CPR1000	2008	2014
宁德	1080	中广核	CPR1000	2010	2015
宁德	1080	中广核	CPR1000	2010	2016
宁德	1200	中广核	华龙一号	2018	—
宁德	1200	中广核	华龙一号	2018	—
台山	1750	中核	EPR	2009	2018
台山	1750	中核	EPR	2010	—
阳江	1080	中广核	CPR1000	2008	2014
阳江	1080	中广核	CPR1000	2009	2015
阳江	1080	中广核	CPR1000＋	2010	2016
阳江	1080	中广核	CPR1000＋	2012	2017

续表

核电站	机组功率（MW）	最大股东	堆型	开工年份	商运年份
阳江	1087	中广核	ACPR1000	2013	2018
阳江	1087	中广核	ACPR1000	2013	
防城港	1080	中广核	CPR1000	2010	2016
防城港	1080	中广核	CPR1000	2010	2016
防城港二期	1150	中广核	HPR1000 华龙一号	2015	—
防城港二期	1150	中广核	HPR1000 华龙一号	2016	—
惠州	1150	中广核	HPR1000 华龙一号	2019	—
海阳	1250	中电投（国家电投）	AP1000	2009	2018
海阳	1250	中电投（国家电投）	AP1000	2010	—
三门	1250	中核	AP1000	2009	2018
三门	1250	中核	AP1000	2009	2018

资料来源：笔者搜集整理，并请核电相关工作者确认和修改整理所得。

（二）访谈资料

访谈的主要目的在于获取公开资料背后的深度故事。笔者既进行了普通访谈，也进行了深度访谈。访谈的对象主要包括核电技术专家、中国核电发展历史研究专家、核电行业工作人员，其中包括高温气冷堆技术的关键当事人、中国四代核电技术的亲历者。搜集整理了许多相关背景信息，包括各核电站及其机组建设的背景、各类核电技术的发展、各类核电技术相关单位的竞争与合作，有助于深度理解中国核电政策变迁的政治经济动因等。

访谈对象基本覆盖四代核电技术、四大核电技术负责单位、典型核电站。笔者就不同访谈对象所谈内容相互冲突的地方进行多次验证与核实。出于伦理考虑，未列出受访者具体信息。访谈记录约两万字。

访谈提纲一（适用于三大核电巨头）：

（1）三大核电巨头（中核、中广核、国家电投）的研究实力是如何演变的？各自下属有哪些研究机构？这些研究机构之间的竞争与合作关系如何？

（2）在不同时期进行技术引进的政治经济动因是什么？国际关系背景是什么？引进技术的成本和风险与国内相比如何？国内核电的供给和需求

情况如何？

（3）中国如何从技术引进中进行学习？哪些机组分别消化吸收了引进机组中的哪些技术？做了哪些改进？

（4）三大核电巨头在不同时期分别如何处理自主开发和技术引进的关系？有哪些决策在您看来是明智的或失误的？

（5）影响中国核电技术的重大发展的政府和市场因素是什么？

（6）有哪些国际事件对中国核电技术发展产生了重要影响？

（7）在模仿国外技术之前，中国已经具备哪些初始条件？是如何积累这些初始条件的？

（8）2007年为何还要成立一个国家核电技术公司来专门负责AP1000技术的吸收？为何不直接让中核或中广核来负责吸收？

（9）为何中核与中广核比国家电投更早地开发出第三代核电技术？它们开发的第三代核电技术之间有哪些优劣和差异？

访谈提纲二（适用于清华核研院）：

（1）清华核研院为何走上了换道超车的路线直接发展第四代核电技术？

（2）清华核研院在进行核电技术开发之前进行了哪些初始知识积累？

（3）不同发展阶段如何协调自主开发与技术引进的关系？

（4）清华核研院如何在缺乏资金的情况下进行核电技术研发？如何突破资金不足的束缚？

（5）清华核研院的第四代核电技术与国际上其他第四代核电技术相比有何优势和不足？

（6）清华核研院的第四代核电技术如何吸收国际核电技术知识？在引进人才和引进技术设备等方面做了哪些工作？发挥了哪些作用？

（7）清华核研院的人才培养对其他核电产业产生了什么样的影响？

（8）政府和市场分别在清华核研院的第四代核电技术研发上发挥了怎样的作用？

八 政策文件资料

国家技术开发区政策。大量搜集国家技术开发区政策文件，识别国家技术开发区设立的条件；对比分析国家技术开发区"一次创业"和"二次创业"的政策重点；对比分析国家高新区与国家经开区的政策异同。政策文件包括：历年《省级开发区升级为国家级经济技术开发区的审核原则和标准》《关于实施科技规划纲要增强自主创新能力的决定》《实施〈国家中长期科学和技术发展规划纲要（2006—2020年）〉的若干配套政策》《国家高新技术产业开发区"十一五"发展规划纲要》《国家高新区评价指标体系》《国家高新区创新能力评价报告》《国务院办公厅关于完善国家级经济技术开发区考核制度促进创新驱动发展的指导意见》《国家级经济技术开发区综合发展水平考核评价结果》等。

技术创新重大战略与宏观规划。(1) 从中央出台的重大创新政策文件中，分析中央从模仿创新向自主创新转变的过程。例如《1956年至1967年科学技术发展远景规划》、《1963年至1972年科学技术规划纲要》、《国家中长期科技发展规划（2006—2020年）》、《国家知识产权战略纲要》等。(2) 梳理改革开放以来中央出台的创新与相关的宏观规划政策文件，研究其规划目标的演变。例如《"十二五"规划纲要》、《全国专利事业发展战略（2011—2020年）》、《深入实施国家知识产权战略行动计划（2014—2020年）》、《"十三五"国家知识产权保护和运用规划（2016—2020年）》等。

专利相关制度与政策。(1) 各地级市专利资助政策的演变。搜集各地级市的专利资助政策，分析其政策出台时间，政策资助力度及其演变。(2) 专利制度的演变。例如《专利法》历次修订的对比分析、《关于加强与科技有关的知识产权保护和管理工作的若干意见》中的重大改革。(3) 国家知识产权试点园区相关政策。例如《中关村国家知识产权制度示范园区知识产权专项资金使用管理办法（暂行）》《国家知识产权试点示范园区评定管理办法》等。

附录二　数据匹配

一　开发区数据及其与工业企业数据的匹配

笔者根据开发区名称，通过百度查询地址匹配到地级市，结合开发区批准设立时间，以"地级市—年"为关联变量匹配到工业企业数据。具体步骤如下：第一，仅保留1995—2013年国家经开区和国家高新区，样本分别为174家（占比为79.45%）和62家（占比为39.74%）。第二，将同一地级市同一年份的开发区数量和面积相加，并删除"地级市—年"重复的样本，两类开发区样本分别变为163个和62个。第三，将国家经开区与国家高新区合并，得到国家技术开发区（包括国家经开区或国家高新区）的总样本216个，并将同一地级市同一年份的两类开发区的数量和面积相加得到国家技术开发区的数量和面积。第四，将此数据与工业企业数据按照"地级市—年"进行匹配。

二 专利数据及其与工业企业数据的匹配

笔者按照如下步骤将专利数据与规模以上工业企业数据匹配。第一步，根据第一申请人的名称将申请人分为五种类型：企业、高校、科研机构、个人、其他。含"公司、厂、设计院"等字样的归类为"企业"；含"大学、学校、学院"等字样的归类为"高校"；含"研究院、研究所、科学院、中心"等字样的归类为"科研机构"；以个人名字出现的归类为"个人"；协会、基金会、促进会等难以归类的，归类为"其他"。为避免重复计算（double counting），如果同时含有上述字样时，归类为企业，"××大学的××公司"算作企业，"××公司的××研究院"算作企业。[①] 由于部分发明专利由多个申请人共同申请（占比7.36%），在进行简单统计时，以第一申请人为准。第一申请人类型的统计结果显示，1991—2018年公开的发明专利中，企业、高校、科研机构、个人、其他发明专利占比分别为：67.60%、14.62%、1.97%、15.16%、0.64%。可见，约三分之二的发明专利来自企业。

第二步，将专利的申请人名称与工业企业的企业名称进行匹配，为尽可能避免损失样本，本章考虑所有申请人，即第一申请人之外的其他申请人也与工业企业的企业名称进行匹配。为提高匹配精确度，匹配之前，笔者删掉公司名称中的"有限公司""有限责任公司""公司""厂""省""市""县"等字样，同时删掉空格和其他标点符号等。

[①] 当然，有部分研究院、研究所可能是企业，但由于不包含"公司"等字样，无法直接识别，笔者将其与工业企业名称匹配之后，匹配成功的归类为企业，其他的仍归类为科研机构。

匹配结果如表 A2 所示。从企业数可知，1995—2013 年，仅有 4.64% 的规模以上工业企业申请专利。但从专利数看到，44.07% 的国内企业专利由规模以上工业企业申请[①]，剩余部分可能来自规模以下工业企业和非工业企业。这意味着，极少数的规模以上工业企业申请了将近一半的国内企业专利。

为验证专利数据与工业企业数据匹配结果的有效性，笔者将微观数据匹配结果与国家知识产权局和国家统计局公布的宏观数据进行对比。国家知识产权局发布的《中国规模以上工业企业专利活动与经济效益状况报告》（2012 年、2013 年），公布了 2008 年、2011—2013 年申请专利的规模以上工业企业占所有规模以上工业企业数比重的数据。结合历年《专利统计年报》中的专利申请总量和统计局网站中的规模以上工业企业专利申请量，可以计算规模以上工业企业专利申请量占当年专利申请总量的比重。从表 A3 可见，基于微观匹配数据的结果与宏观数据差别较小。这意味着本章匹配结果较为理想。

表 A2　专利数据与 1995—2013 年规模以上工业企业数据匹配结果

	未授权发明公开	发明授权	实用新型	外观设计	合计
有专利的规模以上工业企业数					
有专利的规模以上工业企业数（家）	67381	79245	156620	65151	225705
1995—2013 年规模以上工业企业数（家）	4859810	4859810	4859810	4859810	4859810
有专利的规模以上工业企业数占比（%）	1.39	1.63	3.22	1.34	4.64
规模以上工业企业的专利数					
规模以上工业企业的专利数（件）	288121	351951	853481	570775	2064328
1995—2013 年国内企业的专利数（件）	767626	770111	1882998	1263528	4684263
规模以上工业企业的专利数占比（%）	37.53	45.70	45.33	45.17	44.07

注：由于工业企业均为国内企业，故计算比重时也仅考虑国内企业的专利。根据申请人地址识别，地址在国内则视为国内企业。

资料来源：笔者根据专利数据库计算得到。

[①] 这一结果低于 Xie 和 Zhang（2014）基于 1998—2009 年数据的匹配结果 58.80%，这是由于 Xie 和 Zhang（2014）计算时没有考虑样本期间企业的进入退出，直接使用企业名称进行匹配，而没有对企业名称和年份同时进行匹配。笔者仅用企业名称对 1995—2013 年数据进行匹配，得到的结果为 56.80%，与 Xie 和 Zhang（2014）的结果很接近。

表 A3 微观匹配数据与宏观数据对比

年份	申请专利的规模以上工业企业占所有规模以上工业企业数的比重（%）		规模以上工业企业专利申请量占当年专利申请总量的比重（%）	
	微观匹配	宏观报告	微观匹配	宏观报告
2013 年	12.11	13.10	26.20	25.21
2012 年	11.68	12.20	24.92	25.39
2011 年	9.88	10.30	24.06	25.08
2008 年	4.05	4.20	19.84	20.95

资料来源："微观匹配数据"根据专利数据库与工业企业数据库匹配得到。"宏观数据"主要直接来自《中国规模以上工业企业专利活动与经济效益状况报告》（2012 年、2013 年），个别需要结合《专利统计年报》和国家统计局网站间接计算。

参考文献

《马克思恩格斯全集》第46卷（下），人民出版社1980年版。

《毛泽东选集》第一卷，人民出版社1991年版。

《毛泽东文集》第八卷，人民出版社1999年版。

周恩来：《伟大的十年》，《人民日报》1959年10月6日第1版。

《邓小平文选》第二卷，人民出版社1991年版。

《邓小平文选》第三卷，人民出版社1993年版。

毛泽东：《论十大关系》，载毛泽东《毛泽东文集》第七卷，人民出版社1999年版。

江泽民：《努力实施科教兴国战略》，《江泽民文选》第一卷，人民出版社2006年版。

中共中央文献研究室编：《邓小平年谱（一九七五——一九九七）》（上），中央文献出版社2004年版。

［苏］鲍里索夫、［苏］科洛斯科夫：《苏中关系：1945—1980》，上海三联书店1982年版。

柏文喜、王影：《西安经济技术开发区"二次创业"阶段招商引资战略研究》，《陕西经贸学院学报》2002年第1期。

蔡中华、陈鸿、马欢：《我国向"一带一路"沿线国家专利申请质量测度研究》，《科学学研究》2020年第7期。

柴士改、李金昌：《中国经济增长新动能统计测度研究》，《统计与信息论坛》2021年第1期。

陈家祥：《中国国家高新区功能偏离与回归分析》，《城市规划》2006年第6期。

陈劲：《共同富裕视野下的中国科技创新》，人民出版社2023年版。

陈劲、阳镇、朱子钦：《"十四五"时期"卡脖子"技术的破解：识别框架、战略转向与突破路径》,《改革》2020年第12期。

陈诗一、陈登科:《中国资源配置效率动态演化——纳入能源要素的新视角》,《中国社会科学》2017年第4期。

陈思、何文龙、张然:《风险投资与企业创新:影响和潜在机制》,《管理世界》2017年第1期。

陈旭、江瑶、熊焰等:《基于专利维度的关键核心技术"卡脖子"问题识别与分析——以集成电路产业为例》,《情报杂志》2023年第8期。

程文银:《国家技术开发区与技术创新:基于自主性引进的视角》,博士学位论文,清华大学,2020年。

程文银、胡鞍钢、陈雪丽:《知识产权强国背景下中国高价值专利发展:测度与实证分析》,《北京工业大学学报》(社会科学版)2022年第5期。

程文银、李兆辰、刘生龙等:《中国专利质量的三维评价方法及实证分析》,《情报理论与实践》2022年3月16日网络优先出版。

程文银、潘霞、陈劲等:《国有企业改制如何助力企业原始创新?——兼议制度与政策的作用》,《科学学与科学技术管理》2023年11月9日网络首发。

程文银、潘霞、胡鞍钢:《知识产权强市:从"潜能"到"显能"》,《城市观察》2023年第5期。

范红忠:《有效需求规模假说、研发投入与国家自主创新能力》,《经济研究》2007年第3期。

冯海红、牟丹娅:《国家高新区20周年纪念主题文章之九 国家高新区评价:历史演进与未来趋势》,《中国高新区》2012年第10期。

付明卫、叶静怡、孟俣希等:《国产化率保护对自主创新的影响——来自中国风电制造业的证据》,《经济研究》2015年第2期。

高文书:《从"人口红利"到"人才红利"》,《中国人才》2014第19期。

谷丽、郝涛、任立强等:《专利质量评价指标相关研究综述》,《科研管理》2017年增刊第1期。

辜胜阻、郑凌云:《新型工业化与高技术开发区的二次创业》,《中国软科学》2005年第1期。

郭峰、熊瑞祥:《地方金融机构与地区经济增长——来自城商行设立的准自然实验》,《经济学》(季刊)2017年第1期。

郭烨、曹国忠、王圣坤：《基于功能分析的高价值专利判断方法研究》，《科技管理研究》2020 年 23 期。

郭颖、李创兰：《基于专利维持年限视角的中国高价值专利布局情况研究》，《中国发明与专利》2021 年第 11 期。

韩伯棠、方伟、王栋：《高新区与经开区的趋同趋势及两区合一的管理模式研究》，《特区经济》2007 年第 4 期。

郝项超、梁琪、李政：《融资融券与企业创新：基于数量与质量视角的分析》，《经济研究》2018 年第 6 期。

何玄文、张学鹏：《中外合资企业技术学习的探索性研究》，《科学管理研究》2006 年第 6 期。

胡鞍钢：《中国科技实力跨越式发展与展望（2000—2035 年）》，《北京工业大学学报》（社会科学版）2022 年第 1 期。

胡鞍钢、程文银：《中国高技术产业为何赶超美国？——"五大政策"综合分析框架》，《南京大学学报》（哲学·人文科学·社会科学版）2017 年第 3 期。

胡鞍钢、程文银、高宇宁：《中美贸易战的本质是科技战》，《国情报告》2018 年第 14 期。

胡鞍钢、刘生龙、任皓：《中国如何成为世界科技创新强国（2015—2050）》，《中国科学院院刊》2017 年第 5 期。

胡鞍钢、鄢一龙：《中国国情与发展》，中国人民大学出版社 2016 年版。

黄宁、张国胜：《演化经济学中的技术赶超理论：研究进展与启示》，《技术经济》2015 年第 9 期。

黄郁华、易高峰：《开发区的创新驱动发展战略研究——以盐城经济技术开发区为例》，《盐城工学院学报》（社会科学版）2013 年第 4 期。

江小涓：《新中国对外开放 70 年：赋能增长与改革》，《管理世界》2019 年第 12 期。

姜子英：《中国核电与煤电环境影响的外部成本比较》，《环境科学研究》2010 年第 8 期。

赖格、孟渤：《中国中等技术现状分析》，《中国科学院院刊》2023 年第 11 期。

李兵、岳云嵩、陈婷：《出口与企业自主技术创新：来自企业专利数据的经验研究》，《世界经济》2016 年第 12 期。

李春涛、宋敏：《中国制造业企业的创新活动：所有制和 CEO 激励的作用》，《经济研究》2010 年第 5 期。

黎兵：《全球技术移民竞争新态势及启示》，《中国科技人才》2023 年第 1 期。

李善同、侯永志、刘云中等：《中国国内地方保护问题的调查与分析》，《经济研究》2004 年第 11 期。

李绍华：《南宁高新技术产业开发区创新战略探讨》，《改革与战略》2010 年第 11 期。

李伟、夏向阳：《专利促进政策对区域专利增长的影响分析——以宁波为例》，《科学学研究》2011 年第 8 期。

李兆辰、程文银、刘生龙等：《国家高新区、创新合作与创新质量——基于双元创新合作的视角》，《科学学与科学技术管理》2023 年 10 月 20 日网络首发。

林毅夫、蔡昉、李周：《中国的奇迹：发展战略与经济改革》，格致出版社 2019 年版。

林毅夫、向为、余淼杰：《区域型产业政策与企业生产率》，《经济学》（季刊）2018 年第 2 期。

刘昂：《专利资助政策机制评估及政策改进维度——基于 1989—2014 年时间序列实证分析》，《社会科学家》2020 年第 5 期。

刘凯、徐仁胜：《专利刺激政策的运行机制及其对专利质量的影响——基于 1995—2015 年省级面板数据的实证分析》，《科技管理研究》2017 年第 13 期。

刘勤、杨玉明、刘友华：《高价值专利评估建模与实证》，《情报理论与实践》2021 年第 2 期。

刘洋：《高价值专利指标探讨——基于中国金奖专利的实证分析》，《中国高校科技》2021 年第 8 期。

龙小宁、王俊：《中国专利激增的动因及其质量效应》，《世界经济》2015 年第 6 期。

楼世洲、彭自力：《非洲国家科技十年战略发展规划述评》，《非洲研究》2016 年第 1 期。

路风：《被放逐的"中国创造"——破解中国核电谜局》，《商务周刊》2009 年第 2 期。

路风：《走向自主创新2——新火》，中国人民大学出版社2020年版。
路风、蔡莹莹：《中国经济转型和产业升级挑战政府能力——从产业政策的角度看中国TFT-LCD工业的发展》，《国际经济评论》2010年第5期。
罗庆朗、蔡跃洲、沈梓鑫：《创新认知、创新理论与创新能力测度》，《技术经济》2020年第2期。
彭敏：《当代中国的基本建设》（上卷），中国社会科学出版社1989年版。
曲如晓、李雪：《外国在华专利、吸收能力与中国企业创新——基于中国上市公司的实证研究》，《经济学动态》2020年第2期。
佘力焓：《技术创新国际化视阈下专利审查协作机制创新及中国路径选择》，《科学管理研究》2021年第1期。
石竹青、潘莉：《实质性参与国际标准化活动：我国承担ISO/TC 86/SC 4秘书处工作简述》，《机械工业标准化与质量》2012年第5期。
舒运国：《非洲永远失去工业化的机会吗？》，《西亚非洲》2016年第4期。
隋广军、申明浩、宋剑波：《基于专利水平地区差异的高科技产业化问题研究》，《管理世界》2005年第8期。
孙劭方：《高新区创新网络的运行机制研究》，《决策探索》2003年第1期。
孙喜、路风：《从技术自立到创新——一个关于技术学习的概念框架》，《科学学研究》2015年第7期。
苔莎、莫里斯—铃木：《日本的技术变革》，中国经济出版社2002年版。
谭龙、唐勇、刘云等：《基于质性研究的专利激增驱动因素识别》，《情报探索》2018年第12期。
谭语嫣、谭之博、黄益平等：《僵尸企业的投资挤出效应：基于中国工业企业的证据》，《经济研究》2017年第5期。
田杰棠：《制度·技术·产业：基于创新的视角》，经济科学出版社2012年版。
王春：《"一五"计划中的156项重点建设项目》，《历史学系》2004年第9期。
王一鸣：《百年大变局、高质量发展与构建新发展格局》，《管理世界》2020年第12期。
王永进、张国峰：《开发区生产率优势的来源：集聚效应还是选择效应？》，《经济研究》2016年第7期。

参考文献

吴丰华、刘瑞明：《产业升级与自主创新能力构建——基于中国省际面板数据的实证研究》，《中国工业经济》2013年第5期。

向宽虎、陆铭：《发展速度与质量的冲突——为什么开发区政策的区域分散倾向是不可持续的》，《财经研究》2015年第4期。

谢黎、邓勇、任波：《专利资助政策与问题专利的形成——基于灰色关联的实证研究》，《情报杂志》2014年第6期。

熊军、胡涛：《开发区"二次创业"的全球化视角——对长江三角洲开发区"二次创业"的分析》，《华中师范大学学报》（自然科学版）2001年第4期。

徐玉斌：《非洲扫盲运动失败的启示》，《河南教育学院学报》（哲学社会科学版）1995年第2期。

薛澜、梁正：《核心竞争力与自主创新能力关系初探》，《太原科技》2006年第4期。

杨昌荣：《失去政策保护，高新区如何吸收外资创新高?》，《中国外资》2005年第4期。

杨芳娟、刘云、谭龙：《地方专利资助政策对专利申请量增长的影响分析》，《中国管理科学》2012年增刊第2期。

杨光：《低碳发展模式下中国核电产业及核电经济性研究》，博士学位论文，华北电力大学，2010年。

杨敬、曹利华：《非洲发展新伙伴计划》，载舒运国、张忠祥《非洲经济评论》，上海三联书店2013年版。

杨文雅：《西方国家转嫁经济危机给第三世界带来深重灾难》，《河南财经学院学报》1987年第4期。

杨晓云：《资本品进口与企业生产率——来自中国制造业企业的证据》，《经济经纬》2015年第6期。

杨永恒：《发展规划定位的理论思考》，《中国行政管理》2019年第8期。

杨仲山、倪苹、李凤新：《知识产权产品价值测算研究——以专利增加值测算为例》，《统计研究》2022年第1期。

余淼杰、户德月、向为：《国家级开发区对企业生产率的影响：来自中国企业层面的经验实证》，《区域与全球发展》2017年第1期。

俞立平、龙汉、彭长生：《创新数量与质量下自主研发与协同创新绩效研究》，《上海大学学报》（社会科学版）2020年第3期。

· 255 ·

袁富华、张平、李兆辰：《增长非连续的原因与创新路径的转换》，《中共中央党校学报》2018年第1期。

曾刚、李英戈、樊杰：《京沪区域创新系统比较研究》，《城市规划》2006年第3期。

曾建新：《中国核电技术创新动力的产权结构因素研究》，博士学位论文，中南大学，2013年。

曾建新、王铁骊：《基于技术轨道结构理论的核电堆型技术演变与中国的选择》，《中国软科学》2012年第3期。

曾昭宁：《西安经济技术开发区二次创业发展阶段主导产业的选择及对策》，《西安石油学院学报》（社会科学版）2002年第4期。

张古鹏、陈向东：《基于专利存续的企业和研究机构专利价值比较研究》，《经济学》（季刊）2012年第4期。

张海洋：《R&D两面性、外资活动与中国工业生产率增长》，《经济研究》2005年第5期。

张杰：《中国专利增长之"谜"——来自地方政府政策激励视角的微观经验证据》，《武汉大学学报》（哲学社会科学版）2019年第1期。

张杰、陈志远、杨连星等：《中国创新补贴政策的绩效评估——理论与证据》，《经济研究》2015年第10期。

张杰、郑文平：《创新追赶战略抑制了中国专利质量么？》，《经济研究》2018年第5期。

张久春：《20世纪50年代工业建设"156项工程"研究》，《工程研究——跨学科视野中的工程》2009年第3期。

张钦红、骆建文：《上海市专利资助政策对专利申请量的影响作用分析》，《科学学研究》2009年第5期。

张生玲、李强：《低碳约束下中国核电发展及其规模分析》，《中国人口·资源与环境》2015年第6期。

张学华、张靖：《基于技术学习的区域创新网络升级研究：以浙江台州为例》，《科技进步与对策》2011年第18期。

张艳：《国家经开区与高新区的政策渊源探究及反思》，《城市规划学刊》2011年第3期。

张艳、赵民：《论开发区的政策效用与调整——国家经济技术与高新产业开发区未来发展探讨》，《城市规划》2007年第7期。

赵晓庆、许庆瑞：《技术能力积累途径的螺旋运动过程研究》，《科研管理》2006年第1期。

郑素丽、宋明顺：《专利价值由何决定？——基于文献综述的整合性框架》，《科学学研究》2012年第9期。

郑新业、王晗、赵益卓：《"省直管县"能促进经济增长吗？——双重差分方法》，《管理世界》2011年第8期。

郑永年：《中国跨越"中等技术陷阱"的策略研究》，《中国科学院院刊》2023年第11期。

周观平、易宇：《新发展格局下提升中国集成电路产业链安全可控水平研究》，《宏观经济研究》2021年第11期。

周黎安：《中国地方官员的晋升锦标赛模式研究》，《经济研究》2007年第7期。

周叔莲：《中国产业结构调整和升级的几个问题》，《中国工业经济》1998年第7期。

周伟林、桂秋：《中国高新区聚类分析与评价》，《浙江社会科学》2002年第3期。

朱平芳、李磊：《两种技术引进方式的直接效应研究——上海市大中型工业企业的微观实证》，《经济研究》2006年第3期。

诸竹君、黄先海、余骁：《进口中间品质量、自主创新与企业出口国内增加值率》，《中国工业经济》2018年第8期。

邹长城：《中国核电产业自主化发展研究》，博士学位论文，中南大学，2011年。

Aghion, P., Akcigit, U., Bergeaud, A., et al., "Innovation and top income inequality", *Review of Economic Studies*, Vol. 86, No. 2, 2019.

Aghion, P., Howitt, P., "A model of growth through creative destruction", *Econometrica*, Vol. 60, No. 2, 1992.

Akçomak, I. S., Bürken, S., "Middle-technology trap: The case of automotive industry in Turkey", in: Ferreira et al. (eds.), *Technological Innovation and International Competitiveness for Business Growth*, Palgrave Studies in Democracy, Innovation, and Entrepreneurship for Growth, Springer International Publishing, 2021.

Albert, M. B., Avery, D., Narin, F., et al., "Direct validation of citation counts as indicators of industrially important patent", *Research Policy*, Vol. 20, No. 3, 1991.

Alder, S., Shao, L., Zilibotti, F., "Economic reforms and industrial policy in a panel of Chinese cities", *Journal of Economic Growth*, Vol. 21, No. 4, 2016.

Almond, D., Li, H., Zhang, S., "Land reform and sex selection in China", *Journal of Political Economy*, Vol. 127, No. 2, 2019.

Ali, M., "Imitation or innovation: To what extent do exploitative learning and exploratory learning foster imitation strategy and innovation strategy for sustained competitive advantage?" *Technological Forecasting and Social Change*, 165, 120527, 2021.

Amsden, A., *The rise of "the rest": Challenges to the west from late-industrializing economics*, Oxford: Oxford University Press, 2001.

Arora, A., Fosfuri, A., Gambardella, A., *Markets for technology: The economics of innovation and corporate strategy*, Massachusetts: MIT Press, 2001.

Atkinson, R., Stewart, L. A., "Just the Facts. Information Technology and Innovation Foundation", May, 2013.

Atkinson, R. D., Foote, C., "Is China catching up to the United States in innovation?" *Information Technology and Innovation Foundation Report*, April, 2019.

Attarpour, M. R. & Nasri, A., "The most effective technological learning mechanisms for innovation: evidence from Iran's steel industry", *International Journal of Technological Learning, Innovation and Development*, Vol. 15, No. 1, 2023.

Baily, M. N., Solow, R. M., "International productivity comparisons built from the firm level", *Journal of Economic Perspectives*, Vol. 15, No. 3, 2001.

Barnett, H. G., *Innovation: The basis of cultural change*, New York: McGraw-Hill Book Company, 1953.

Beck, T., Levine, R., Levkov, A., "The big bad Banks? The winners and losers from bank deregulation in the United States", *The Journal of Finance*, Vol. 65, No. 5, 2010.

Bell, M., Pavitt, K., "Technological accumulation and industrial growth:

Contrasts between developed and developing countries", *Industrial and Corporate Change*, Vol. 2, No. 2, 1993.

Berrill, K., The problem of the "take-off". In Berrill, K. (ed.), *Economic development with special reference to east Asia*, S. t Martins Press, New York, pp. 233 – 245. 1964.

Bessen, J., "The value of US patents by owner and patent characteristics", *Research Policy*, Vol. 37, No. 5, 2008.

Black, G., Shropshire, D., Araújo, K. et al., "Prospects for nuclear microreactors: A review of the technology, economics, and regulatory considerations", *Nuclear Technology*, 209 (sup1), 2023.

Booth, A., "Initial conditions and miraculous growth: Why is Southeast Asia different from Taiwan and South Korea?" *World Development*, Vol. 27, No. 2, 1999.

Brandt, L., Van Biesebtoeck, J., Zhang, Y., "Creative accounting or creative destruction? Firm-level productivity growth in Chinese manufacturing", *Journal of Development Economics*, Vol. 97, No. 2, 2012.

Cai, J., Chen, Y., Wang, X., "The impact of corporate taxes on firm innovation: Evidence from the corporate tax collection reform in China", *NBER Working Paper*, No. 25146, 2018.

Cairncross, A., "Essays in bibliography and criticism XLV.: The stages of economic growth", *Economic History Review*, Vol. 13, No. 3, 1961.

Campbell, R. S., Nieves, A. L., "Technology indicators based on patent data: the case of catalytic converters", *Phase I report: design and demonstration, battelle, pacific northwest laboratories*, 1979.

Cao, C., "Zhongguancun and China's high-tech parks in transition: 'growing pains' or 'premature senility'?" *Asian Survey*, Vol. 44, No. 5, 2004.

Card, D., "Estimating the return to schooling: Progress on some persistent econometric problems", *Econometrica*, Vol. 69, 2001.

Carpenter, M. P., Narin, F., "Validation study: Patent citations as indicators of science and foreign dependence", *World Patent Information*, Vol. 5, No. 3, 1983.

Chachuli, F. S. M., Idris, F. M, "The impact of policy toward R&D and innovation on nuclear technology in Malaysia", in: IOP Conference Series: Materials Science and Engineering, Vol. 1285, No. 1, July, IOP Publishing, 2023.

Cheng, W., Meng, B., Gao, Y., "China's innovation boom: Miracle or mirage?" *IDE Discussion Paper*, No. 777, 2020.

Cheng, W., Wang, Q., Ouyang, X., et al., "Effect of Economic and Technological Development Zones on Green Innovation: Learning by Importing Perspective", *Journal of Global Information Management*, Vol. 30, No. 6, 2021.

Chesbrough, H. W., *Open innovation: The new imperative for creating and profiting from technology*, Harvard Business Press, 2003.

Clark, C., "The morpology of economic growth", Chapter X, in: *The conditions of economic progress*, Macmillan, London, pp. 337 – 373, 1940.

Cohen, W., Levinthal, D., "Innovation and learning: The two faces of R&D", *Economic Journal*, Vol. 99, 1989.

Costa, D., Kehoe, T. J., & Ravindranathan, G., "The stages of economic growth revisited", *Federal Reserve Bank of Minneapolis Economic Policy Paper* 16 – 5, 2016.

Cowan, R., "Nuclear power reactors: A study in technological lock-in", *The Journal of Economic History*, Vol. 50, No. 3, 1990.

D'Amato, A., Engel, K., "State responsibility for the exportation of NPT", *Law Review*, Vol. 74, No. 6, 1988.

Dang, J., Motohashi, K., "Patent statistics: A good indicator for innovation in China? Patent subsidy program impacts on patent quality", *China Economic Review*, Vol. 35, 2015.

Dore, R., "Technological indigenous technical change in the third world", in: Rransman M, King K. (eds.), *Technological capability in the third world*, London: *Macmilian*, 1984.

Dosi, G., "Technological paradigms and technological trajectories", *Research Policy*, Vol. 11, No. 2, 1982.

Eaton, J., Kortum, S., "Patents and information diffusion", *Frontiers of Economics and Globalization*, Vol. 2, No. 7, 2007.

Ertmer, P. A., Newby, T. J., "Behaviorism, cognitivism, constructivism:

Comparing critical features from an instructional design perspective", *Performance Improvement Quarterly*, Vol. 6, No. 4, 1993.

Ferrantino, M., Koopman, R., Wang, Z., et al., "Classification and statistical reconciliation of trade in advanced technology products—The case of China and the United States", *Brookings-Tsinghua Center for Public Policy Working Paper Series* WP200709 06EN, http://www.brookings.edu/papers/2008/spring_china_btc.aspx, 2008.

Fisher, A. G. B., *Economic progress and social security*, London, Mamilian, 1945.

Fransman, M., "Technological capability in the third world", in: Rransman M, King K. (eds.), *Technological capability in the third world*, London: Macmilian, 1984.

Freeman, C., *Technology Policy and Economic Performance: Lessons from Japan*, Pinter, 1987.

Freeman, C., "The 'national system of innovation' in historical perspective", *Cambridge Journal of Economics*, Vol. 19, No. 1, 1995.

Fu, X., Pietrobelli, C., Soete, L., "The role of foreign technology and indigenous innovation in the emerging economies: Technological change and catching-up", *World Development*, Vol. 39, No. 7, 2011.

Galbraith, J. K., *American capitalism: Revised edition*, Boston: Houghton Mifflin, 1956.

Gambardella, A. D., Harhoff, B. V., "The value of European patents", *European Management Review*, Vol. 5, No. 2, 2008.

Gao, X., *Technological capability catching up: Follow the normal way or deviate*, Ph. D, Thesis, MIT Sloan School of Management, 2003.

Gerschenkron, A., "Economic backwardness in historical perspective", in: Gerschenkron A. *Economic backwardness in historical perspective: A book of essays*. Cambridge, MA: The Belknap Press of Harvard University Press, 1962.

Gertler, M., *Manufacturing culture: The institutional geography of industrial practice*, Oxford: Oxford University Press, 2004.

Gilbert, R., Shapiro, C., "Optimal patent length and breadth", *The Rand Journal of Economics*, Vol. 21, No. 1, 1990.

Gill I. , Kharas H. "An East Asian renaissance: Ideas for economic growth", Washington, D. C. : World Bank, 2007.

Gourinchas, P. , Farhi, E. , Caballero, R. J. , "Financial crash, commodity prices and global imbalances", *Brookings Papers on Economic Activity*, No. 2, 2008.

Griffith, R. , Redding, S. , Van, Reenen J. , "R & D and absorptive capacity: Theory and empirical evidence", *Scandinavian Journal of Economics*, Vol. 105, No. 1, 2003.

Griliches, Z. , "Issues in assessing the contribution of R&D to productivity growth", *Bell Journal of Economics*, Vol. 10, No. 1, 1979.

Hallak, J. C. , "Product quality and the direction of trade", *Journal of International Economics*, Vol. 68, No. 1, 2006.

Haour, G. , von, Zedtwitz M. , *Created in China: How China is becoming a global innovator*, London: Bloomsbury Information, 2016.

Harhoff, D. , Scherer, F. M. , Vopel, K. , "Citations, family size, opposition and the value of patent rights", *Research Policy*, Vol. 32, No. 8, 2003.

Henderson, R. A. , Jaffe, A. B. , Trajtenberg, M. , "Universities as a source of commercial technology: A detailed analysis of university patenting, 1965 – 1988", *Review of Economics and Statistics*, Vol. 80, 1998.

He, Z. , Tony, T. W. , Zhang, Y. , et al. , "A database linking Chinese patents to China's census firms", *Nature Scientific Data*, No. 5, 2018.

He, Z. , Tony, T. W. , Zhang, Y. , et al. , "Constructing a Chinese patent database of listed firms in China: descriptions, lessons, and insights", *Journal of Economics & Management Strategy*, Vol. 27, No. 3, 2017.

Hikino, T. , Amsden, A. , "Staying behind, Stumbling back, Sneaking up, Soaring ahead: Late industrialization in historical perspective", in: Baumol W, Nelson R, Wolff E. , *Convergence of productivity: Cross-national studies and historical evidence*, Oxford: Oxford University Press, 1994.

Hsu, P. H. , Tian, X. , Xu, Y. , "Financial development and innovation: cross-country evidence", *Journal of Financial Economics*, Vol. 112, No. 1, 2014.

Hu, D. L. , " 'Low-end Locking' of China's industrial clusters in global value chain: Incentives and breakthrough measures", *Advances in Information Sciences and Service Sciences*, Vol. 5, No. 4, 2013.

Illeris K. "Towards a contemporary and comprehensive theory of learning", *International Journal of Lifelong Education*, Vol. 22, No. 4, 2003.

Ioffe, J. "The history of Russian involvement in America's race wars", *The Atlantic*, October 21, 2017.

Ioffe, J., *The history of Russian involvement in America's race wars*, The Atlantic, October 21, 2017.

Jiang, J., "Making bureaucracy work: Patronage networks, performance incentives, and economic development in China", *American Journal of Political Science*, Vol. 62, No. 4, 2018.

Jiang, W., "Have instrumental variables brought us closer to the truth", *Review of Corporate Finance Studies*, Vol. 6, No. 2, 2017.

Kaplan, A. D., *Big enterprise in a competitive system*, Washington, D. C., 1954.

Kim, L., *Imitation to innovation: The dynamics of Korea's technological learning*, Boston: Harvard Business School Press, 1997.

Kim, L., "National system of industrial innovation: Dynamics of capability building in Korea", in Nelson R, *National innovation systems: A comparative analysis*, Oxford: Oxford University Press, 1993.

Kim, L., Nelson, R., *Technology, learning and innovation: Experiences of newly industrializing economies*, Cambridge: Cambridge University Press, 2000.

Kim, L., "Stages of development of industrial technology in a developing country: A model", *Research Policy*, Vol. 9, No. 3, 1980.

Koopman, R., Wang, Z., Wei, S. J., "Tracing value-added and double counting in gross exports", *American Economic Review*, Vol. 104, No. 2, 2014.

Kudamatsu, M., "Has democratization reduced infant mortality in Sub-Saharan Africa? Evidence from micro data", *Journal of the European Economic Association*, Vol. 10, No. 6, 2012.

Kuhn, T., *The structure of scientific revolutions*, Chicago: Chicago University Press, 1962.

Lall, S., Urata, S., *Competitiveness, FDI, And technological activity in East*

Asia, Cheltenham, UK: Edward Elgar, 2003.

Lanjouw, J. O., Pakes, A., Putnam, J., "How to count patents and value intellectual property: The uses of patent renewal and application data", *Journal of Industrial Economics*, Vol. 46, No. 4, 1998.

Lanjouw, J. O., Schankerman, M., "Patent quality and research productivity: Measuring innovation with multiple indicators", *The Economic Journal*, Vol. 114, No. 495, 2004.

Lee J. - D., Baek C., Maliphol S. et al., "Middle innovation trap", *Foresight and STI Governance*, Vol. 13, No. 1, 2019.

Lee, K., Lim, C., "Technological regimes, catching-up and leapfrogging: Findings from the Korean industries", *Research Policy*, Vol. 30, No. 3, 2001.

Lerner, J., Seru, A., "The use and misuse of patent data: Issues for corporate finance and beyond", *NBER Working Paper*, No. 24053, 2017.

Levinsohn, J., Petrin, A., "Estimating production functions using inputs to control for unobservables", *Review of Economic Studies*, No. 2, 2003.

Liefner, I., Hennemann, S., Lu, X., "Cooperation in the innovation process in developing countries: Empirical evidence from Zhongguancun, Beijing", *Environment and Planning A*, Vol. 38, No. 1, 2006.

Li, H., Zhou, L., "Political turnover and economic performance: The incentive role of personnel control in China", *Journal of Public Economics*, Vol. 89, No. 9 – 10, 2005.

Liptáka, F., Klasováb, S., Ková, V., "Special economic zone constitution according to cluster analysis", *Procedia Economics and Finance*, Vol. 27, 2015.

List, F., "National system of political economy", reprinted in S. H. Patterson (ed.), *Readings in the history of economic thought*. McGraw-Hill, New York, pp. 381 – 413, 1932.

Li, X., "Behind the recent surge of Chinese patenting: An institutional view", *Research Policy*, Vol. 41, No. 1, 2012.

Loasby, B. J., *Knowledge, institutions and evolution in economics*, Routledge, London New York, 1999.

Lu, Q. W., "Learning and innovation in a transitional economy: The rise of science and technology enterprises in the Chinese information technology industry", *International Journal of Technology Management*, Vol. 21, 2001.

Lu, Y., Wang, J., Zhu, L., "Place-based policies, creation, and agglomeration economies: Evidence from China's economic zone program", *American Economic Journal: Economic Policy*, No. 11, 2019.

McGinn, N. F., Snodgrass, D. R., Kim, Y. B., et al., *Education and development in Korea*, Cambridge: Harvard University Press, 1980.

Mc Gregor, J., "China's drive for 'indigenous innovation': A web of industrial policies", *Report Commissioned by US Chamber of Commerce*, 2010.

McKinnon, R., I., "Trapped by the international dollar standard", *Journal of Policy Modelling*, Vol. 27, No. 4, 2005.

Meyer, B. D., "Natural and quasi-experiments in economics", *Journal of Business & Economic Statistics*, Vol. 13, No. 2, 1995.

Moberg, L., "The political economy of special economic zones", *Journal of Institutional Economics*, Vol. 11, No. 1, 2015.

Moreno, R., Paci, R., Usai, S., "Spatial spillovers and innovation activity in European regions", *Environment and Planning A*, Vol. 37, No. 10, 2005.

Nelson, R. R., "Bringing institutions into evolutionary growth theory", *Journal of Evolutionary Economics*, No. 1, 2002.

Nelson, R., Rosenberg, N., "Technical innovation and national systems", in: Nelson R, *National innovation systems: A comparative analysis*, Oxford: Oxford University Press, 1993.

Nelson, R. R., Sampat, B. N., "Making sense of institutions as a factor shaping economic performance", *Journal of Economic Behavior and Organization*, Vol. 44, 2001.

Nelson, R. R., Winter, S. G., *An evolutionary theory of economic change*, Cambridge: Harvard University Press, 1982.

Nelson, R. R., Winter, S. G., "Neoclassical vs. evolutionary theories of economic growth: Critique and prospectus", *The Economic Journal*, Vol. 84, No. 336, 1974.

Nonaka, I., Takeuchi, H., *The knowledge-creation company: How Japanese companies create the dynamics of innovation*, Oxford: Oxford University Press, 1995.

Nozari, M. , Radfar, R. , Ghazinoori, S. , "A practical framework for technological learning in developing countries", *African Journal of Science, Technology, Innovation and Development*, 2023.

Odagiri H, Goto A. , "The Japanese system of innovation: past, present and future", in: Nelson R. , *National innovation systems: A comparative analysis*, Oxford University Press, 1993.

OECD, "Benchmarking the performance of China's education system, PISA, OECD Publishing", Paris, 2020, https://doi.org/10.1787/4ab33702-en.

OECD. , *Science, Technology and industry outlook*, Paris: OECD, 1996.

Olley, S. , Pakes, A. , "The dynamics of productivity in the telecommunications equipment industry", *Econometrica*, Vol. 64, 1996.

Ortega, A. A. , Acielo, J. M. A. E. , Hermida, M. C. H. , "Mega-regions in the Philippines: Accounting for special economic zones and global-local dynamics", *Cities*, Vol. 48, 2015.

Pan, X. , Cheng, W. , Gao, Y. , et al. , "Is environmental regulation effective in promoting the quantity and quliaty of green innovation", *Environmental Science and Pollution Research*, Vol. 28, 2021.

Pan, X. , Gao, Y. , Guo, D. , et al. , "Does higher education promote firm innovation in China?" *Sustainability*, Vol. 12, No. 18, 2020.

Perez, C. , Soete L. , "Catching-up in technology: Entry barriers and windows of opportunity", in: Dosi, et al. (eds.), *Technical change and economic theory*, London: Pinter Publishers, 1988.

Polanyi, M. , *The tacit dimension*, London: Routledge & Kegan Paul Ltd, 1967.

Prud' homme, D. , "Dulling the cutting edge: How patent-related policies and practices hamper innovation in China", *Report of European Union Chamber of Commerce in China*, August, 2012.

Qian, Y. , Weingast, B. R. , "Federalism as a commitment to reserving market incentives", *Journal of Economic Perspectives*, Vol. 11, No. 4, 1997.

Robinson, R. , *Black on red: My forty-four years inside the Soviet Union*, Washington, D. C. : Acropolis, 1988.

Rostow, W. W. , *The stages of economic growth: A non-communist manifesto*,

Cambridge: Cambridge University Press, 1960.

Ruttan, V. W. , "Growth stage theories and agricultural development policy", *Australian Journal of Agricultural Economics*, Vol. 9, No. 1, 1965. Sachs, J. , Woo, W. T. , Yang, X. , "Economic reforms and constitutional transition", *Annals of Economics and Finance*, Vol. 1, No. 2, 2000.

Samuels R. J. , *Rich nation, strong army: National security and the technological transformation of Japan*, Cornell University Press, 1994.

Schmookler, J. , *Invention and economic growth*, Cambridge: Harvard University Press, 1966.

Schumpeter, J. A. , *Capitalism, socialism and democracy*, New York: Harper and Row, 1942.

Schumpeter, J. A. , *The theory of economic development*, Cambridge, MA: Harvard University Press, 1934.

Scott, J. T. , "Absorptive capacity and the efficiency of research partnerships", *Technology Analysis and Strategic Management*, Vol. 15, No. 2, 2003.

Shen, X. , *The Chinese road to high technology: A study of telecommunications switching technology in the economic transition*, New York: St. Martin's, 1999.

Soete, L. , "International diffusion of technology, industrial development and technological leapfrogging", *World Development*, Vol. 13, No. 3, 1985.

Solow, R. M. , "A contribution to the theory of economic growth", *Quarterly Journal of Economics*, Vol. 70, 1956.

Solow, R. M. , "Technical change and the aggregate production function", *Review of Economics and Statistics*, Vol. 39, 1957.

Sosnovskikh, S. , "Industrial clusters in Russia: The development of special economic zones and industrial parks", *Russian Journal of Economics*, No. 3, 2017.

Stiglitz, J. E. , Greenwald, B. , *Creating a learning society: A new approach to growth, development, and social progress*, New York: Columbia University Press, 2014.

Sung, C. S. , Hong, S. K. , "Development process of nuclear power industry in a developing country: Korean experience and implications", *Technovation*,

Vol. 19, No. 5, 1999.

The Economist, "Intellectual property in China: Patent fiction-Are ambitious bureaucrats fomenting or feigning innovation?" December 11th, 2014.

Trajtenberg, M., "A penny for your quotes: Patent citations and the value of innovations", *The Rand Journal of Economics*, Vol. 21, No. 1, 1990.

Trajtenberg, M., Henderson, R., Jaffe, A. B., "University versus corporate patents: A window on the basicness of invention", *Economics of Innovation and New Technology*, Vol. 5, No. 1, 1997.

Tzouliadis, T., *The forsaken: An American tragedy in Stalin's Russia*, United States: Penguin Books, June 30, 2009.

UNCTAD (United Nations Conference on Trade and Development), *World Investment Report*, 2019.

Vinig, T., Bossink, B., "China's indigenous innovation approach: The emergence of Chinese innovation theory?" *Technology Analysis & Strategic Management*, Vol. 27, No. 6, 2015.

Wade R., "After the crisis: Industrial policy and the developmental state in low-income countries", *Global Policy*, Vol. 1, No. 2, 2010.

Waldmeir, P., "China fails to live up to its history as a great nation of innovation", *Financial Times*, May 28, 2013.

Wang, J. C., Wang, J. X., "An analysis of new-tech agglomeration in Beijing: A new industrial district in the making?" *Environment and Planning A*, Vol. 30, No. 4, 1998.

Wang, J., "The economic impact of special economic zones: Evidence from Chinese municipalities", *Journal of Development Economics*, Vol. 101, 2013.

Wei, S. J., Xie, Z., Zhang, X., "From 'Made in China' to 'Innovated in China': Necessity, prospect, and challenges", *Journal of Economic Perspectives*, Vol. 31, No. 1, 2017.

Woetzal, J., Chen, Y., Manyika, J., et al., "The China effect on global innovation", McKinsey Global Institute, July 2015.

Xie, Z., Zhang, X., "The patterns of patents in China", *IFPRI Discussion Paper*, No. 01385, 2014.

Xing, Y., "China's high-tech exports: The myth and reality", *Asian Economic*

Papers, Vol. 13, No. 1, 2014.

Xu, C., "The fundamental institutions of China's reforms and development", *Journal of Economic Literature*, Vol. 49, No. 4, 2011.

Yin, R. K., *Case study research: Design and methods*, Inc: SAGE Publications, Fifth edition, 2014.

Yip, G., McKern, B., *China's next strategic advantage: From imitation to innovation*, Massachusetts: MIT Press, 2016.

Yoshihara, K., *The rise of ersatz capitalism in South-east Asia*, Singapore: Oxford University Press, 1988.

Yusuf, S., "From technological catch-up to innovation: The future of China's GDP growth", *The Word Bank Group Report*, No. 70178, 2012.

Zeebroeck, N. V., "The puzzle of patent value indicators", *Economics of Innovation and New Technology*, Vol. 20, No. 1, 2011.

Zheng, G., Barbieri, E., Di, Tommaso, M. R., et al., "Development zones and local economic growth: Zooming in on the Chinese case", *China Economic Review*, Vol. 38, No. C, 2016.

Zhou, Y., Xin, T., "An innovative region in China: Interaction between multinational corporations and local firms in a high-tech cluster in Beijing", *Economic Geography*, Vol. 79, 2003.

索 引

C

创新繁荣　5，12－14，26－28，78，230，234

创新阶梯模型　28，30，43，45，47，50，53，55，57，58，73，88，150，154，173，226－233

创新泡沫　12，13，15，26－28，97，125，146，230，234

创造能力　35－37，44，88，135，136，140，141，143，146，147，165，227，232

创造性模仿　27，31－33，36，41，44，47，53，57－61，64，67，68，73，74，88，100，146，154，156－158，160－164，173，191，202，206，224，226，229

F

仿制　32，36，40，41，44，47，53，57－59，61，73，154，156，162－164，173，226，233

G

国家技术开发区　69，78－80，82－88，90，93－99，101－107，110－115，117，118，120－133，136－138，143，145，146，231，235，239，240，245，247，251，270

H

互动演化　27，30，31，39，40，44，45，53，54，81，134，150，162，226，229，231，234

J

技术学习　15，27，28，30－32，34－45，53－55，59，60，63，64，72，79－81，83，84，87，88，134，138，139，141，143，147，149，150，154－156，162，165－170，173，174，226－229，231－234，252，254

技术学习能力　15，34－36，38，40，41，43，44，53，60，63，81，138，141，143，147，150，154－156，165－170，173，174，226，227，232

技术学习意愿　34，35，42－44，53，154，165，170，226，227，232

技术引进　17，26，27，29，36－41，44－47，51，53－57，59，61－64，67，69，

索 引

70，72-74，79-83，87，88，134-145，147，149，150，154-156，162-165，167-170，173，174，226，227，229，231，232，234，244，245，257，270

K

开放式创新　37，69，228

L

罗斯托模型　31，55，59，67，229，270

S

"三段式"技术政策　40，55，169，173，229
事件研究法　28，122，125，126

U

"U"形　30，44，45，67，154，163，165，173，180，232

W

无形技术　36，41，44，51，53，59，60，62-64，68，69，73，74，88，136，141，143-147，150，154，155，163-165，173，226，227，232，234，270

X

吸收能力　35-37，39，44，59，135，136，141，144，147，165，168，227，232

Y

有形技术　36，41，44，51，59-61，63，64，69，73，74，88，141，143，154，155，163-165，173，227，232，234，270

Z

中等技术陷阱　1，27-30，45-50，53，69，73，74，145-147，174，175，191-193，205-207，223，224，226，227，229-234
自主创新　11，12，14，16，24，26-29，31-34，36，40，41，44，47，52，53，57，58，60，61，68，70，72-75，85-89，92，99-101，126，127，138-143，145-147，150，153，154，156，161-165，173，174，191，192，200-202，206，224，226，227，229-231，233-235，246，251，254，255，257，270
自主开发　26，27，33，36-41，44-47，51，53-55，57，59，61，63，64，68，70，72-74，79-81，83，87，88，134-147，149，150，154-157，159，162-165，167-170，173，174，226，227，229，231，232，234，241，245，270
自主性引进　44，45，53，55，57，59，60，62，64，67，68，72-76，140，145，226，228，229，231-233，251，270

· 271 ·

后　记

　　昔年秋月，始入清华。荷恩师指引，致力乎创新之研习。观夫创新之事，犹巨轮之涉海，乘风破浪，非坚毅之心弗能至；亦若人生之旅途，险阻艰难，非刚强之志弗能达。积六载之研习，探寻创新之规律，悟人生之成长，凝于此书。愿诸君览此书，品味创新之美，体悟人生之道，共谋强国之路。

　　科技自主，国之重器。自工业革命之潮起，西欧诸国逐浪前行，引领世界之潮流，而后美、日、德等国继起，以科技立国，逐鹿世界舞台。华夏自古以农耕立国，黄帝造车、神农制耜、伏羲画卦诚为奇功，四大发明更昭日月，然技艺研发稍显滞后；数十年来，中国技术成就举世瞩目，高铁飞驰、核电并网、无人机巡天，然科学发展仍当勉励。自工业革命以降，技术之源流愈趋科学，而非工匠技艺。若逐技术而弃科学，无异舍本逐末，终难实现科技之自主。犹如人之无思想，终难安身立命；国之无思想，终难安邦立国。

　　不思则罔，不学则殆。识之提升，非仅需外学，亦须内思，以创新知且融旧学；技术创新依然，非单倚外引，更需内生，以创新技与融旧技。二者相须为用，要在善融。

　　良师益友，感念万分。恩师言传身教，历历在目。先生常言："想国家之所想，想国家之未想。"年过花甲，依旧笔耕不辍，吾辈楷模。国情院师生共度六载，扶持备至；留美、留日之士，亦多有教诲，如沐春风。

　　寸草春晖，舐犊情深。母爱无疆，父爱无言，感念高堂之恩，哺育之德；妻之德、膝下之欢皆为我持续创作之动力。

后 记

  回首三十载，瞬间成流年。余别青涩年华，长路漫漫，险阻重重；然疾风知劲草，板荡识诚臣。书成此篇后记，心有余悸而意犹未尽。自此扬帆起航迎接下一个三十年，坚守赤子之心，见证创新强国！

程文银

2023 年 12 月 25 日于东京

第十一批《中国社会科学博士后文库》专家推荐表 1

《中国社会科学博士后文库》由中国社会科学院与全国博士后管理委员会共同设立，旨在集中推出选题立意高、成果质量高、真正反映当前我国哲学社会科学领域博士后研究最高学术水准的创新成果，充分发挥哲学社会科学优秀博士后科研成果和优秀博士后人才的引领示范作用，让《文库》著作真正成为时代的符号、学术的示范。

推荐专家姓名	陈劲	电话	
专业技术职务	"长江学者"特聘教授	研究专长	技术创新
工作单位	清华大学	行政职务	清华大学技术创新研究中心主任
推荐成果名称	创新的阶梯：中国技术演化逻辑与"中等技术陷阱"破局		
成果作者姓名	程文银		

（对书稿的学术创新、理论价值、现实意义、政治理论倾向及是否具有出版价值等方面做出全面评价，并指出其不足之处）

　　长期经济发展的源泉是创新，创新的源泉是知识。尽管对前者的研究已非常成体系，但对后者则依旧存在许多研究空间，尤其是结合中国实践总结出一套理论体系，该书对此作出了非常有益的探索。技术知识的学习包括从本国或本地获取知识（即"自主开发"）和利用外国或外地知识（即"技术引进"）。该书以技术学习为主线，分析我国创新发展的阶段性特征，揭示创新发展的动力、机制和战略的协同演化逻辑。基于理论分析与中国实践，构建创新阶梯模型；基于多套数据库和案例资料，从宏观、中观、微观三个层面对理论模型进行检验。不仅解答了技术引进放缓与创新加速发展并存的迷雾，也回应了国际社会关于中国创新繁荣与创新泡沫的争论。该书分析了熊彼特创新范式中的创新制度（企业和企业家）的作用，也强调了新熊彼特创新范式中的创新政策（科学家和科技政策）的作用，有待进一步基于后熊彼特创新范式对创新公地进行深入研究，突出以人民为中心的科技创新。

　　具体而言，该书有如下两个方面的重要创新：在学术上，围绕技术知识的学习构建了创新阶梯模型，即"一体"（技术学习能力和意愿）和"两翼"（自主开发与技术引进）在创新发展三阶段（仿制、创造性模仿、自主创新）的演化。突出了自主开发的基础性作用，剖析了自主开发与技术引进的互动演化规律，并进一步揭示了什么样的创新战略能够更好地激励技术学习（自主开发与技术引进）的演化。对技术学习、演化经济学等理论进行了改进和拓展，具有非常大的学术创新和理论价值。在政策上，指出我国"三段式"技术政策（从技术引进到国产化再到自主开发）的关键问题；不仅从宏观、中观、微观三个层面，而且从国内国外两个方面揭示了我国创新演化的动力机制与战略逻辑，指出我国创新发展的"难点"、"堵点"与"痛点"，具有非常大的政策指导意义和现实意义。

本书论证充分、结构清晰、表达规范、内容扎实，具有很强的学术价值和政策价值。政治理论倾向端正，达到优秀学术专著的水平，我推荐本书进入《中国社会科学博士后文库》出版。

签字：

2022 年 3 月 27 日

说明： 该推荐表须由具有正高级专业技术职务的同行专家填写，并由推荐人亲自签字，一旦推荐，须承担个人信誉责任。如推荐书稿入选《文库》，推荐专家姓名及推荐意见将印入著作。

第十一批《中国社会科学博士后文库》专家推荐表 2

《中国社会科学博士后文库》由中国社会科学院与全国博士后管理委员会共同设立，旨在集中推出选题立意高、成果质量高、真正反映当前我国哲学社会科学领域博士后研究最高学术水准的创新成果，充分发挥哲学社会科学优秀博士后科研成果和优秀博士后人才的引领示范作用，让《文库》著作真正成为时代的符号、学术的示范。

推荐专家姓名	孟渤	电话	
专业技术职务	高级研究员	研究专长	国际发展
工作单位	日本亚洲经济研究所	行政职务	
推荐成果名称	创新的阶梯：中国技术演化逻辑与"中等技术陷阱"破局			
成果作者姓名	程文银			

（对书稿的学术创新、理论价值、现实意义、政治理论倾向及是否具有出版价值等方面做出全面评价，并指出其不足之处）

当今国际竞争的核心是科技创新的竞争。中国的技术创新日益受到国际社会越来越广泛的关注。学术界有不少文献对日本、韩国等国家的技术赶超进行了经验总结，然而，对中国技术赶超进行系统经验总结和反思的著作较少，本书对此做了很好的尝试。技术创新是学术研究的热点，但本书的切入点却与众不同。过往研究多聚焦在什么外部因素影响技术创新或技术创新对其他因素有何影响。本书则从创新本身的技术知识来源切入进行深入系统分析，即技术知识来自内部（"自主开发"）还是来自外部（"技术引进"）。看似很简单的道理，但二者的关系却常常是个黑箱，作者对二者之间的互动演化规律进行了系统刻画，且用宏观、中观、微观各个层面的分析进行了实证检验，揭示了"中等技术陷阱"的破局之策，实属不易。由于是初步探索，该书对"中等技术陷阱"的实证测度有待进一步拓展。

本书是个跨学科研究，结合发展经济学、工商管理学、演化经济学等进行理论建模，使用定性研究方法和多种定量研究方法进行实证分析。（1）理论建构科学。作者形成了一套简约实用的理论模型，该模型对现实具有很强的指导意义。这一理论模型符合科学理论建构的四大基本原则：内部逻辑自恰性、简单性原则、与现有理论对话、与实践经验相符。（2）实证分析严谨。该书使用多套数据和资料，包括大样本微数据库的处理和匹配，基于人工搜集整理的数百万字文本构建专利资助政策数据库，进行扎实的案例调研，工作量巨大，其中使用了许多一手的资料，有助于加深学术界对中国技术创新的理解。实证研究过程严谨规范，对回归方法的适用性、回归结果的稳健性、内生性、异质性进行了详细的讨论，机制检验严格遵照理论假设进行。作者从不同维度反复交叉验证同一理论模型，科学态度十分严谨。（3）政策含义明显。对中国"三段式"技术政策的反思，对"亚洲四小虎"技术依赖的反思，对非洲基础教育缺失的反思等，都给出了较为明确的政策启示。本书还从宏观、中观、微观不同层面给出了具体的政策建议。书中还强调了宏观规划的重要性，丰富了政府的政策工具箱。综合来看，本书的学术贡献和理论价值明确，政策和现实指导意义较大。这算是较早的将中国技术追赶经验和教训进行理论模型化的一部著作，对中国建设世界科技强国和其他后发国家进行技术赶超具有重要指导意义。我毫无保留地推荐本书出版。

签字：

2022 年 3 月 21 日

说明：该推荐表须由具有正高级专业技术职务的同行专家填写，并由推荐人亲自签字，一旦推荐，须承担个人信誉责任。如推荐书稿入选《文库》，推荐专家姓名及推荐意见将印入著作。